스위프트 데이터 구조와
알고리즘

스위프트 데이터 구조와
알고리즘

프로그래밍의 튼튼한 기초

에릭 아자르 · 마리오 에길루즈 알레빅토 지음

동준상 옮김

지은이 소개

에릭 아자르 Erik Azar

지난 20년간 신생 창업기업부터 포춘 500대 기업에 이르는 다양한 기업을 위해 네트워크 엔지니어링, 시스템 관리, 보안, 기업 비즈니스 서비스 분야에서 확장성을 겸비한 고성능 데스크톱, 웹과 모바일 애플리케이션 설계 및 개발 업무를 담당해온 컴퓨터 과학자다. 애플이 아이폰을 공개했던 2007년, 처음으로 WWDC에 참가한 이후, 다양한 맥OS와 iOS 애플리케이션을 개발해 왔다.

플로리다 주 잭슨빌에 있는 어베일리티Availity, LLC의 개발자이자 아키텍트로서, 헬스케어 산업을 위한 각종 소프트웨어 솔루션을 개발하고 있으며, 팩트출판사의 기술 감수자로서 『RESTful 자바 웹 서비스 보안』을 리뷰하다가 자신의 책을 쓰고 싶다는 염원을 갖게 됐고, 결국 첫 번째 책을 내게 됐다.

개발 업무에 빠져있지 않을 때는 아내 레베카, 세 아이들과 즐거운 시간을 보내며, 때론 모터사이클을 타고 플로리다 해안을 달리기도 한다.

이 책을 쓸 수 있도록 격려해주고 도움을 아끼지 않은 나의 사랑스런 아이들, 패트릭, 키라, 카산드라와 부모님, 그리고 특히 아내 레베카에게 감사 인사를 전합니다. 또한 이번 프로젝트를 무사히 마칠 수 있도록 도와주고 격려해주고 길잡이 역할을 해준 마이클 프리뱃과 로버트 워너에게도 감사 인사한 마음을 전합니다. 마지막으로, 이 책의 기술 감수를 맡아준 마리오, 디비즈, 프라샨트에게 감사함을 표합니다. 여러분 모두의 도움이 있었기에 이번 책을 완성할 수 있었습니다.

마리오 에귈루즈 알레빅토 Mario Eguiluz Alebicto

개발 업계에서 잔뼈가 굵은 10년 차 소프트웨어 엔지니어다. 자바 개발자로 입문했으나 아이폰의 세계를 접한 뒤 오브젝티브C 개발자가 됐으며, 현재는 스위프트 언어를 함께 사용한다. 소상공인과 지역 사업자를 위한 모바일 애플리케이션 개발 회사를 설립했으며, 2011년 이후 신생 창업기업부터 포춘 500대 기업에 이르기까지 다양한 클라이언트의 애플리케이션을 개발해 왔다. 현재는 모바일 애플리케이션을 개발하는 프리랜서이자 저술가, 강사로 활동 중이다.

개발 외에도 여행을 좋아하고, 새로운 것을 배우거나 스포츠를 즐기며 게임광으로 다양한 게임을 섭렵하고 있다.

나의 어머니와 누이에게 사랑과 감사를 전합니다. 보르자는 내가 필요로 할 때 언제나 힘이 되어줬고, 글로리아는 내 스스로의 한계를 뛰어넘을 수 있도록 늘 격려해 줬습니다. 또한 이 책이 출간될 수 있도록 노력을 아끼지 않은 디비즈, 에릭, 그리고 팩트출판사의 모든 팀원에게 감사 인사를 전합니다. 여러분 덕분에 이 책이 나올 수 있었습니다.

기술 감수자 소개

더그 스팔링^{Doug Sparling}

캔자스 시티에 위치한 앤드루스 맥밀 유니버셜^{Andrews McMeel Universal} 출판사의 테크니컬 아키텍트이자 소프트웨어 개발자다. AMU에서 Go 언어로 웹서비스를 개발하고, 파이썬으로 백엔드 서비스를 하며, 루비 온 레일스와 워드프레스를 이용해 웹사이트를 개발하고, 오브젝티브C와 스위프트와 자바를 이용해 iOS와 안드로이드용 애플리케이션을 개발한다. AMU의 사이트로는 www.gocomics.com, www.uexpress.com, www.puzzlesociety.com, www.dilbert.com 등이 있다.

맥그로힐^{McGraw-Hill}에서 출간한 펄북^{Perl book} 『Instant Perl Modules』의 공동저자이며, 팩트출판사에서 출간한 『jQuery 2.0 Animation Techniques』과 『WordPress Web Application Development』의 기술 감수자다. 또한 매닝출판사^{Manning Publications}에서 출간한 『Go 인 액션』(제이펍, 2016), 『The Well-Grounded Rubyist 2nd Edition』, 『iOS Development with Swift』, 『Programming for Musicians and Digital Artists』 등 개발서의 감수, 기술 개발 부문 편집, 코드 검증 등 다양한 업무를 담당해 왔다.

옮긴이 소개

동준상(jun@nextplatform.net)

넥스트플랫폼 대표이자 ICT 컨설턴트로 서비스 기획, UX 표준화 프로젝트에 참여해왔으며, AWS 테크놀로지 파트너로 클라우드 기반 서비스와 데이터 분석 애플리케이션을 개발한다. 삼성전자, 한국생산성본부, KT, 신한은행, 국민은행, 신세계 등에서 현대 ICT 서비스 기획론, UX 리서치 전략, SPRINT 방법론을 강의하고, 관련 교재를 집필했다. 한국콘텐츠진흥원, 한국생산성본부, 대구디지털산업진흥원, 부산정보진흥원의 기술심사위원 및 멘토로 활동 중이다.

번역서로는 에이콘출판사에서 펴낸 『jQuery UI 1.8 한국어판』(2012), 『The iOS 5 Developer's Cookbook (Third Edition) 한국어판』(2012), 『The Core iOS 6 Developer's Cookbook (Fourth Edition) 한국어판』(2013), 『The Advanced iOS 6 Developer's Cookbook (Fourth Edition) 한국어판』(2013), 『The Book of CSS3』(2014), 『Swift로 하는 iOS 프로그래밍』(2015), 『머신러닝 인 자바』(2016) 등이 있다.

옮긴이의 말

최근 10여 년 사이, 인공지능과 빅데이터, 소셜과 모바일 서비스의 폭발적인 성장과 함께 프로그래밍을 배워야 한다는 사회 분위기가 강하게 조성되었다. 웹 2.0 시대에 사는 우리 대부분은 어떤 면에서는 모두 프로그래머이자 코더라고 할 수 있다. 하지만, 국내외 정부와 교육기관에서는 프로그래밍 로직을 작성할 수 있는 전문가 수준의 능력을 갖춰야 함을 강조한다. 만일 프로그래머가 되려고 진지하게 고민 중이라면 첫 번째 단추를 어디서부터 꿸 것인가가 무척 중요하다. 이미 프로그래머로 활동하고 있다면 전문가로서의 깊이를 얻기 위해 많은 노력을 기울여야 한다.

쿡북을 펴 들고 웹 기반, 혹은 모바일 기반의 애플리케이션을 만들어서 배포해보는 것도 좋은 방법이고, 개발 환경을 설치한 뒤 해당 플랫폼의 예제 코드를 실행해보거나 오픈소스 라이브러리를 다운로드해서 개발 문서를 학습하는 것도 좋은 접근 방이다. 하지만, 이런 과정을 거칠수록 프로그래밍에 대한 근원적인 궁금증이 커지게 마련이다. 오픈소스의 시대에 사는 우리 대부분은 표면에 있는 모듈과 API를 가지고 프로그래밍 혹은 코딩을 시작하지만 시간이 지날수록 그 아래 감춰져 있는 요소를 발굴하고 차츰 더 아래에 있는 프로그래밍의 기단부 혹은 코어를 향해 내려가게 되는 것이다.

이 책에서 다루는 데이터 구조와 알고리즘이 바로 프로그래밍의 기단부이자 코어라고 할 수 있다. 모든 프로그램은 데이터 구조 혹은 알고리즘이라는 소박한 토대 위에 쌓아 올려진 건축물이라 할 수 있으며, 오픈소스 커뮤니티의 아버지라 할 수 있는 에릭 레이먼드Eric S. Raymond의 일갈처럼 우수한 데이터 구조는 곧 우수한 프로그램을 판단하는 척도라 할 수 있다.

현대 프로그래밍 언어 대부분은 서로의 장단점을 관찰하고 비교 분석해서 다양한 기능을 담은 모듈과 라이브러리를 지속적으로 배포 및 업데이트한다. 스위프트는 여러 언어 가운데서도 지난 3년 사이 가장 큰 변화를 만들고, 주목을 받아온 프로그래밍 언어라 할 수 있다. 무려 30년간 애플이라는 플랫폼의 기본 언어였던 오브젝티브C를 대체할 목적으로 만들어진 스위프트는 클로저, 제너릭, 타입 추측, 다중 반환 타입, 네임스페이스 등 최신 프로그래밍 속성을 반영했으며, 문법의 간결성과 활용 가능성 측면에서 데이터 구조와 알고리즘을 익힐 수 있는 훌륭한 언어다.

프로그래밍 전문가에게도 데이터 구조와 알고리즘은 부담스러운 주제일 수밖에 없다. 그 속에는 어쩔 수 없이 프로그래밍에 대한 근원적이면서도 낯선 물음이 있기 때문이다. 하지만 약간의 어색함을 참을 용기만 있다면, 예제 코드를 확인해볼 수 있는 시간 여유만 있다면, 이 책에 포함된 내용 대부분을 편안하게 넘겨볼 수 있을 것이다. 대부분의 예제 코드는 그리 길지 않으며, 신속하게 알고리즘의 개요를 파악하고 활용 방안을 생각할 수 있도록 돕는다.

이 책은 iOS, 맥OS 애플리케이션을 만들려는 개발자, 이미 다수의 애플리케이션을 배포했지만 프로그래밍에 대한 근원적인 궁금증을 품고 있는 개발자, 그리고 이미 완성된 알고리즘의 성능을 혁신적으로 개선할 방법을 찾고 있는 시스템 개발자에게 데이터 구조와 알고리즘 측면에서의 이해를 돕고 그 해법을 제시한다.

감사의 말

이 책이 나오기까지 많은 분들의 정성과 노력이 있었습니다. 늘 청년같은 삶을 사시는 에이콘출판사의 권성준 사장님, 번역을 맡겨주신 황영주 상무님, 그리고 출간을 위해 애써주신 모든 분께 감사의 인사를 전합니다.

한국생산성본부 이승희 센터장님, 박혜경 위원님, 한승연 위원님, 위너스랩 동우상 대표님, 부산정보산업진흥원 정문섭 단장님, 한상민 팀장님, 윤병환 과장님, 부산대학교 경영대학원 서문식 교수님, 김명종 교수님께 감사합니다.

여행이 고픈 지은, 부쩍 커버린 채원, 번역하는 내내 옆자리를 지켜준 누리에게도 고마운 마음을 전합니다. 사랑한데이~

동준상

차 례

들어가며

이 책은 실무 경험을 쌓은 개발자가 최신 버전의 스위프트Swift를 활용할 수 있도록 돕는다. 스위프트는 애플이 만든 macOS, iOS, watchOS, tvOS, 리눅스 프로그래밍을 위한 언어이며, 스위프트를 이용해서 신속하고 안전하게 소프트웨어를 구현할 수 있다. 애플은 스위프트와 엑스코드 플레이그라운드를 통해 개발자가 좀 더 쉽게 애플리케이션 개발을 위한 코드를 작성하고 새로운 프로그래밍 콘셉트를 이해할 수 있도록 지원하고 있다. 스위프트는 오픈소스 언어로 배포되고 있기 때문에, 애플의 생태계뿐만 아니라 다양한 플랫폼에서도 작동한다. 개발자는 오픈소스 언어인 스위프트를 이용해서 애플 아이폰과 아이패드, 맥북 등 애플 제품뿐만 아니라 다양한 플랫폼에서 작동하는 서버 측 코드를 작성할 수 있다.

오늘날, 정말로 많은 사용자가 매일같이 스마트폰과 인터넷을 이용하며 생활하고 있다. 그 결과로 막대한 양의 데이터가 기하급수적으로 늘어나고, 이들 데이터를 처리, 정렬, 검색해야 할 필요성 역시 그 어느 때보다도 커지고 있다. 여러분이 만들 애플리케이션과 소프트웨어 라이브러리에서 이와 같이 방대한 데이터를 제대로 처리하기 위해서는 데이터 구조와 알고리즘에 대한 정확하면서도 깊이 있는 이해가 필요하다.

이 책을 통해 스위프트의 특징과 데이터 구조, 알고리즘의 중요성에 대해 상세히 알게 될 것이며, 관련 내용을 스위프트로 구현한 엑스코드 플레이그라운드 버전의 예제 코드를 통해 실무 감각도 기르게 될 것이다. 이 책에서는 하나의 메소드가 또 다른 메소드에 비해 어떤 점에서 우수한지 비교 설명한다. 또한, 여러분이 작성한 알고리즘의 성능을 측정하기 위한 점근적 분석을 적용한다. 점근적 분석은 소프트웨어 업계에서 가장 널리 쓰이는 성능 측정 기법 중 하나이며, 그 분석 결과를 바탕으로 특정 문제 상황에서 최선의 알고리즘과 데이터 구조를 선택할 수 있다.

이 책에서 배운 내용을 바탕으로 애플리케이션을 좀 더 효율적으로, 그리고 좀 더 확장성 높게 만들어 나갈 수 있다.

편안한 마음으로 이 책을 읽어나가길 바라며, 스위프트의 고급 기능에 대한 이해도 넓혀나가길 바란다. 무엇보다도, 여러분의 애플리케이션 코드 중 일부를 수정해서 극적인 성능 개선을 이뤄낼 수 있는 비법 또한 찾아내기 바란다.

이 책의 구성

1장, 플레이그라운드 살펴보기 데이터 구조와 알고리즘, 스위프트 REPL에 대한 개요를 소개하고, 커맨드라인 환경에서 스위프트 명령어를 입력하고 실행하는 방법에 대해 설명한다.

2장, 스위프트 기본 데이터 구조의 활용 클래스와 구조체, 배열, 딕셔너리, 세트 컬렉션 타입 구현을 위한 상세한 방법을 소개하고, 스위프트에서 오브젝티브C와 C 시스템 라이브러리를 활용하는 방법과 프로토콜 지향 프로그래밍 기법에 대해 설명한다.

3장, 스위프트 고급 데이터 구조의 활용 스위프트 프로토콜에의 부합 방법, 스택과 큐 구현 방법, 애플리케이션의 개발 요구 사항에 따른 올바른 타입의 선택 및 구현 방법에 대해 설명한다.

4장, 정렬 알고리즘 알고리즘의 개요와 정렬 알고리즘에 대해 소개하고, 배열 데이터 구조를 이용해서 정렬 알고리즘을 구현하는 방법에 대해 알아본다. 또한, 비교 정렬 기법 등 새로운 알고리즘을 소개하고, 단순 정렬 기법과 분리정복 전략의 차이에 대해서도 설명한다.

5장, 트리 구조 기반의 알고리즘 트리 데이터 구조의 정의와 프로퍼티에 대해 소개하고, 이진 트리, 이진 검색 트리, B 트리, 그리고 스플레이 트리 등, 다양한 트리의 구현 방법에 대해 상세히 알아본다.

6장, 고급 검색 메소드 고급 트리 구조인 레드블랙 트리, AVL 트리, 트라이^{Trie} 트리 (레이딕스^{Radix} 트리)에 대해 소개하고, 서브스트링 검색 알고리즘 구현 방법에 대해서도 알아본다.

7장, 그래프 알고리즘 그래프 이론과 그래프를 위한 데이터 구조, 깊이 우선 검색, 너비 우선 검색, 스패닝 트리, 최단 경로, SwiftGraph에 대해 알아본다.

8장, 알고리즘의 성능과 효율성 알고리즘의 효율성의 개념을 소개하고 여러분이 만든 알고리즘의 효율성을 측정하는 방법과 빅오$^{Big-O}$ 표기법, 빅오 함수의 순서, 실행 시간 복잡성의 개념에 대해 설명한다.

9장, 내게 꼭 맞는 알고리즘 선택하기 현실적인 복잡한 문제를 해결하기 위해 데이터 구조와 알고리즘을 설계하는 방법과 이를 스위프트 코드로 구현하는 방법에 대해 소개하고, 실제 상황에서 우리가 만든 알고리즘이 정상적으로 작동할 때 빅오 표기법으로 복잡성을 측정하는 방법에 대해 알아본다. 마지막으로, 병목 구간의 측정 및 감지, 그리고 성능 개선을 위한 코드 수정 기법에 대해서도 알아본다.

준비 사항

이 책의 예제 코드를 활용하기 위한 시스템 요구 사항은 다음과 같다.

- 엑스코드 8.1 이상 버전
- 맥 OS 시에라^{Sierra} 10.12 또는 OS X 엘캐피탄$^{El\ Capitan}$ 10.11.5 이후 버전

이 책의 대상 독자

스위프트 언어를 이용해 데이터 구조와 알고리즘을 구현하는 방법을 익히고자 하는 개발자를 위한 책이다. 컴퓨터 과학을 전공한 개발자는 물론, 스위프트에 대한 실무 경험 없이 스위프트에 대해 공부하고 있는 개발자도 큰 어려움 없이 최신 버전의 스위프트 언어로 고급 데이터 구조와 알고리즘 구현 방법을 익힐 수 있도록 구성했다.

이 책에 실린 대부분의 예제 코드는 모바일 환경은 물론, 서버 환경에서도 문제 없이 작동하도록 만들어졌다. 독자 여러분이 객체지향 프로그래밍에 대한 사전 지식과 경험이 있다면 전반적인 내용을 좀 더 쉽게 이해할 수 있겠지만, 객체지향 프로그래밍을 잘 모르는 독자라 하더라도 가장 기본이 되는 내용부터 설명하므로 큰 어려움 없이 기본 개념을 익히고 예제 코드를 실행해 볼 수 있으리라 생각한다.

이 책의 편집 규약

이 책에서는 독자의 이해를 돕고자 다루는 정보에 따라 다음과 같이 글꼴 스타일을 다르게 적용했다. 다음은 다르게 적용된 스타일의 예제와 의미 설명이다.

문장 중에 사용된 코드, 데이터베이스 테이블 이름, 사용자 입력, 트위터 처리 등은 다음과 같이 표기한다.

"해당 이름 중 initWith 부분은 메소드 이름에서 삭제된다."

코드 블록은 다음과 같이 표기한다.

```swift
class MovieList {
    private var tracks = ["The Godfather", "The Dark Knight", "Pulp
    Fiction"]
    subscript(index: Int) -> String {
        get {
            return self.tracks[index]
        }
        set {
```

```
        self.tracks[index] = newValue
      }
   }
}
```

커맨드라인 입력과 출력은 다음과 같이 표기한다.

```
erik@iMac ~ swift
Welcome to Apple Swift version 3.0 (swiftlang-800.0.46.2 clang-
800.0.38). Type :help for assistance.
  1>
```

화면상에 출력된 메뉴나 대화상자 문구를 문장 중에 사용할 때는 다음과 같이 표기한다.

"엑스코드에서 File ➤ New ➤ Playground 메뉴를 선택해서 새로운 파일을 생성하고, B05101_6_RedBlackTree라 이름 붙인다."

 주의해야 하거나 중요한 내용은 이와 같이 표기한다.

 참고사항이나 요령은 이와 같이 표기한다.

독자 의견

이 책에 대한 독자의 의견은 언제나 환영이다. 좋은 점 또는 고쳐야 할 점에 대한 솔직한 의견은 앞으로 더 좋은 책을 발행하는 데 큰 도움이 된다. 독자 의견을 보낼 때는 이메일 제목란에 구입한 책 제목을 적은 후 feedback@packtpub.com으로 전송한다.

만약 독자가 특정 분야의 전문가로서 저자가 되고 싶다면 http://www.packtpub.com/authors를 참조한다.

고객지원

이 책을 구입한 독자라면 다음과 같은 지원을 받을 수 있다.

예제 코드 다운로드

이 책의 예제는 http://www.packtpub.com에서 계정 생성 후 다운로드할 수 있다. 다른 곳에서 책을 구매했다면 http://www.packtpub.com/support를 방문 후 가입하면 파일을 직접 받을 수 있다. 또한 에이콘출판사 도서정보 페이지 http://www.acornpub.co.kr/book/swift-structure-algorithms에서도 예제 코드를 내려받을 수 있다.

예제 코드를 다운로드하는 방법은 다음과 같다.

1. 이메일 주소와 암호를 사용해 팩트 웹사이트에 로그인하거나 회원으로 가입한다.
2. 화면 상단의 SUPPORT에 마우스 포인터를 올려놓는다.
3. Code Downloads & Errata를 클릭한다.
4. 검색상자에 책 제목을 입력한다.
5. 예제 코드 파일을 다운로드할 책을 선택한다.
6. 드롭다운 메뉴에서 이 책을 구매한 곳을 선택한다.
7. Code Download를 클릭한다.

또한 이 책의 웹페이지에서 Code Files 버튼을 클릭해 다운로드할 수도 있다. 이 페이지는 팩트 웹사이트에 로그인한 후 검색 창에 책의 이름을 입력하면 볼 수 있다.

파일을 다운로드한 후 다음과 같은 최신 버전의 압축 해제 프로그램을 이용해 압축을 해제한다.

- 윈도우: WinRAR / 7-Zip
- 맥: Zipeg / iZip / UnRarX
- 리눅스: Z7-Zip / PeaZip

코드 번들은 깃허브^{GitHub} 페이지 https://github.com/PacktPublishing/Swift-Data-Structure-and-Algorithms에서도 호스팅된다. 팩트출판사에서 발행한 다양한 도서와 비디오 카탈로그에서 제공하는 코드도 https://github.com/PacktPublishing/에서 다운로드 가능하니 확인하기 바란다.

컬러 이미지 다운로드

이 책의 캡처 화면과 다이어그램의 컬러 이미지가 담긴 PDF 파일을 다운로드할 수 있다. 컬러 이미지를 통해 출력물의 변경 내용을 좀 더 쉽게 알 수 있으며, 다음 경로에서 다운로드할 수 있다.

> https://www.packtpub.com/sites/default/files/downloads/SwiftData
> StructureandAlgorithms_ColorImages.pdf

또한 에이콘출판사 도서정보 페이지 http://www.acornpub.co.kr/book/swift-structure-algorithms에서도 컬러 이미지를 다운로드할 수 있다.

오탈자

정확한 편집을 위해 세심한 주의를 기울였음에도 실수가 발생하곤 한다. 본문에서 발견한 오류 혹은 코드상 오류에 대해 보고해주시면 매우 감사하겠다. 독자의 참여를 통해 또 다른 독자들이 느낄 불편을 최소화해주고 이 책의 후속 판을 개선하는 데 도움이 된다. 오탈자를 발견하면 http://www.packtpub.com/submit-errata에 신고해주기 바란다. 해당 서적을 선택한 후에 Errata Submission 링크를 클릭하고, 오류에 대한 자세한 내용을 기술하면 된다. 오류 내용이 확인되면 웹사이트에 그 내용이 올라가거나 해당 서적의 Errata 절 아래 기존 오류 목록(Errata)에 추가될 것이다. https://www.packtpub.com/books/content/support로 가서 검색어 항목에 서적을 입력하면 지금까지의 정오표를 확인할 수 있다. 한국어판은 에이콘출판사 도서정보 페이지 http://www.acornpub.co.kr/book/swift-structure-algorithms에서 찾아볼 수 있다.

저작권 침해

인터넷을 통한 저작권 침해는 모든 매체가 골머리를 앓고 있는 심각한 문제점이다. 팩트출판사에서는 저작권 및 라이선스 관련 문제를 매우 심각하게 생각한다. 인터넷에서 어떤 형태로든 팩트 책의 불법 복제본을 발견한다면, 적절한 조치를 취할 수 있게 주소나 웹사이트명을 즉시 알려주길 부탁드린다. 불법 복제물로 의심되는 링크를 copyright@packtpub.com으로 보내주기 바란다. 더 좋은 책을 만들기 위한 팩트출판사와 저자들의 노력을 배려하는 마음에 깊은 감사의 뜻을 전한다.

질문

이 책에 대한 질문이 있다면 questions@packtpub.com으로 문의하기 바란다. 최선을 다해 질문에 답하겠다. 한국어판에 관한 질문은 이 책의 옮긴이나 에이콘출판사 편집 팀(editor@acornpub.co.kr)으로 문의해주길 바란다.

1

플레이그라운드 살펴보기

스위프트^{Swift}는 애플의 주요 운영체제인 macOS, iOS, watchOS, tvOS를 위해 새롭게 만들어진 강력한 프로그래밍 언어다. 애플의 글로벌 개발자 컨퍼런스인 WWDC 2014에서 처음 소개된 이래 빠르게 성장해 왔으며, 불과 1년여 만에 깃 허브에서의 사용량, 그리고 스택오버플로우의 질문과 답변 수를 기준으로, 수백여 개의 프로그래밍 언어 중 18위를 차지했다(http://githut.info/). 이 책에서는 스위 프트 표준 라이브러리에서 제공하는 코어 데이터의 구조와 알고리즘을 살펴본다. 큐, 스택, 리스트, 해시 테이블 등 보편적으로 사용되는 데이터 구조와 알고리즘을 스위프트에서 구현하는 방법도 알아본다. 또한 다양한 정렬 알고리즘의 개요를 소 개하고 각 알고리즘의 성능상의 장단점과 데이터 입력 크기에 따른 성능 차이에 대해서도 비교 분석한다. 그다음, 스위프트 언어를 통해 구현할 수 있는 다양한 트 리 데이터 구조와 알고리즘, 그리고 고급 검색 기법에 대해서도 알아보고, 알고리 즘의 성능과 효율성을 한 눈에 파악할 수 있는 그래프 구현 방법에 대해 소개하며 이번 장을 마무리한다.

1장에서는 데이터 구조와 알고리즘이 무엇인지, 그리고 그것이 왜 중요한지에 대해 설명한다. 특정 문제를 해결하기 위해 적절한 데이터 구조와 알고리즘을 선택하는 것은 해당 애플리케이션의 유용성을 결정짓는다고 할 수 있으며, 장기적으로는 여러분이 만든 제품 또는 여러분이 속한 기업의 성공을 좌우한다고도 할 수 있다.

가장 먼저, 데이터 구조의 중요성과 여러 데이터 구조 사이의 차이점에 대해 소개하고 근원적 데이터 구조fundamental data structures의 적용 사례에 대해 설명한다. 그다음, 근원적 데이터 구조를 기반으로 만들어진 최신의 고급 데이터 구조에 대해 알아본다. 데이터 구조에 대한 기초를 다진 다음엔 스위프트 REPLRead-Eval-Print-Loop을 이용해서 간단한 데이터 구조 실습 예제를 작성한다. 마지막으로, 서로 다른 데이터 구조가 지닌 장단점을 좀 더 명확히 파악하기 위한 지표인 알고리즘의 성능에 대해 소개한다. 알고리즘은 이 책의 후반부 별도의 장에서 설명한다.

데이터 구조의 중요성

데이터 구조는 프로그래밍에 있어 효율적이며, 확장 가능하고 유지 보수성 높은 시스템을 만들기 위한 주요 요소 중 하나로서, 시스템에서 데이터의 공유, 유지, 정렬, 검색 등 데이터 활용을 위한 데이터의 체계화 방법이다.

영국의 컴퓨터 과학자 데이비드 휠러David Wheeler는 데이터 구조에 대해 다음과 같이 말했다.

> "컴퓨터 과학의 모든 문제는 새로운 차원에서의 접근 방식으로 해결될 수 있으며..."

소프트웨어 엔지니어링의 관점에서, 휠러가 말한 새로운 차원에서 접근하기 위해 우리는 추상적인 프레임워크와 라이브러리를 만들어서 문제 해결에 활용한다. 임베디드 마이크로 콘트롤러에서 구동되는 작은 애플리케이션은 물론, 모바일 애플리케이션, 그리고 기업을 위한 대규모 웹 애플리케이션 등 어떤 유형의 시스템을 개발하더라도 그 모든 애플리케이션의 토대는 결국 데이터로 귀결된다. 대부분의 애플리케이션 개발에는 놀랄만한 성능과 효율성을 제공하는 프레임워크와 라이브러리에서 가져온 다양한 API가 사용되는데, 이들 API야 말로 휠러가 말한 새로운 차원에서의 접근 방식이며, 이들은 결국 데이터 구조와 알고리즘의 활용을 돕는 중요한 도구이자 구현 방법인 것이다.

데이터 구조 + 알고리즘 = 프로그램

데이터의 추상화abstraction 기법은 데이터가 지닌 복잡성을 관리하기 위한 기술이다. 데이터 구조를 디자인할 때 데이터 추상화 기법을 사용하는데, 이는 개발자가 애플리케이션을 만들려고 할 때 내부의 상세한 구현 방식을 몰라도 되도록 하기 위함이다. 내부의 복잡한 구현 방식을 드러내지 않음으로써 개발자는 알고리즘이 제공하는 인터페이스의 활용에 더욱 집중할 수 있으며, 이 때문에 데이터 구조는 프로그램 내부에서 구현하게 된다.

데이터 구조와 알고리즘은 문제를 해결하기 위한 패턴이라 할 수 있으며, 이를 잘 활용하면 매우 어려운 문제를 간단하면서도 세련되게 해결할 수 있다.

우리가 살고 있는 지금 이 시대에는 우리가 작성해야 할 코드의 90%가 이미 라이브러리와 같은 형태로 제공되고 있는데, 우리가 데이터 구조의 구현에 대해 배워야 할 이유는 무엇인가? 그것은 데이터 구조에 대한 명확한 이해 없이는 다양한 데이터 타입의 장단점을 알 수 없고, 어떤 상황에서 어떤 데이터 구조를 사용해야 할지 판단할 수 없으며, 결국 이것이 프로그램을 구현하려 할 때 문제가 되기 때문이다.

> "우수한 데이터 구조와 우수하지 못한 코드로 만들어진 프로그램이 그 반대의 조합으로 만들어진 프로그램에 비해 훨씬 낫다."
>
> – 에릭 레이먼드Eric S. Raymond, 『성당과 시장』에서[1]

---

1 에릭 레이먼드는 오픈소스 이니셔티브의 설립자이며, 그의 저서 『성당과 시장(The Cathedral and The Bazaar)』은 현대 오픈소스 철학의 대표적인 서적 중 하나로 평가받는다. – 옮긴이

여러분이 데이터 구조와 알고리즘에 대한 깊고 넓은 지식을 얻게 되면, 모두가 해결이 불가능하다고 말하는 문제에서 패턴 또는 실마리를 찾을 수 있을 것이다. 그리고 이와 같은 패턴을 발견하는 데 익숙해지면 여러분의 일상적인 개발 업무에서 즉각적으로 활용할 수 있는 다양한 해법 또는 애플리케이션을 떠올릴 수 있게 될 것이다.

이번 절에서는 스위프트 데이터 구조의 학습을 시작으로, 플레이그라운드^{Playgrounds}와 스위프트 REPL의 활용 방법에 대해 알아본다.

상호작용성 높은 플레이그라운드

애플은 엑스코드 8.1 버전을 배포하면서 플레이그라운드에 다양한 새 기능을 추가하고 스위프트 3.0의 문법이 적용될 수 있도록 업데이트했다. 우리는 다양한 알고리즘의 실험에 플레이그라운드를 사용할 것이며, 코드의 신속한 수정과 그에 대응하는 즉각적인 실행 결과를 확인할 것이다.

스위프트 REPL

이번에 사용할 스위프트 컴파일러는 Read-Eval-Print-Loop, 혹은 줄여서 REPL이라고 부르는 커맨드라인 인터페이스에서 제공되는 것이며, 루비나 파이썬 같은 인터프리터 언어를 사용해본 개발자라면 커맨드라인 개발 환경이 익숙하게 느껴질 것이다. 이번 개발 환경에서는 여러분이 스위프트 명령어를 입력하면, 컴파일러는 즉시 코드를 실행하고 결과를 도출한다. REPL을 시작하기 위해, 우선 여러분이 사용할 맥의 운영체제를 맥OS 시에라^{Sierra} 또는 OS X 엘캐피탄^{El Capitan}으로 업데이트한 뒤, /Applications/Utilities 폴더에 있는 Terminal.app을 열거나 터미널에서 xcrun swift를 입력하면 REPL 인터페이스를 사용할 수 있다.

```
erik@iMac ~ swift
Welcome to Apple Swift version 3.0 (swiftlang-800.0.46.2 clang-
800.0.38). Type :help for assistance.
1>
```

명령어의 실행 결과는 자동으로 포맷돼 각자의 타입으로 표시되며, 변수와 상수값 역시 해당 타입이 적용된다.

```
erik@iMac ~ swift
Welcome to Apple Swift version 3.0 (swiftlang-800.0.46.2 clang-
800.0.38). Type :help for assistance.

1> var firstName = "Kyra"
firstName: String = "Kyra"

2> print("Hello, \(firstName)")
Hello, Kyra

3> let lastName: String = "Smith"
lastName: String = "Smith"

4> Int("2000")
$R0: Int? = 2000
```

위 실행 코드 중 네 번째 표현식에서 값을 별도로 할당하지 않았음에도 불구하고 REPL이 직접 $R0라는 변수를 생성해서 값을 할당했음에 주목하자. 이를 통해 나중에 다른 명령어 입력 시 해당 값을 참조할 수 있게 된다.

```
5> $R0! + 500
$R1: Int = 2500
```

다음은 REPL 사용 시 유용하게 활용할 수 있는 내용을 담은 표이며, 명령어 편집 또는 커서 이동 시 가장 자주 사용되는 명령이다.

키	동작
화살표	커서를 상하좌우로 이동시킨다.
Control + F	우측 화살표를 누른 것과 같이 커서를 오른쪽으로 한 칸 이동시킨다.
Control + B	좌측 화살표를 누른 것과 같이 커서를 왼쪽으로 한 칸 이동시킨다.
Control + N	아래쪽 화살표를 누른 것과 같이 커서를 다음 줄 맨 뒤로 이동시킨다.
Control + P	위쪽 화살표를 누른 것과 같이 커서를 윗줄 맨 뒤로 이동시킨다.
Control + D	커서 위에 있는 캐릭터를 삭제한다.
Option + Left	바로 앞 단어 시작 부분으로 커서를 이동시킨다.
Option + Right	바로 다음 단어 시작 부분으로 커서를 이동시킨다.
Control + A	현재 줄의 시작 부분으로 커서를 이동시킨다.
Control + E	현재 줄의 끝 부분으로 커서를 이동시킨다.
Delete	커서 좌측의 캐릭터를 삭제한다.
Esc 〈	첫 째 줄 시작 부분으로 커서를 이동시킨다.
Esc 〉	마지막 줄 끝 부분으로 커서를 이동시킨다.
Tab	현재의 맥락에 맞춰 변수, 함수, 메소드를 자동으로 제안한다. 예를 들어, 문자열 변수 다음에 점표기법을 위해 마침표 기호를 입력한 경우 문자열 관련 함수와 메소드 목록이 나타난다.

▲ 표 1.1 명령어 편집 및 커서 이동 안내

기본적인 데이터 구조

앞서 설명한 바와 같이, 본격적으로 학습을 시작하기 전에 다양한 데이터 구조의 장단점에 대해 잘 알고 있어야 한다. 이번 절에서는 이 책 전반에 걸쳐 다루게 될 다양한 고급 데이터 구조의 기초가 될 스위프트의 대표적인 데이터 구조에 대해 살펴본다.

데이터 구조의 가장 근원적인 형태는 사실상 배열과 포인터 두 가지 타입이며, 다른 데이터 구조는 여기서 파생된다고 할 수 있다.

- **인접 데이터 구조**Contiguous data structures는 이름에서 알 수 있듯이 데이터를 메모리 영역 중 인접한 부분에 저장한다. 인접 데이터 구조에는 배열arrays, 힙heaps, 매트릭스matrices, 해시 테이블hash tables 등이 있다.

- **연결 데이터 구조**Linked data structures는 서로 명확히 구분되는 메모리 영역을 차지하되, 포인터라는 주소 체계로 연결, 관리되는 구조다. 연결 데이터 구조에는 목록lists, 트리trees, 그래프graphs 등이 있다.

고급 데이터 구조를 만들 때 이들 두 가지 타입의 데이터 구조를 연결할 수 있다.

인접 데이터 구조

먼저, 인접 데이터 구조에 대해 알아보자. 인접 데이터 구조는 선형 데이터 구조 linear data structures를 이루며 일정한 순서에 따라 개별 데이터 요소에 접근할 수 있는 인덱스 기반의 데이터 구조다.

배열

배열array은 데이터 구조 가운데 가장 널리 사용되고 있으며, 대부분의 프로그래밍 언어에서 기본적으로 제공하는 데이터 구조이기도 하다. 가장 단순한 유형은 일차원 배열one-dimensional array로 부르기도 하는 선형 배열linear array이다. 스위프트에서 배열의 인덱스 값은 0부터 시작하며, 데이터 간에 순서가 있으며, 임의로 특정 요소에 접근할 수 있는 데이터 집합의 성질을 지닌다.

일차원 배열에서는 간단하게 ai의 형식으로 특정 요소를 지칭할 수 있는 인덱스 표기법을 사용하며, 이때 인덱스를 나타내는 i는 0부터 n 사이의 값을 넣을 수 있다.

$$a = \begin{pmatrix} a_0 \\ a_1 \\ \vdots \\ a_n \end{pmatrix}$$

예를 들어, 다음과 같은 배열이 있다면,

$$a = (3\ 5\ 7\ 9\ 13)$$

인덱스 표기법으로 다음과 같이 나타낼 수 있다.

$$a_0 = 3, a_1 = 5, ..., a_4 = 13$$

또 다른 배열 형식으로 다차원 배열^{multi-dimensional array}이 있으며, 행렬^{matrix}은 다차원 배열의 대표적인 형식이다. 행렬은 이차원 배열을 구현한 것인데, 이를 위한 인덱스 표기법은 aij이다. 이때 i는 행을, j는 열을 나타낸다.

$$a = \begin{pmatrix} a_{00} & a_{01} & a_{02} \\ a_{10} & a_{11} & a_{12} \\ a_{20} & a_{21} & a_{22} \end{pmatrix}$$

다음과 같은 행렬이 있다면,

$$a = \begin{pmatrix} 2 & 5 & 7 \\ 10 & 3 & 5 \\ 4 & 1 & 4 \end{pmatrix}$$

인덱스 표기법으로 다음과 같이 나타낼 수 있다.

$$a_{00} = 2, a_{11} = 3, ..., a_{22} = 4$$

배열 선언

스위프트에서 배열을 선언하기 위한 문법 형식은 세 가지다. 첫 번째는 배열 선언을 위한 기본 방법인 Array<Type> 형식을 사용하는 것, 두 번째는 축약형인 [Type] 형식을 사용하는 것, 그리고 세 번째는 배열을 명시적으로 선언하지 않고 컴파일러가 타입을 추측^{type inference}하게 하는 방법이다. 첫 번째와 두 번째 방법은 보통의 변수, 상수를 선언하는 것과 비슷하며, 이 책에서는 두 번째 방법인 축약형을 사용한다.

배열 선언을 위한 기본 방법은 다음과 같다.

```
var myIntArray: Array<Int> = [1,3,5,7,9]
```

배열 선언을 위한 축약형 방법은 다음과 같다.

```
var myIntArray: [Int] = [1,3,5,7,9]
```

배열 타입의 추측을 위한 문법은 다음과 같다.

```
var myIntArray = [1,3,5,7,9]
```

 타입 추측은 컴파일러가 컴파일을 실행할 때 여러분이 제공한 단서를 기준으로 타입을 추측하는 기능이다. 타입 추측 기능을 사용하면 변수의 초기 타입을 선언할 때 코드 입력의 수고를 덜 수 있다.

배열 선언 시 배열 요소는 선언하지 않으려면 아래와 같이 코드를 작성한다.

```
var myIntArray: [Int] = []
```

다중 배열을 선언하려 할 때는 대괄호 안에 다시 또 다른 대괄호를 추가한다. 요소의 기본 타입은 대괄호 중 가장 내부에 들어있는 요소를 기준으로 결정한다.

```
var my2DArray: [[Int]] = [[1,2], [10,11], [20, 30]]
```

대괄호를 중첩해서 사용하면 2차원 이상의 다중 배열도 만들 수 있다. 이 부분은 직접 코드 작성을 통해 확인해보기 바란다.

배열 요소 가져오기

배열 내부의 요소를 가져오는 방법은 여러 가지가 있다. 해당 요소의 인덱스 번호를 안다면, 직접 해당 번호로 호출해도 된다. 때론 순환문을 이용해서 배열 내 특정 요소를 반복적으로 가져와야 할 때도 있는데, 이때 for...in 문법을 사용한다. 또, 배열 내 일정 영역에 속한 요소를 가져와야 할 때도 있으며, 이때는 일련의 인덱스 번호를 모두 입력하기보다 범위를 지정해서 가져오는 것이 일반적이다.

인덱스 번호를 통해 배열 요소를 직접 가져오는 방법은 다음과 같다.

```
1> var myIntArray: [Int] = [1,3,5,7,9]
myIntArray: [Int] = 5 values {
    [0] = 1
    [1] = 3
    [2] = 5
    [3] = 7
    [4] = 9
}
    2> var someNumber = myIntArray[2]
someNumber: Int = 5
```

배열 내 요소를 반복적으로 가져오는 방법은 다음과 같다.

```
1> var myIntArray: [Int] = [1,3,5,7,9]
myIntArray: [Int] = 5 values {
    [0] = 1
    [1] = 3
    [2] = 5
    [3] = 7
    [4] = 9
}
    2> for element in myIntArray {
    3.     print(element)
    4. }

1
3
5
7
9
```

 위 코드에서 for 루프를 사용하면서 엔터 키로 줄을 바꾼 뒤 〉 기호가 아닌 . 기호를 사용했다는 점에 주의하자. 이렇게 하면 REPL에게 해당 순환문이 코드 블록 내에만 적용된다는 사실을 알릴 수 있다.

배열 요소 중 일정 범위에 속한 배열 요소를 가져올 때는 다음과 같이 한다.

```
1> var myIntArray: [Int] = [1,3,5,7,9]
myIntArray: [Int] = 5 values {
    [0] = 1
    [1] = 3
    [2] = 5
    [3] = 7
    [4] = 9
}
2> var someSubset = myIntArray[2...4]
someSubset: ArraySlice<Int> = 3 values {
    [2] = 5
    [3] = 7
    [4] = 9
}
```

2차원 배열에서 특정 배열 요소를 직접 가져오는 방식은 다음과 같다.

```
1> var my2DArray: [[Int]] = [[1,2], [10,11], [20, 30]]
my2DArray: [[Int]] = 3 values {
    [0] = 2 values {
        [0] = 1
        [1] = 2
    }
    [1] = 2 values {
        [0] = 10
        [1] = 11
    }
    [2] = 2 values {
        [0] = 20
        [1] = 30
    }
}
    2> var element = my2DArray[0][0]
element: Int = 1
    3> element = my2DArray[1][1]
    4> print(element)
11
```

배열 요소 추가

배열 요소를 추가하는 방법은 해당 요소를 추가하려는 위치가 배열의 맨 끝 부분인지, 배열 내 처음과 끝 사이인지에 따라 달라진다.

기존 배열의 맨 끝 부분에 요소를 추가하는 방법은 다음과 같다.

```
1> var myIntArray: [Int] = [1,3,5,7,9]
myIntArray: [Int] = 5 values {
    [0] = 1
    [1] = 3
    [2] = 5
    [3] = 7
    [4] = 9
}
    2> myIntArray.append(10)
    3> print(myIntArray)
[1, 3, 5, 7, 9, 10]
```

기존 배열의 특정 인덱스 위치에 요소를 삽입하는 방법은 다음과 같다.

```
1> var myIntArray: [Int] = [1,3,5,7,9]
myIntArray: [Int] = 5 values {
    [0] = 1
    [1] = 3
    [2] = 5
    [3] = 7
    [4] = 9
}
    2> myIntArray.insert(4, at: 2)
    3> print(myIntArray)
[1, 3, 4, 5, 7, 9]
```

배열 요소 삭제

배열 요소의 추가와 마찬가지로, 배열 요소의 삭제 방법 역시 삭제하려는 요소의 위치가 배열의 맨 끝 부분인지, 배열 내 처음과 끝 사이인지에 따라 달라진다.

배열의 맨 끝 부분에 있는 요소를 삭제하는 방법은 다음과 같다.

```
1> var myIntArray: [Int] = [1,3]
myIntArray: [Int] = 2 values {
    [0] = 1
    [1] = 3
}
    2> myIntArray.removeLast()
$R0: Int = 3
    3> print(myIntArray)
[1]
```

특정 인덱스 위치의 요소를 삭제하는 방법은 다음과 같다.

```
1> var myIntArray: [Int] = [1,3,5,7,9]
myIntArray: [Int] = 5 values {
    [0] = 1
    [1] = 3
    [2] = 5
    [3] = 7
    [4] = 9
}
    2> myIntArray.remove(at: 3)
$R0: Int = 7
    3> print(myIntArray)
[1, 3, 5, 9]
```

배열은 스택, 큐, 힙스, 해시 테이블, 문자열 등 다양한 데이터 구조를 표현하는 데 활용된다.

연결 데이터 구조

연결 데이터 구조^{Linked data structures}는 데이터 타입과 이를 다른 데이터와 묶어주는 포인터로 구성된다. 여기서 포인터^{pointer}란 메모리상의 위치 주소를 의미한다. C와 같은 로우 레벨 프로그래밍 언어와 달리, 스위프트는 직접적으로 포인터에 접근하지 않으며, 포인터를 활용할 수 있는 별도의 추상 체계를 제공한다.

이번 절에서는 연결 데이터 구조 중 하나인 연결 리스트^{linked lists}에 대해 알아본다. 연결 리스트는 일련의 노드로 구성되며, 이들 노드는 링크 필드를 통해 서로 연결돼 있다. 가장 간단한 형태의 연결 리스트는 데이터와 다음 노드에 연결할 수 있는 레퍼런스(또는 링크) 정보를 포함한다. 좀 더 복잡한 형태의 경우, 추가 링크 정보를 통해 연결된 데이터에서 앞 또는 뒤로 이동할 수 있다. 연결 리스트에서 추가 노드를 삽입하거나 삭제하는 일은 매우 간단하다.

연결 리스트는 자체 참조 클래스인 노드로 구성되고, 각각의 노드는 데이터와 전체 연결 데이터에서 다음 노드로 이동할 수 있는 링크 정보를 포함한다.

컴퓨터 과학 분야에서, 이와 같은 연결성을 표현하기 위해 시각적인 참조 방식인 화살표 기호를 사용한다. 단일 연결 리스트를 표현하거나 이중 연결 리스트를 표현할 때, 화살표의 수와 방향은 달라질 수 있다.

다음 예제에서, S 노드와 D 노드는 하나 또는 그 이상의 화살표를 지니며, 이들 화살표는 연결 구조에서 다른 노드로의 이동을 위한 레퍼런스다. S 노드는 단일 연결 리스트를 나타내고, 이때의 화살표는 연결 구조에서 다음 번 노드로의 연결을 나타낸다. N 노드는 링크와 관련된 레퍼런스가 없는 단일 연결 리스트의 마지막 부분을 나타낸다. D 노드는 이중 연결 이스트를 나타내며, 좌측 화살표는 이전의 노드로의 연결을, 우측의 화살표는 다음 노드로의 연결을 나타낸다.

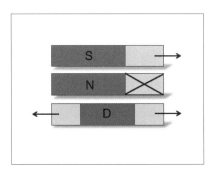

▲ 단일 연결 리스트와 이중 연결 리스트 구조 비교

또 다른 선형 데이터 구조에 대해 알아보기 전에 단일 연결 리스트의 구현 방식에 대해 알아보자.

단일 연결 리스트

연결 리스트 데이터 구조는 앞서 정의한 네 개의 속성으로 구성되며, 다음과 같이
선언한다.

```
class LinkedList<T> {
    var item: T?
    var next: LinkedList<T>?
}
```

우선 기본적인 선언 부분만 구현했으며, 연결 리스트를 구현하는 세부적인 내용은
3장에서 상세히 다룬다.

데이터 구조의 종류와 장단점

아래 표는 가장 보편적으로 사용되고, 또 가장 발전된 형태의 데이터 구조의 종류
와 각 구조가 지닌 장단점을 소개한다.

데이터 구조	장점	단점
배열	인덱스 값을 미리 알고 있는 경우, 해당 데이터에 매우 신속하게 접근할 수 있고, 새로운 요소를 매우 신속하게 삽입할 수 있다.	크기가 고정되고, 삭제 및 검색은 느리게 진행된다.
정렬된 배열	비정렬 배열에 비해 검색 속도가 더 빠르다.	크기가 고정되고, 삭제 및 검색은 느리게 진행된다.
큐	먼저 입력된 데이터가 먼저 출력될 수 있는 FIFO 접근 방식이 제공된다.	다른 요소에 대한 접근 속도는 느리다.
스택	나중에 입력된 데이터가 먼저 출력될 수 있는 LIFO 접근 방식이 제공된다.	다른 요소에 대한 접근 속도는 느리다.
리스트	데이터 삽입 및 삭제 속도가 빠르다.	검색 속도는 느리다.
해시 테이블	키값을 미리 알고 있는 경우, 해당 데이터에 매우 신속하게 접근할 수 있고, 새로운 요소를 매우 신속하게 삽입할 수 있다.	키값을 모를 경우 접근 속도가 느리고, 삭제 속도가 느리며 메모리 효율성이 떨어진다.

(이어짐)

데이터 구조	장점	단점
힙	매우 신속하게 삽입 및 삭제가 가능하고, 최대 혹은 최소 항목에 대한 접근 속도가 빠르다.	다른 요소에 대한 접근 속도는 느리다.
트라이	데이터 접근 속도 매우 빠르며, 서로 다른 키값에 대한 충돌 가능성 없고, 삽입과 삭제 또한 매우 신속히 이루어진다. 문자열 딕셔너리의 정렬, 프리픽스 검색 등에 유용하다.	특정 상황에서 해시 테이블보다 속도가 느릴 수 있다.
이진 트리	(균형 잡힌 트리 구조인 경우) 삽입, 삭제, 검색 속도가 매우 빠르다.	삭제 알고리즘 작성이 복잡해질 수 있고, 트리 구조가 삽입 순서에 영향을 받으며, 성능이 저하될 수 있다.
레드블랙 트리	삽입, 삭제, 검색 속도 매우 빠르며, 트리는 항상 균형 상태를 유지한다.	한계 상황에서 데이터 구조를 운영하므로 구현이 까다롭다.
R 트리	공간적 데이터를 나타낼 때 좋으며, 2차원 이상의 구조를 지원한다.	역사적으로 성능이 검증되지 못했다.
그래프	실제 세계의 상황을 반영한 모델을 구현한다.	일부 알고리즘은 느리고 복잡하다.

▲ 표 1.2 데이터 구조의 종류와 장단점

알고리즘 개요

본격적으로 데이터 알고리즘을 학습하기 전에 알고리즘 구현을 위한 자원이 매우 희박한 상태라는 점을 기억해야 한다. 알고리즘을 작성하려면 시간과 공간이 필요한데, 이 두 가지야 말로 알고리즘의 가장 중요한 자원인 것이다.

"알고리즘을 간단히 설명하자면, 일련의 입력값을 받아서 그에 맞는 일련의 출력값을 내놓기 위해 만들어진, 잘 정의된 컴퓨터 처리 절차라고 할 수 있다. 즉, 알고리즘이란 입력값을 출력값으로 변환하기 위해 만들어진 일련의 컴퓨터 절차이다."

– 토마스 코먼, 찰스 레이서손, 로날드 리베스트, 클리포드 스타인 공저, 『알고리즘 개론』 (3판, 2009)

특히, 우리는 문제의 규모를 측정할 때 이에 투자해야 할 자원의 양을 설명하기 위한 함수의 접근 행동asymptotic behavior에 관심을 갖는다. 접근 행동에 대해서는 이 장의 후반부에서 다시 설명한다. 접근 행동은 두 개 알고리즘 기법을 비교하는 기초 자료가 되기도 하며, 특히 문제 해결을 위한 함수의 크기가 커지는 속도보다 자원 소모의 속도가 느리게 증가하는가를 확인할 수 있는 중요한 잣대이기도 하다. 이 말은 좋은 알고리즘이라면 규모가 큰 문제일수록 좀 더 신속하게 해결해야 함을 의미한다.

이 책에서 설명하는 모든 알고리즘은 각각 그에 적합한 데이터 구조를 지니고 있으며, 대부분의 데이터 구조에서 다음과 같은 내용은 필수적으로 파악하고 있어야 한다.

- 새로운 데이터 아이템을 삽입하는 방법
- 데이터 아이템을 삭제하는 방법
- 특정 데이터 아이템을 찾는 방법
- 모든 데이터 아이템을 순회하는 방법
- 데이터 아이템을 정렬하는 방법

스위프트에서의 데이터 타입

C나 C의 슈퍼셋superset 언어인 오브젝티브C, C++ 등 다른 프로그래밍 언어를 작성해본 적이 있다면, 해당 데이터에서 기본 제공하는 원천적인primitive 데이터 타입에 대해 잘 알고 있을 것이다. 이때, 원천 데이터 타입이라고 하면 단일 값을 지니는 스칼라 타입scalar type을 일컫는 경우가 많다. 대표적인 스칼라 타입 데이터로는 int, float, double, char, bool이 있다. 하지만 스위프트에서 원천 데이터 타입은 스칼라 타입으로 구현돼 있지 않으며, 이번 절에서는 스위프트에서 제공하는 원천 데이터 타입에는 어떤 것이 있는지, 그리고 이와 같은 스위프트 데이터 타입은 다른 프로그래밍 언어와 어떤 차이가 있는지 알아볼 것이다.

밸류 타입과 레퍼런스 타입

스위프트의 기본 데이터 타입은 밸류 타입^{value types}과 레퍼런스 타입^{reference types}, 두 가지다. 밸류 타입은 오직 하나의 소유 객체만을 지니며, 해당 타입의 데이터가 변수 또는 상수에 할당됐을 때 혹은 함수에 전달됐을 때, 지니고 있던 값을 복사한다. 밸류 타입에는 다시 구조체와 열거형, 두 가지 유형이 있으며, 스위프트의 모든 데이터 타입은 기본적으로 구조체다.

반면, 레퍼런스 타입은 밸류 타입과 달리 값을 복사하지 않고 공유한다. 즉, 레퍼런스 타입은 변수에 할당하거나 함수에 전달할 때 값을 복사해서 제공하는 대신, 동일한 인스턴스를 참조값으로 활용한다. 레퍼런스 타입은 여러 개의 소유 객체가 참조라는 방식으로 공유할 수 있다.

스위프트의 표준 라이브러리에는 int, double, float, string, character, bool, array, dictionary, set 등 다양한 네이티브 데이터 타입이 정의돼 있다.

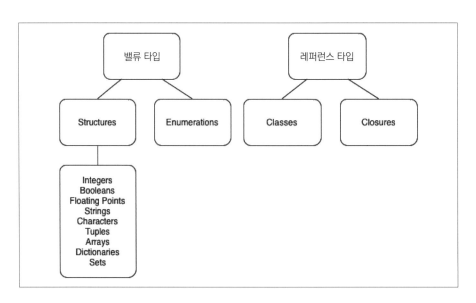

여기서 주의할 점은 이들 데이터 타입은 다른 언어에서와 같은 원천 데이터 타입은 아니라는 것이다. 이들 데이터 타입은 스위프트 표준 라이브러리에서 구조체 타입으로 정의되고 구현된 기명 타입^{named types}이다.

기명 타입과 복합 타입

스위프트의 또 다른 데이터 타입 분류 체계는 기명 타입^{named types}과 복합 타입 ^{compound types}이다. 기명 타입은 사용자가 정의할 수 있는 데이터 타입이자, 해당 타입이 정의될 당시 특정한 이름을 부여할 수 있는 타입이다. 기명 타입에는 클래스, 구조체, 열거형, 프로토타입이 있다. 이들 사용자 정의 기명 타입 외에 스위프트 라이브러리에는 배열, 딕셔너리, 세트, 옵셔널 값을 나타낼 수 있는 기명 타입이 별도로 마련돼 있다. 또한 기명 타입은 익스텐션 선언을 통해 동작 범위를 확장할 수 있다.

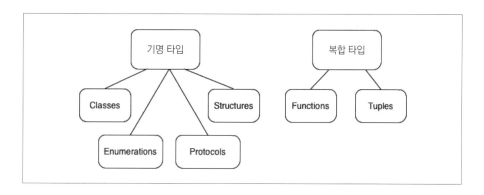

복합 타입은 별도의 이름이 붙여지지 않은 타입이며, 스위프트에는 function 타입과 type 타입 등 두 개의 복합 타입이 정의돼 있다. 복합 타입은 기명 타입은 물론 또 다른 복합 타입을 포함할 수 있다. 예를 들어, 다음과 같은 튜플^{tuple} 타입은 두 개의 요소를 포함한다. 첫 번째 요소는 Int라는 기명 타입이고, 두 번째 요소는 (Float, Float)라는 복합 타입이다.

```
(Int, (Float, Float))
```

타입 에일리어스

타입 에일리어스^{type alias}는 기존의 타입을 또 다른 이름으로 부를 수 있는 방법을 제공한다. 스위프트의 typealias 키워드는 C 기반 언어의 typedef와 유사하다고 할 수 있다. 어떤 작업을 진행 중일 때, 특정 타입의 이름을 좀 더 해당 작업 또는 임무의 맥락 또는 분위기가 반영된 새로운 이름으로 부르고 싶을 때 타입 에일리어스를 사용하면 된다. 예를 들어 기존의 UInt16 타입을 아래와 같이 TCPPacket 이라는 식별자로 이름 붙일 수 있다.

```
typealias TCPPacket = UInt16
```

일단 타입 에일리어스를 정의한 뒤에는 언제 어디에서든 해당 이름으로 원본 타입을 사용할 수 있다.

```
1> typealias TCPPacket = UInt16
2> var maxTCPPacketSize = TCPPacket.max
maxTCPPacketSize: UInt16 = 65535
```

스위프트 표준 라이브러리의 컬렉션 타입

스위프트는 배열arrays, 딕셔너리dictionaries, 세트sets 등 세 가지의 컬렉션 타입을 제공한다. 이 외에도, 정식 컬렉션 타입은 아니지만 수, 문자열 등 복합적인 값을 한 꺼번에 묶어서 편리하게 사용할 수 있는 튜플tuple도 있다. 튜플에서 정렬된 값은 어떤 타입이라도 가능하고, 한 묶음 내의 값이 서로 같을 필요도 없다. 이들 컬렉션 타입에 대해서는 2장에서 상세히 설명한다.

점근적 분석

서비스를 개발하는 데 있어 원하는 정보를 신속하게 찾아내는 일은 무척 중요하며, 그렇지 못할 경우 해당 서비스 또는 제품은 얼마 못가 성공 또는 실패의 기로에 서게 될 것이다. 하지만 어떤 데이터 구조 또는 알고리즘도 모든 비즈니스 상황에서 최적의 성능을 제공하지는 못한다. 그래서 우리는 과연 어떤 데이터 구조 또는 알고리즘이 최적의 성능을 낼 수 있는지 확인하기 위해 알고리즘의 실행 속도를 측정한다.

입력값이 소규모일 때는 어떤 알고리즘을 쓰더라도 일정 수준 이상의 속도 또는 효율성을 기대할 수 있다. 하지만, 우리가 알고리즘의 실행 비용 또는 복잡성의 측정에 대한 이야기를 꺼낼 때는 입력값이 상당히 큰 규모임을 의미한다. 무한대에 가까운 입력값을 분석하는 데 걸리는 시간을 측정하는 방법이 바로 점근적 분석asymptotic analysis이고, 이런 분석을 통해 아래와 같은 답을 얻을 수 있다.

- (데이터가 폭주하는) 최악의 상황이라면, 얼마만큼의 저장 공간이 필요한가?
- 알고리즘이 특정 규모의 입력값을 처리하는 데 걸리는 시간은 얼마인가?
- 과연 그 문제를 해결할 수 있는가?

예를 들어, 숫자 목록을 정렬하는 함수의 실행 시간을 분석하려고 할 때, 입력 데이터의 크기에 따라 함수의 실행 시간이 얼마나 길어질지 알아야 한다. 예를 들어, 정렬 알고리즘의 성능을 비교하기 위해, 먼저 일반적인 삽입형 정렬 알고리즘insertion sort의 실행 시간을 계산하는 함수 $T(n)$이 있다고 했을 때, $T(n) = c*n^2+K$이고, 이때 상수 c와 k는 실행 시간의 이차quadratic 함수를 나타낸다. 이에 대한 비교 대상으로, 병합형 정렬 알고리즘merge sort의 실행 시간을 계산하는 함수 $T(n)$이 있다고 했을 때, $T(n) = c*n*log_2(n)+k$이며, 이때 상수 c와 k는 실행 시간의 리니어리드믹linearithmic 함수를 나타낸다.

보통의 경우, 작은 x 값은 무시하는 경향이 있는데, 알고리즘 실행 속도의 저하 여부를 판단할 때는 대규모의 x 값이 의미가 있기 때문이다. 병합형 정렬 함수 $f(x)$, 즉 $f(x) = c*x*log_2(x)+k$의 점근적 행동이란 x 값이 커짐에 따른 $f(x)$의 증가 속도를 의미한다.

반드시 적용되는 규칙은 아니지만, 일반적으로 점근적 성장 속도가 느릴수록 알고리즘의 성능이 좋은 것으로 판단한다. 이런 기준에 따르면, 선형 알고리즘인 $f(x) = d*x+k$는 리니어리드믹 알고리즘인 $f(x) = c*x*log_2(x)+q$보다 항상 점근적 분석에서 좀 더 좋은 평가를 받는다. 이는 c, d, k, 그리고 $q > 0$라는 동일한 조건에서 $c*x*log_2(x)+q$가 $d*x+k$에 비해 x의 값 변화에 훨씬 크게 반응하기 때문이다.

데이터 크기 분석 방법

정렬 알고리즘의 실행 시간 측정에 있어서, 우리는 상수 c 또는 k가 정확히 어떤 값인지 모른다. 그저 상식 범위에 있는 상수 정도로만 알고 있으며, 정확한 값은 사실 중요하지 않다. 점근적 분석을 통해 상수의 변화와 무관하게, 선형 로그식인 병합형 정렬 알고리즘이 이차식인 삽입형 정렬 알고리즘보다 빠르다는 것을 알게 됐다. 실제 상수의 값을 측정하고 싶더라도 CPU의 성능 설정, 그리고 프로그래밍 언어에 따라 상수가 달라질 수 있으며, 알고리즘의 실행 환경이 완전히 동일한 경우에만 비교적 정확하게 측정할 수 있다. 이런 이유로, 점근적 분석에 의한 실행 시간 측정에서는 상수를 무시하는 경우가 대부분이다.

컴퓨터 과학에서, 빅오Big-O는 함수의 점근적 분석을 표현하는 가장 대표적인 방법 중 하나이며, 알고리즘 표현에서 상수를 감춤으로써 좀 더 간편하게 실행 속도를 측정할 수 있다. 빅오는 함수의 알고리즘 실행 시간 중 외부 경계선, 즉 성장의 순서order of growth를 비교한다. 이때 외부 경계선은 해당 알고리즘이 분석을 완전히 마치기까지 걸릴 수 있는 최대 시간을 의미하며, 빅오 함수의 외부 경계선은 입력값에 따라 다르게 나타난다. 다음 예제에서 500개의 데이터 아이템을 입력했을 때와 5000개의 아이템을 입력했을 때의 속도 차이를 비교해보자.

알고리즘 구현에 대해 살펴보기 전에, 삽입형 정렬 알고리즘의 작동 원리에 대해 알아보자.

1단계에서, 첫 번째 아이템은 정렬 순서대로 놓여 있다고 가정한다. 2단계에서, 두 번째 아이템과 바로 앞 아이템의 크기를 비교하는데, 두 번째 아이템이 더 작은 수일 경우 첫 번째 아이템과 두 번째 아이템의 위치를 서로 바꾼 뒤 다시 맨 앞으로 이동한다. 3단계에서도 동일한 패턴을 반복한다. 4단계에서는 흥미를 끄는 일이 발생한다. 현재 아이템인 34와 이전 아이템인 63을 비교한 결과, 34가 이전 아이템인 63보다 작은 수이므로 34를 한 칸 우측으로 이동시키고, 다시 이전 아이템인 56과 비교한 결과, 34가 더 작은 수이므로 다시 한 번 더 34를 한 칸 우측으로 이동시킨다. 다시 이전 아이템인 17과 비교한 결과, 34가 더 큰 수이므로 비교는 중지되고 실행 코드는 다시 처음 숫자부터 비교하기 시작해서 나머지 단계를 모두 진행하게 된다.

1단계	56	17	63	34	77	52	68	첫 번째 아이템은 이미 정렬됐다고 가정
2단계	17	56	63	34	77	52	68	56 > 17이므로 두 번째 아이템인 17을 56 앞에 삽입
3단계	17	56	63	34	77	52	68	56 < 63이므로 현 상태를 유지
4단계	17	34	56	63	77	52	68	63 > 34, 56 > 34, 17 < 34이므로 34를 17 뒤에 삽입
5단계	17	34	56	63	77	52	68	63 < 77이므로 현 상태를 유지
6단계	17	34	52	56	63	77	68	77 > 52, 63 > 52, 56 > 52, 34 < 52이므로 52를 34 뒤에 삽입
1단계	17	34	52	56	63	68	77	77 > 68, 63 < 68이므로 68을 63 뒤에 삽입

삽입형 정렬 알고리즘의 코드는 다음과 같다.

```
func insertionSort( alist: inout [Int]){
    for i in 1..<alist.count {
        let tmp = alist[i]
        var j = i - 1
        while j >= 0 && alist[j] > tmp {
            alist[j+1] = alist[j]
            j = j - 1
        }
        alist[j+1] = tmp
    }
}
```

위와 같은 숫자 비교를 500개 아이템이 있는 배열을 대상으로 한다면 그리 오랜 시간이 걸리지 않을 것이다. 이제 앞서 잠시 언급했던 삽입형 정렬 알고리즘의 실행 속도 함수인 $f(x) = c*n^2+q$를 생각해보자. 우리는 이 함수의 복잡성을 또 다른 공식인 $f(x) \epsilon O(x^2)$로 나타낼 수 있는데, 이는 점근적 판단에서, 함수 f가 x^2의 이차 방정식보다 빠르게 증가할 수 없음을 나타낸다. 그런데 우리는 주위에서 빅오 표현이 종종 잘 못 사용되는 경우를 발견하게 된다. 예를 들어 $f(x)$의 복잡성이 바로 $O(x^2)$라고 설명하는 것이다. 이는 함수 f의 실행 시간이 가장 오래 걸릴 때가 바로 $O(x^2)$라고 하는 것인데, 함수 f가 $O(x^2)$와 관련이 있다고 하는 표현과 함수 f가 곧 $O(x^2)$와 같다라고 하는 표현은 서로 미묘하면서도 중요한 차이가 있다. $f(x) \in O(x^2)$라는 말은 함수 f가 최악의 상황에서 실행된다하더라도 $O(x^2)$보다 작다는 뜻이다. 반면, $f(x)$가 곧 $O(x^2)$와 같다는 것은 상위 경계선과 하위 경계선 모두 최악의 점근적 상황에 닿아있다는 뜻이다.

병합형 정렬 알고리즘의 구현 방식은 다음과 같다.

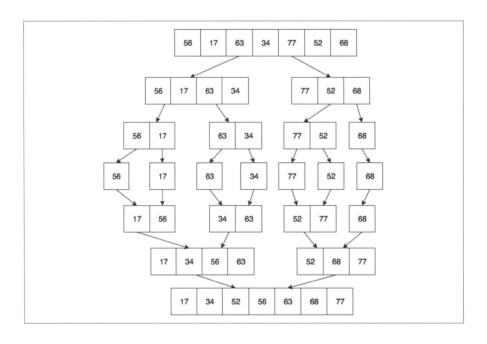

4장, '정렬 알고리즘'에서 병합형 정렬 알고리즘에 대한 상세한 내용을 살펴볼 것이며, 이번 절에서는 개요에 대해서만 간단히 소개하려 한다. 병합형 정렬 알고리즘에서 가장 먼저 하는 일은 배열을 분할하는 것인데, 아이템의 수를 대략 반으로 나눈다. 그리고 분할 과정을 반복해서 배열의 아이템 수가 하나가 될 때까지 반복 실행한다. 그다음, 숫자 비교를 실행하면서 배열을 합치기 시작해서 최종적으로 모든 숫자가 모인 하나의 배열을 반환한다.

병합형 정렬 알고리즘 구현 코드는 다음과 같다.

```
func mergeSort<T:Comparable>(inout list:[T]) {
    if list.count <= 1 {
        return
    }
    func merge(var left:[T], var right:[T]) -> [T] {
        var result = [T]()
        while left.count != 0 && right.count != 0 {
            if left[0] <= right[0] {
                result.append(left.removeAtIndex(0))
            } else {
            result.append(right.removeAtIndex(0))
            }
        }
        while left.count != 0 {
            result.append(left.removeAtIndex(0))
        }
        while right.count != 0 {
            result.append(right.removeAtIndex(0))
        }
        return result
    }
    var left = [T]()
    var right = [T]()
    let mid = list.count / 2
    for i in 0..<mid {
        left.append(list[i])
    }
    for i in mid..<list.count {
        right.append(list[i])
    }
    mergeSort(&left)
    mergeSort(&right)
    list = merge(left, right: right)
}
```

삽입형 및 병합형 정렬 알고리즘을 구현한 소스 코드는 이 책의 다운로드 파일 묶음에 포함돼 있다. 예제 코드는 엑스코드 플레이그라운드에서 실행하거나 스위프트 REPL에 복사/붙여넣기 방식으로 확인할 수 있다.

표 1.3을 보면 소규모 입력 데이터에서는 삽입형 정렬 알고리즘이 병합형 정렬 알고리즘에 비해 좀 더 나은 성능을 낸다는 것을 알 수 있다.

n	T(n2)	Tm(n)
100	0.000126958	0.001385033
200	0.00048399	0.002885997
300	0.001008034	0.004469991
400	0.00178498	0.006169021
500	0.003000021	0.007772028
600	0.004121006	0.009727001
700	0.005564034	0.012910962
800	0.007784009	0.013369977
900	0.009467959	0.01511699
1,000	0.011316955	0.016884029

▲ 표 1.3 소규모 입력 데이터: 100~1,000 아이템/초

아래 그래프에서도 삽입형 정렬 알고리즘이 병합형 정렬 알고리즘보다 빠르다는 것을 알 수 있다.

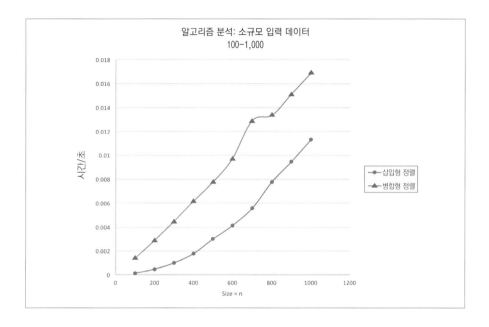

반면, 표 1.4를 보면, 대규모 입력 데이터에서는 병합형 정렬 알고리즘이 삽입형 정렬 알고리즘에 비해 훨씬 더 나은 성능을 낸다는 것을 알 수 있다.

n	T(n2)	Tm(n)
800	0.007784009	0.013369977
900	0.009467959	0.01511699
1,000	0.011316955	0.016884029
2,000	0.04688704	0.036652982
3,000	0.105984986	0.05787003
4,000	0.185739994	0.077836037
5,000	0.288598955	0.101580977
6,000	0.417855978	0.124255955

n	T(n2)	Tm(n)
7,000	0.561426044	0.14714098
8,000	0.73259002	0.169996023
9,000	0.930015028	0.197144985
10,000	1.144114017	0.222028017
20,000	4.592146993	0.492881
30,000	10.45656502	0.784195006
40,000	18.64617997	1.122103989
50,000	29.000718	1.481712997
60,000	41.51619297	1.839293003

▲ 표 1.4 대규모 입력 데이터: 2,000~60,000 아이템 / 초

또한, 아래 그래프에서도 입력 데이터가 대규모로 증가할수록 삽입형 정렬 알고리즘의 실행 속도가 훨씬 많이 느려진다는 것을 알 수 있다.

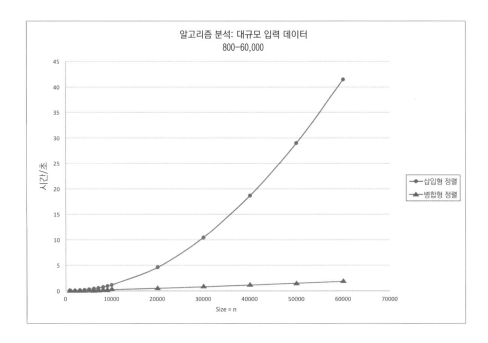

컴퓨터 과학에서 알고리즘의 복잡성은 매우 중요한 주제 중 하나이며, 1장은 데이터의 구조와 알고리즘이라는 주제에 대한 중요성을 환기시키는 데 할애했다. 이책의 후반으로 갈수록, 이번 장에서 소개한 내용을 좀 더 심도 있게 살펴보게 될것이다.

정리

1장은 데이터 구조와 알고리즘의 중요성에 대한 간단한 개요 설명으로 시작했다. 또, 어려운 문제를 해결하기 위해 데이터 구조와 알고리즘에 대한 넓고도 깊은 이해가 필요한 이유도 설명했다.

그다음, 스위프트 REPL의 활용 방식을 설명하고, 스위프트 명령문의 실행 결과를 즉시 확인할 수 있는 방법과 커맨드 라인 환경에서 유용한 키 입력 방식에 대한 참조 자료도 소개했다. 컴퓨터 과학에서 가장 근원적인 데이터 구조인 인접 데이터 구조와 연결 데이터 구조에 대해 살펴보고 그 중 대표적인 데이터 타입인 배열과 단일 연결 목록 클래스의 예제도 작성해봤다. 이후 장에서 이들 내용을 훨씬 상세하게 알아볼 것이다. 또한, 이번 장에서는 스위프트 데이터 타입과 스위프트 표준 라이브러리에서 사용할 수 있는 컬렉션 타입으로 어떤 것들이 있는지 살펴봤다. 이번 장 마지막 부분에서는 점근적 분석 기법을 소개하고, 각각의 알고리즘이 극적으로 다른 성능을 발휘하게 되는 상황에 대해서도 알아봤다.

2장에서는 스위프트 표준 라이브러리에서 사용할 수 있는 컬렉션 타입을 소개하고, 애플 애플리케이션 개발에 오랫동안 활용되어온 코코아^{Cocoa} 객체를 활용하기 위한 브릿징 기법에 대해서도 상세히 알아본다.

2

스위프트 기본 데이터 구조의 활용

스위프트는 무척 강력한 언어임에 틀림없지만, 아무리 강력한 언어라 하더라도 그에 걸맞은 강력한 표준 라이브러리가 없다면 무용지물이다. 스위프트의 표준 라이브러리는 데이터 타입, 컬렉션 타입, 함수와 메소드, 그리고 다양한 목적에 부합하는 다수의 프로토콜 등, 애플리케이션을 개발하기 위한 각종 구현 요소를 제공한다.

이번 장에서는 스위프트의 표준 라이브러리를 심도 있게 살펴볼 것이며, 특히 배열, 딕셔너리, 세트, 튜플 등 컬렉션 타입을 매우 상세하게 소개하고 관련 예제를 작성한다.

2장에서 다루는 주요 내용은 다음과 같다.

- 스위프트의 표준 라이브러리

- 서브스크립트 구현 방식

- 수정불가immutability 데이터 타입의 이해

- 스위프트와 오브젝티브C의 상호관련성
- 스위프트의 프로토콜 지향 프로그래밍

스위프트 표준 라이브러리의 활용

프로그래머 중 상당수는 표준 라이브러리를 해당 프로그래밍 언어의 일부분으로 생각하곤 한다. 하지만 실무적으로 표준 라이브러리의 개념은 무척 넓고 다양하며, 기존 개발자가 생각하는 것과 큰 차이가 있을 수 있다. 예를 들어, C와 C++의 표준 라이브러리의 범위는 현대적인 언어에 비해 무척 작은 편이며, 애플리케이션 개발에 있어 꼭 필요한 부분만이 포함돼 있다. 반면, 비교적 최근 등장한 프로그래밍 언어인 파이썬, 자바, 닷넷 등은 XML, JSON, 현지화 처리, 이메일 처리 기능 등 다른 전통적인 언어에서는 라이브러리에 포함시키지 않는 특수한 기능까지 포함돼 있다.

개발자에게 있어 스위프트 표준 라이브러리는 스위프트 프로그래밍 언어와 구분되는 별개의 요소이자, 클래스, 구조체, 열거형, 함수, 프로토콜 등 스위프트 언어를 활용하기 위한 핵심 도구다. C와 C++ 언어에 비해, 현행 스위프트의 표준 라이브러리는 매우 작은 규모이지만, 라이브러리에서 정의한 다양한 프로토콜을 적용할 수 있는 범용 구조체와 열거형을 통해 다양한 기능을 제공할 수 있으며, 개발자는 이들 표준 라이브러리를 레고 블록 삼아 자신이 원하는 애플리케이션을 만드는 데 활용할 수 있다.

스위프트 표준 라이브러리에 포함된 함수와 메소드의 성능은 매우 우수하지만, 이런 탁월한 성능 수준을 유지하기 위해서는 함수 또는 메소드에 사용되는 프로토콜의 성능 또한 우수해야 한다. 예를 들어, Array.append() 함수를 살펴보자. 이 함수는 해당 배열의 저장 내용을 다른 배열과 실시간으로 공유하지 않을 경우 알고리즘의 복잡성이 $O(1)$만큼 커진다(빅오에 대해서는 1장, '데이터 크기 분석 방법'절에서 소개한 바 있다). 함수 실행을 위해 해당 배열을 브릿징한 NSArray로 래핑해야 하며, 그렇지 않을 경우 알고리즘의 효율성은 매우 낮아지게 된다.

이번 절에서는 배열, 딕셔너리, 세트, 튜플의 구현 방법에 대해 자세히 알아볼 것이다.

이번 절의 플레이그라운드용 예제 작성을 위해 엑스코드 8.1 이상의 버전을 사용해야 한다.

애플이 구조체를 사용하는 이유

여러분이 오브젝티브C, C++, 자바, 루비, 파이썬 또는 여타의 객체지향형 언어를 이용해서 프로그래밍을 해왔다면, 여러분은 원하는 타입을 만들기 위해 클래스 class라는 구조 또는 개념을 사용해 왔을 것이다. 하지만 스위프트 표준 라이브러리에서는 이와 같은 용도로 클래스를 사용하지 않으며, 스위프트에 정의된 타입 대부분은 구조체 structure다. 오브젝티브C, C++에서는 클래스가 구조체에 비해 훨씬 강력한 기능을 제공하므로, 이들 언어에 익숙한 개발자라면 스위프트의 이런 분위기가 매우 낯설고 이상하게도 느껴질 것이다.

그렇다면 스위프트는 도대체 왜 밸류 타입인 구조체를 써서 레퍼런스 타입인 클래스를 지원하도록 한 것일까? 그것은 바로 상속, 초기화 해제객체, 레퍼런스 카운팅 등 다양한 기능을 제공하는 클래스에 비해 훨씬 제한된 수의 기능을 제공하는 스위프트가 표준 라이브러리의 구성 요소로서 적합하기 때문이다. 또한 구조체는 밸류 타입으로서, 단 하나의 소유 객체만을 지니며, 새로운 변수에 할당하거나 함수에 전달할 때는 항상 복사해서 사용한다는 점도 중요한 이유다. 구조체의 이런 단순성은 여러분이 작성한 코드를 체계적으로 안정화시키며, 특정 구조체를 변경해도 애플리케이션의 다른 부분은 이에 영향을 받지 않을 수 있다.

 구조체에 대한 이전 부분의 설명은 밸류 타입의 복사에 대한 것이며, 여러분의 코드에서 볼 수 있는 구조체의 동작 모습은 항상 복사가 이뤄지는 것같이 보이기 때문이다. 하지만, 스위프트는 반드시 필요한 경우에만 복사물을 만들어 사용하며, 알고리즘이 최적의 성능을 낼 수 있도록 복사한 모든 값을 관리하므로 개발자인 여러분은 이와 같은 최적 할당 작업을 막아서는 안 된다.

스위프트의 구조체는 여타의 C 기반 언어의 구조체에 비해 훨씬 강력하며, C 기반 언어의 클래스에 가깝다. 스위프트 구조체는 C 기반 언어의 구조체와 기본적인 기능은 비슷하지만, 스위프트는 구조체에 클래스의 각종 기능을 추가했다.

스위프트 구조체의 주요 기능은 다음과 같다.

- 자동으로 생성되는 멤버 초기화 함수memberwise initializer 외에, 커스텀 초기화 함수도 사용 가능
- 메소드를 지닐 수 있음
- 프로토콜을 구현할 수 있음

스위프트에서 구조체가 그리도 강력하다면, 클래스는 언제 써야 하는 것일까? 애플은 구조체와 클래스의 역할 분담에 대해 알 수 있도록 다음과 같은 구조체 생성 가이드라인을 제공하며, 아래 조건 중 하나라도 해당된다면 클래스보다는 구조체를 사용하는 편이 낫다고 설명한다.

- 특정 타입 생성의 가장 중요한 목적이 간단한 몇 개의 값을 캡슐화하려는 것인 경우
- 캡슐화한 값을 구조체의 인스턴에 전달하거나 할당할 때 참조가 아닌 복사를 할 경우
- 구조체에 의해 저장되는 프로퍼티를 참조가 아닌 복사를 위한 밸류 타입인 경우
- 기존의 타입에서 가져온 프로퍼티나 각종 기능을 상속할 필요가 없는 경우

위와 같은 경우엔 구조체를 생성하고, 그렇지 않다면 참조 방식으로 인스턴스를 호출하는 클래스를 생성해서 사용한다.

 클래스와 구조체 선택에 대한 애플의 가이드라인은 다음과 같다.

https://developer.apple.com/library/content/documentation/Swift/Conceptual/Swift_Programming_Language/ClassesAndStructures.html

스위프트에서 배열 선언

배열은 순위 목록에 동일 타입의 값을 저장하는 데이터 타입이다. 스위프트의 배열은 오브젝티브C의 배열과 몇 가지 중요한 차이점이 있는데, 그 중 첫 번째 차이점은 반드시 동일 타입의 값만 저장해야 한다는 것이다. 엑스코드 7 이전 오브젝티브C의 NSArray에는 다양한 타입의 값을 저장할 수 있었으므로, 스위프트의 이런 변화는 다소 아쉽게 느껴질 수도 있을 것이다. 하지만, 동일 타입의 값만으로 배열을 구성하면 반환될 값의 타입을 명확히 예측할 수 있으며, 좀 더 효율적인 코드, 실수의 여지가 좀 더 줄어든 코드를 작성하는 데 도움이 된다. 하지만, 동일 배열 내에서 상이한 타입의 값을 사용해야 할 경우, 프로토콜의 배열로 정의해서 다양한 타입을 받아들이거나 AnyObject 타입의 배열로 정의할 수 있다.

오브젝티브C 배열과의 또 다른 차이점은 클래스 타입이 있다는 것이다. 스위프트에서 배열은 제너릭 타입의 컬렉션generic type collections이며, 어떤 타입이든 될 수 있으며, int, float, string, 열거형은 물론 클래스까지 포함할 수 있다. 오브젝티브C 배열과의 마지막 차이점은 스위프트 배열은 클래스가 아닌 구조체로서 정의된다는 점이다.

1장에서 정수형 배열을 선언하는 기본 구조를 살펴보고 배열 요소의 추가, 삭제, 제거 등의 작업을 실행했다. 이번 절에서는 표준 라이브러리에서 배열의 구현 방식을 좀 더 상세히 알아보려 한다.

스위프트에는 다음과 같은 세 가지 유형의 배열이 있다.

* Array
* ContiguousArray
* ArraySlice

모든 Array 클래스는 배열에 포함된 배열 요소를 저장하기 위한 메모리 공간을 유지한다. 배열 요소의 타입이 클래스 또는 @objc 프로토콜 타입이 아닌 경우, 배열의 메모리 영역은 인접 블록에 저장된다. 이와 달리, 배열 요소의 타입이 클래스 또는 @objc 프로토콜 타입인 경우, 배열의 메모리 영역은 인접 블록에 NSArray의 인스턴스 또는 NSArray의 서브클래스의 인스턴스로 저장된다.

저장하려는 배열 요소가 클래스 또는 @objc 프로토콜인 경우, ContiguousArray 유형을 사용하면 좀 더 효율적인 코드를 작성할 수 있다. ContiguousArray 클래스는 Array 구현에 사용되는 다양한 프로토콜을 공유할 수 있으며, 거의 비슷한 프로퍼티를 활용할 수 있다. ContiguousArray가 Array 클래스와 다른 점은 오브젝티브C와의 브릿징을 지원하지 않는다는 것이다.

ArraySlice 클래스는 Array, ContiguousArray 혹은 다른 ArraySlice의 속성을 그대로 지닌다. ArraySlice 역시 ContiguousArray와 마찬가지로 배열 요소를 저장할 때 인접 메모리 공간을 사용하며, 오브젝티브C와의 브릿징을 지원하지 않는다. ArraySlice의 가장 큰 특징은 이미 존재하는 또 다른 배열 타입의 일부 그룹을 대표한다는 것이다. 바로 이때문에 원본인 배열의 생애주기가 끝나면 ArraySlice에 저장된 배열 요소 역시 접근 불가능 상태가 된다는 점에 주의해야 한다. 이런 특징을 이해하지 못할 경우 메모리 누수 또는 객체 누수가 일어날 수 있으며, 애플은 ArraySlice 인스턴스를 장시간 유지하지 말도록 권장하고 있다.

Array, ContiguousArray, 혹은 ArraySlice의 인스턴스를 생성하면 해당 배열 요소를 저장하기 위한 추가 저장 공간이 할당된다. 이와 같은 추가 저장 공간을 배열 용량array's capacity이라 칭하며, 이는 배열에 메모리 공간을 재할당하지 않고 배열 관련 작업을 처리할 수 있을 정도의 잠재적인 저장 공간이라 할 수 있다. 스위프트 배열은 기하급수적 증가 전략exponential growth strategy을 따르며, 배열에 요소가 추가될 때마다 소진된 배열 용량을 자동으로 증가시킨다. 배열 요소 추가 작업을 여러 차례 나눠서 반복적으로 진행할 경우, 각각의 추가 작업에는 일정한 시간이 소요된다. 만일 여러분이 배열에 대량의 요소가 추가될 것임을 알 수 있는 경우, 추가적인 배열 용량을 미리 할당해 두는 편이 좋다. 이렇게 함으로써 새로운 요소가 추가될 때마다 배열이 스스로 저장 공간을 할당하는 데 드는 시간을 줄일 수 있다. 다음 코드는 intArray 배열에 500개의 정수형 배열 요소를 추가하기 위해 초기 배열 용량을 미리 예약하는 reserve 예제다.

```
// 배열 생성을 위한 정식 표현식
var intArray = Array<Int>()

// 배열 생성을 위한 단축 표현식
intArray = [Int]()
intArray.capacity              // 0개 요소를 포함
intArray.reserveCapacity(500)
intArray.capacity              // 508개 요소를 포함
```

위 예제의 실행 결과를 보면 500개의 용량을 예약했지만 실제 할당된 공간은 그
보다 크다는 사실을 알 수 있다. 이는 스위프트가 실행 성능을 고려해서 실제 요청
한 양 이상을 할당한 것으로 볼 수 있으며, 최소한 예약한 배열 용량만큼은 확보할
수 있음을 알 수 있다.

배열을 복사하는 경우, 저장 공간이 할당되는 동안에는 물리적으로 구분되는 별도
의 복사물이 만들어지지 않는다. 이는 스위프트에서 제공하는 카피온라이트^{copy-}
^{on-write} 기능으로서, 하나 이상의 배열 인스턴스가 동일한 버퍼를 공유하는 변환
작업^{mutating operation}이 완료될 때까지는 배열 요소가 복사되지 않음을 나타낸다.
첫 번째 변환 작업은 소요 시간과 저장 공간 측면에서 배열 요소의 수를 n으로 하
는 $O(n)$ 함수 형태를 나타낸다.

배열 초기화

구조체, 클래스, 열거형의 초기화 작업을 위해 init 메소드를 사용한다. 여러분이
C++, 자바, 또는 C# 프로그래머라면, 이와 같은 초기화 방식은 클래스 이름을 이
용해서 정의하는 클래스 생성자 또는 클래스 컨스트럭터^{class constructor}와 유사함을
알 수 있을 것이다.

오브젝티브C 프로그래머라면 스위프트의 초기화 객체의 구현 방식이 다소 색다
르다는 것을 알 수 있을 것이다. 오브젝티브C에서 init 메소드는 초기화한 객체
를 직접 반환하고, 호출 객체는 클래스를 초기화할 때 반환된 값이 nil인지 확인
한다. 이때 nil이 반환됐다면 초기화 과정이 실패했음을 의미한다. 스위프트에서
는 이와 같은 확인 기능을 실패 가능 초기화^{failable initialization}라고 한다. 이에 대해

서는 잠시 후 다시 설명한다.

스위프트 표준 라이브러리는 세 가지 타입의 배열을 구현하기 위해 네 가지 초기화 메소드를 제공한다.

이 외에도, 배열 초기화를 위해 하나 혹은 그 이상의 요소로 구성된 컬렉션을 정의할 수 있는 딕셔너리 객체를 사용할 수 있다. 이때 개별 요소는 쉼표 기호로 구분하며 추가하면 된다.

```
// 배열 생성을 위한 정식 표현 문법
var intArray = Array<Int>()

// 배열 생성을 위한 단축 표현 문법
intArray = [Int]()

// 배열 리터럴 선언 방식
var intLiteralArray: [Int] = [1, 2, 3]
// [1, 2, 3]

//: 배열 리터럴 단축 선언 방식
intLiteralArray = [1, 2, 3]
// [1, 2, 3]

//: 기본값으로 배열 생성하기[1]
intLiteralArray = [Int](count: 5, repeatedValue: 2)
// [2, 2, 2, 2, 2]
```

배열에 요소 추가 및 업데이트

배열에 새로운 요소를 추가할 때는 append(_:) 메소드를 사용한다. 이 메소드는 배열의 맨 마지막 부분에 새로운 요소를 추가한다.

```
var intArray = [Int]()
intArray.append(50)
// [50]
```

---

1 신규 문법에 따른 코드 수정은 다음과 같다. – 옮긴이

```
intLiteralArray = [Int](repeating:2, count:5)
```

기존의 컬렉션 타입이 있을 때도 append(_:) 메소드를 사용할 수 있다. 이 메소드는 배열의 맨 마지막 부분에 새로운 요소를 추가한다.

```
intArray.append([60, 65, 70, 75])
// [50, 60, 65, 70, 75]
```

특정한 배열 인덱스 위치에 요소를 추가하려 할 경우 insert(newElement:at:) 메소드를 사용한다. 이 메소드는 newElement를 인덱스 값이 i인 위치에 삽입한다.

```
intArray.insert(newElement: 55, at: 1)
// [50, 55, 60, 65, 70, 75]
```

 배열에 요소를 삽입할 때, 인덱스 값 i <= count이어야 하며, 그렇지 않을 경우 에러가 표시된다. 전체 배열 범위를 벗어난 인덱스 값을 가져오려고 할 경우 실행이 중지된다.

특정 인덱스 위치의 배열 요소를 교체하려 할 경우 서브스크립트 문법을 사용할 수 있으며, 이를 통해 여러분이 원하는 위치에 있는 배열 요소를 교체할 수 있다.

```
intArray[2] = 63
// [50, 55, 63, 65, 70, 75]
```

배열에서 요소 가져오기 및 삭제

배열에서 특정 요소를 가져오기 위한 방법은 여러 가지가 있다. 해당 배열의 인덱스를 알고 있거나 인덱스의 범위를 알고 있는 경우 배열 서브스크립트 기법을 사용할 수 있다.

```
// intArray의 초기 배열 요소
// [50, 55, 63, 65, 70, 75]

// 인덱스 값으로 배열 요소를 가져옴
intArray[5]
// returns 75

// subRange로 해당 범위의 배열 요소를 가져옴
intArray[2..<5]
```

```
// 인덱스 값 2 이상, 5 초과인 배열 요소를 가져옴
// [63, 65, 70]

// subRange로 ArraySlice 요소를 가져옴
intArray[2...5]
// 인덱스 값 2~5 사이의 배열 요소를 가져옴
// [63, 65, 70, 75]
```

순환문을 써서 배열 요소를 순회하며 필요한 요소를 가져올 수도 있다.

```
for element in intArray {
 print(element)
}

// 50
// 55
// 63
// 65
// 70
// 75
```

배열에 특정 요소가 포함돼 있는지 확인하는 것은 물론, 각 요소의 값을 파악할 수 있는 클로저도 전달할 수 있다.

```
intArray.contains(55)
// true를 반환
```

 배열에서 사용할 수 있는 모든 메소드를 소개하는 애플의 스위프트 개발자 문서를 확인하자.

https://developer.apple.com/library/content/documentation/Swift/Conceptual/Swift_
Programming_Language/CollectionTypes.html

딕셔너리 가져오기 및 초기화하기

딕셔너리는 동일한 데이터 타입이 키와 값 쌍으로 묶여 있는 무순위 컬렉션 unordered collection이며 순위를 별도로 지정할 수 있는 방법은 없다. 각각의 값은 딕셔너리 내에서 해당 값의 이름표identifier와 같은 역할을 하는 키와 연결돼 있다.

딕셔너리 데이터 구조는 우리가 실제로 사용하는 사전과 매우 비슷한 구조로 만들어져 있다. 특정 단어의 의미, 참조 자료, 번역, 또는 다른 유형의 정보를 알고자 할 때, 사전을 펼쳐 들고 해당 단어를 찾아서 관련 정보를 파악하게 된다. 딕셔너리 데이터 구조를 이용할 때는 키라는 단서를 가지고 값을 저장하거나 해당 값을 가져올 수 있다.

 딕셔너리의 키 타입은 Hashtable 프로토콜에 부합해야만 한다.

딕셔너리 초기화하기

딕셔너리 역시 배열과 마찬가지로 정식 선언 문법과 단축 선언 문법이 있다.

```
// 딕셔너리의 정식 선언 문법
var myDict = Dictionary<Int, String>()
```

```
// 딕셔너리의 단축 선언 문법
var myDict = [Int: String]()
```

또한, 이와 같은 딕셔너리 표현 문법을 하나 혹은 그 이상의 키/값 쌍 컬렉션으로 딕셔너리를 초기화하는 데 사용할 수 있다. 이때 키와 값은 콜론(:) 기호로 구분하며, 각각의 키/값 쌍은 쉼표로 구분한다.

키와 값이 모두 동일한 타입의 데이터로 구성된 경우, 딕셔너리 선언에서 해당 데이터 타입을 별도로 명시할 필요는 없다. 스위프트는 초기화를 진행하면서 키/값 쌍을 통해 데이터 타입을 자동으로 추측하므로 개발자 입장에서는 불필요한 코드 입력을 줄일 수 있다.

```
// 명시적인 딕셔너리 선언
var myDict: [Int: String] = [1: "One", 2: "Two", 3: "Three"]
// [2: "Two", 3: "Three", 1: "One"]
```

```
// 단축형 딕셔너리 선언
var myDict = [1: "One", 2: "Two", 3: "Three"]
// [2: "Two", 3: "Three", 1: "One"]
```

키/값 쌍 추가, 변경, 삭제

새로운 키/값 쌍을 추가하거나 기존의 쌍을 업데이트하려고 할 경우, updateValue(_:forKey) 메소드 또는 서브스크립트 문법을 사용할 수 있다. 혹시 키가 존재하지 않는 경우, 새로운 키/값 쌍이 추가되며, 기존의 쌍은 새로운 값으로 업데이트된다.

```
// 딕셔너리에 새로운 쌍 추가
myDict.updateValue("Four", forKey: 4)
$R0: String? = nil
// [2: "Two", 3: "Three", 1: "One", 4: "Four"]

// 서브스크립트 문법으로 새로운 쌍 추가하기
myDict[5] = "Five"
// [5: "Five", 2: "Two", 3: "Three", 1: "One", 4: "Four"]
```

 위 서브스크립트 문법과 달리 updateValue(_:forKey:) 메소드는 교체된 값을 반환하거나 새로운 키/값 쌍이 추가된 경우 nil을 반환한다.

키/값 쌍을 삭제하려면 removeValue(forKey:) 메소드에서 삭제하려는 값의 키를 입력한다. 서브스크립트 문법에서는 키에 nil을 전달하면 해당 대상이 삭제된다.

```
// 딕셔너리에서 키/값 쌍 삭제하고 삭제된 쌍 반환하기
let removedPair = myDict.removeValue(forKey: 1)
removedPair: String? = "One"
// [5: "Five", 2: "Two", 3: "Three", 4: "Four"]

// 서브스크립트로 딕셔너리에서 키/값 쌍 삭제하기
myDict[2] = nil
// [5: "Five", 3: "Three", 4: "Four"]
```

 위 서브스크립트 문법과 달리 removeValue(forKey:) 메소드는 삭제된 값을 반환하거나, 키가 존재하지 않을 경우 nil을 반환한다.

딕셔너리에서 값 가져오기

서브스크립트 문법을 이용해서 딕셔너리에서 특정 키/값 쌍을 가져올 수 있다. 이때 키는 서브스크립트의 대괄호 속에 넣어서 전달하는데, 해당 키가 딕셔너리 상에 존재하지 않을 경우, 서브스크립트 옵셔널^{Optional}을 반환한다. 이때 옵셔널 바인딩^{optional binding} 또는 강제 언래핑^{forced unwrapping}을 통해 해당 키/값 쌍을 가져오거나, 해당 키/값 쌍이 없다고 결론 지을 수도 있다. 하지만 해당 키가 반드시 존재한다는 확신이 없을 경우 강제 언래핑을 해서는 안 되며, 이 경우 런타임 에러가 발생한다.

```
// 옵셔널 바인딩의 사례
var myDict = [1: "One", 2: "Two", 3: "Three"]
if let optResult = myDict[4] {
   print(optResult)
}
else {
   print("Key Not Found")
}

// 강제 언래핑의 사례 - 이때는 해당 키가 반드시 존재해야 함
let result = myDict[3]!
print(result)
```

특정 값을 가져오는 대신, 딕셔너리를 반복적으로 순회하며 명시적으로 키/값을 분할해서 사용할 수 있는 (key, value) 튜플을 반환하도록 할 수도 있다. 예를 들어, (key, value) 튜플을 (stateAbbr, stateName)과 같이 분할하면 어떤 것이 키이고, 어떤 것이 값인지 확실히 알 수 있을 것이다.

```
// 미국 주의 약자와 주 명칭으로 구성된 딕셔너리
let states = [ "AL" : "Alabama", "CA" : "California", "AK" : "Alaska",
"AZ"
: "Arizona", "AR" : "Arkansas"]

for (stateAbbr, stateName) in states {
   print("The state abbreviation for \(stateName) is \(stateAbbr)")
}
```

```
// for...in 순환문 실행 결과
The state abbreviation for Alabama is AL
The state abbreviation for California is CA
The state abbreviation for Alaska is AK
The state abbreviation for Arizona is AZ
The state abbreviation for Arkansas is AR
```

 딕셔너리의 출력 결과는 데이터의 삽입 순서와 일치하지 않을 수 있음을 기억하자. 딕셔너리는 무순위 컬렉션이며, 딕셔너리의 순회에 따라 반환되는 결과물은 반드시 삽입된 순서를 따르지는 않는다.

딕셔너리에서 키 또는 값만을 개별적으로 가져오고 싶다면, 딕셔너리의 keys 프로퍼티 또는 values 프로퍼티를 사용한다.

이들 프로퍼티는 컬렉션에 대응하는 LazyMapCollection 인스턴스를 반환한다. 이렇게 반환된 딕셔너리 요소는 기본 요소에 포함된 변환 클로저 함수의 호출에 의해 정보를 읽을 때마다 지연 처리되고, 이때의 키와 값은 각각 .0 멤버와 .1 멤버가 되어 딕셔너리의 키/값 쌍과 동일한 순서대로 나타난다.

```
for (stateAbbr) in states.keys {
    print("State abbreviation: \(stateAbbr)")
}

// for...in 결과물
State abbreviation: AL
State abbreviation: CA
State abbreviation: AK
State abbreviation: AZ
State abbreviation: AR

for (stateName) in states.values {
    print("State name: \(stateName)")
}
```

```
// for...in 결과물
State name: Alabama
State name: California
State name: Alaska
State name: Arizona
State name: Arkansas
```

 LazyMapCollection 구조체에 대한 더 자세한 내용은 애플 개발자 사이트에서 확인할 수 있다.

https://developer.apple.com/library/prerelease/ios/documentation/Swift/Reference/
Swift_LazyMapCollection_Structure/

딕셔너리는 기본적으로 무순위 컬렉션이지만, 가끔은 딕셔너리를 순회하면서 순위 목록으로 정돈해야 할 경우도 있을 것이다. 이런 경우, 전역 메소드인 sort(_:)를 이용하면 된다. 이 메소드는 딕셔너리 요소를 배열 요소처럼 정렬한 후 해당 배열을 반환한다.

```
// 키의 값을 기준으로 딕셔너리를 정렬
let sortedArrayFromDictionary = states.sort({ $0.0 < $1.0 })

// sortedArrayFromDictionary에 포함된 내용
// [("AK", "Alaska"), ("AL", "Alabama"), ("AR", "Arkansas"),
// ("AZ", "Arizona"), ("CA", "California")]

for (key) in sortedArrayFromDictionary.map({ $0.0}) {
    print("The key: \(key)")
}

// for...in 결과물
The key: AK
The key: AL
The key: AR
The key: AZ
The key: CA
```

```
for (value) in sortedArrayFromDictionary.map({ $0.1}) {
    print("The value: \(value)")
}

// for…in 결과물
The value: Alaska
The value: Alabama
The value: Arkansas
The value: Arizona
The value: California
```

위 코드의 실행 과정을 자세히 살펴보자. 먼저, 정렬 메소드를 통해 $0.0 키/값 쌍
의 첫 번째 인수와 $0.1 키/값 쌍의 두 번째 인수를 비교하는 클로저를 전달했
다. 비교 결과, 첫 번째 인수가 두 번째 인수보다 작으면 해당 요소는 새로운 배열
에 추가된다. 정렬 메소드가 순회를 반복하는 동안, 모든 요소의 정렬이 이뤄지고,
키/값 쌍을 반영한 [(String, String)] 타입의 새로운 배열이 반환된다.

다음, 이렇게 정렬된 배열에서 키 목록을 가져오기 위해 sortedArrayFrom
Dictionary 변수에 map({ $0.0}) 메소드를 적용한다. 변환된 배열이 map 메소
드에 전달되면 sortedArrayFromDictionary에 있는 개별 요소에 .0 요소를 map
메소드에 의해 반환된 새로운 배열에 추가한다.

마지막으로, 정렬된 배열에서 값 목록을 가져온다. 이 과정에도 map 메소드
를 사용하며, 앞서 키 목록을 가져오는 방법과 거의 유사하다. 다만 이번에는
sortedArrayFromDictionary에 포함된 배열 요소 중 .1 요소만 가져온다는 점이
다를 뿐이다. 또한 키 목록 추가 방식과 마찬가지로, map 메소드에 반환된 새로운
배열에 값 목록을 추가한다.

이와 같은 정렬 작업은 키를 기준으로 하는 것이 일반적이지만, 간혹 키/값 쌍 중
값을 기준으로 정렬해야 할 때도 있다. 이때는 정렬 메소드에 전달하는 파라미터의
문법만 일부 수정하면 된다. 기존 코드를 states.sort({ $0.1 < $1.1 })로 변경
하면 $0.1 키/값 쌍의 첫 번째 인수와 $1.1 키/값 쌍의 두 번째 인수를 비교하게 되
며, 둘 중 크기가 작은 쪽을 메소드에 의해 반환될 새로운 배열에 추가한다.

세트 선언

세트^{set}는 서로 중복되지 않고 unique, nil이 포함되지 않은 non-nil 순위를 정의할 수 없는 무순위 컬렉션이다. 세트는 형식상 Hashable 프로토콜에 부합해야 하며, 스위프트의 모든 기본 타입은 기본적으로 Hashable 프로토콜을 따르도록 설계됐다. 연관 값을 사용하지 않는 열거형의 case 값 역시 기본적으로 Hashable 프로토콜을 따른다. 세트에는 여러분이 만든 커스텀 타입도 저장할 수 있는데, 이때도 해당 타입은 반드시 Hashable 프로토콜과 Equatable 프로토콜에 부합해야만 하는데, Hashable은 Equatable을 상속한 프로토콜이기도 하다.

순위가 중요치 않은 배열이라면 해당 데이터를 세트로 저장해도 큰 차이가 없으며, 이때는 해당 요소가 서로 중복되지 않도록 주의하기만 하면 된다. 세트는 배열에 비해 매우 효율적이며, 데이터 접근 속도 역시 세트가 훨씬 빠르다. 예를 들어, 배열의 크기가 n일 때 배열 요소에 대한 최악의 검색 시나리오의 효율을 $O(n)$라고 한다면, 세트의 효율은 크기에 관계 없이 $O(1)$ 수준을 유지한다.

세트 초기화

세트의 경우 다른 컬렉션 타입과 달리 그에 포함된 배열 요소의 타입을 스위프트가 추측하지 않으므로 개발자가 직접 Set 타입을 명시적으로 선언해야만 한다.

```
// 세트 선언을 위한 정식 문법
var stringSet = Set<String>()
```

하지만 스위프트의 타입 추측 기능이 완전히 배제된 것은 아니어서, 세트를 초기화할 때는 세트 자체의 타입은 명시하지 않아도 된다. 단, 세트에 속한 배열 요소는 모두 같은 타입이어야만 한다는 점에 주의한다.

```
// 배열 요소로 세트 초기화
var stringSet: Set = ["Mary", "John", "Sally"]
print(stringSet.debugDescription)

// debugDescription의 실행 결과 이번 세트의 타입은 stringSet임을 알 수 있음
"Set(["Mary", "John", "Sally"])"
```

세트 요소 변경 및 가져오기

세트에 새로운 요소를 추가하려면 insert(_:) 메소드를 사용하고, 특정 요소가 이미 세트에 포함돼 있는지 여부를 확인하려할 때는 contains(_:) 메소드를 사용한다. 또한 스위프트는 세트의 요소를 삭제할 수 있는 다양한 삭제 메소드를 제공한다. 삭제하려는 요소의 인스턴스를 알고 있을 때는 remove(_:) 메소드를 사용하면 되며, 해당 요소의 인스턴스를 삭제할 수 있다. 세트 내 특정 요소의 인덱스 값을 알고 있다면 remove(at:) 메소드를 이용해서 SetIndex⟨Element⟩의 인스턴스를 삭제할 수 있다. 또한, 세트의 수가 0보다 큰 경우 removeFirst() 메소드를 이용해서 해당 요소를 삭제할 수 있다. 마지막으로, 세트 내 모든 요소를 삭제하려할 때는 removeAll() 메소드 또는 removeAll(keepCapacity) 메소드를 사용할 수 있는데, keepCapacity가 참인 경우 현재의 세트 용량은 감소하지 않는다.

```
var stringSet: Set = ["Erik", "Mary", "Michael", "John", "Sally"]
// ["Mary", "Michael", "Sally", "John", "Erik"]

stringSet.insert("Patrick")
// ["Mary", "Michael", "Sally", "Patrick", "John", "Erik"]

if stringSet.contains("Erik") {
   print("Found element")
}
else {
   print("Element not found")
}
// 해당 요소 발견

stringSet.remove("Erik")
// ["Mary", "Sally", "Patrick", "John", "Michael"]

if let idx = stringSet.index(of: "John") {
   stringSet.remove(at: idx)
}
// ["Mary", "Sally", "Patrick", "Michael"]
```

```
stringSet.removeFirst()
// ["Sally", "Patrick", "Michael"]

stringSet.removeAll()
// []
```

앞서 살펴본 바와 같이, 세트 역시 배열이나 딕셔너리와 마찬가지로 for...in 순환문을 이용해서 세트 내 요소를 순회하며 각종 임무를 수행할 수 있다. 스위프트의 세트 타입은 무순위이지만, 앞서 소개한 딕셔너리 예제와 같이 sort 메소드를 이용해서 여러분이 원하는 순서대로 정렬할 수 있다.

```
var stringSet: Set = ["Erik", "Mary", "Michael", "John", "Sally"]
// ["Mary", "Michael", "Sally", "John", "Erik"]

for name in stringSet {
    print("name = \(name)")
}

// name = Mary
// name = Michael
// name = Sally
// name = John
// name = Erik

for name in stringSet.sorted() {
    print("name = \(name)")
}

// name = Erik
// name = John
// name = Mary
// name = Michael
// name = Sally
```

세트 연산자

세트는 수학에서의 집합 개념을 기반으로 만든 타입으로, 수학의 집합 연산과 같이 두 개 세트의 비교를 위한 다양한 메소드를 제공하고, 두 개 세트의 멤버십 연산과 동등 연산 기법 역시 제공한다.

세트의 비교 연산

스위프트의 세트 타입은 두 개 세트 간의 연산을 위해 합집합, 교집합 연산을 포함, 네 개의 연산 메소드를 제공한다. 이와 같은 연산의 결과 새로운 세트가 반환되거나 InPlace와 같은 대체 메소드를 이용해서 기존 세트의 내용을 대체하기도 한다.

union(_:) 메소드와 formUnion(_:) 메소드는 새로운 세트를 만들고, 두 개 세트의 합집합으로 원본 세트를 업데이트한다.

intersection(_:) 메소드와 formIntersection(_:) 메소드는 새로운 세트를 만들고, 두 개 세트의 교집합으로 원본 세트를 업데이트한다.

symmetricDifference(_:) 메소드와 formSymmetricDifference(_:) 메소드는 새로운 세트를 만들고, 두 개 세트의 여집합 요소로 원본 세트를 업데이트한다.

subtracting(_:) 메소드와 subtract(_:) 메소드는 새로운 세트를 만들고, 두 개 세트의 차집합 요소로 원본 세트를 업데이트한다.

```
let adminRole: Set = [ "READ", "EDIT", "DELETE", "CREATE", "SETTINGS",
"PUBLISH_ANY", "ADD_USER", "EDIT_USER", "DELETE_USER"]

let editorRole: Set = ["READ", "EDIT", "DELETE", "CREATE", "PUBLISH_ANY"]

let authorRole: Set = ["READ", "EDIT_OWN", "DELETE_OWN", "PUBLISH_OWN",
"CREATE"]

let contributorRole: Set = [ "CREATE", "EDIT_OWN"]

let subscriberRole: Set = ["READ"]
```

```
// 두 개 세트에 있는 요소를 모두 포함시킴
let fooResource = subscriberRole.union(contributorRole)
// "READ", "EDIT_OWN", "CREATE"


// 두 개 세트에 공통적으로 있는 요소를 포함시킴
let commonPermissions = authorRole.intersection(contributorRole)
// "EDIT_OWN", "CREATE"


// 한 쪽에는 있지만, 다른 쪽에는 없는 요소만을 포함시킴
let exclusivePermissions = authorRole.symmetricDifference(contributorRole)
// "PUBLISH_OWN", "READ", "DELETE_OWN"
```

부분 집합 및 동등 연산자

두 개의 세트에 속한 내부 요소가 서로 완전히 같을 경우, 두 세트는 동등하다고 표현한다. 세트는 원래부터 무순위 컬렉션이므로 내부 요소의 순서는 동등 여부 판단에서 별 의미가 없다.

두 세트가 같음을 표현을 위해 동등 연산자인 == 연산자를 사용하며, 이 연산자를 이용해서 두 개의 세트에 같은 요소들만 포함돼 있는지 확인할 수 있다.

```
// 세트 요소의 순서는 중요치 않다.
var sourceSet: Set = [1, 2, 3]
var destSet: Set = [2, 1, 3]


var isequal = sourceSet == destSet
// isequal 결과는 참
```

세트에서 다음 메소드도 활용할 수 있다.

- isSubset(of:): 어떤 세트의 요소가 특정 세트에 모두 포함돼 있는지 확인

- isStrictSubset(of:): 어떤 세트의 요소가 특정 세트에 모두 포함돼 있지만, 동등 집합은 아님을 확인

- isSuperset(of:): 특정 세트의 모든 요소가 또 다른 세트에 모두 포함돼 있는 지 확인

- isStrictSuperset(of:): 특정 세트의 모든 요소가 또 다른 세트에 모두 포함 돼 있지만, 동등 집합은 아님을 확인

- isDisjoint(with:): 두 세트에 공통 요소가 포함돼 있는지 여부를 확인

```swift
let contactResource = authorRole
// "EDIT_OWN", "PUBLISH_OWN", "READ", "DELETE_OWN", "CREATE"


let userBob = subscriberRole
// "READ"


let userSally = authorRole
// "EDIT_OWN", "PUBLISH_OWN", "READ", "DELETE_OWN", "CREATE"


if userBob.isSuperset(of: fooResource){
    print("Access granted")
}
else {
    print("Access denied")
}
// "Access denied"


if userSally.isSuperset(of: fooResource){
    print("Access granted")
}
else {
    print("Access denied")
}
// Access granted


authorRole.isDisjoint(with: editorRole)
// 거짓


editorRole.isSubset(of: adminRole)
// 참
```

튜플의 특징

튜플[tuples]은 스위프트에는 있지만 오브젝티브C에는 없는 고급 타입이다. 튜플은 배열, 딕셔너리, 세트와 같은 컬렉션 타입은 아니지만, 컬렉션과 매우 비슷한 특징을 지닌다. 튜플에는 하나 이상의 데이터 타입을 함께 담을 수 있으며, 배열 등 다른 컬렉션 타입과 달리, 내부 요소들이 모두 같은 타입일 필요는 없다. 튜플은 다양한 데이터 타입을 담을 수 있다는 특징이 있다. 튜플은 컬렉션이 아니기 때문에 SequenceType 프로토콜에 부합할 필요가 없으며, 다른 컬렉션 타입에서 가능했던 내부 요소의 순회는 불가능하다.

튜플은 한 무리의 데이터를 저장하거나 전달하기 위한 목적으로 사용된다. 튜플은 별도의 구조체 타입을 쓰지 않고도 함수에서 하나의 값으로 여러 타입의 데이터를 반환해야 하는 경우에 특히 유용하다. 하지만 튜플의 반환 결과가 임시 범위를 넘어서서 영구 범위까지 보장해야할 때는 다른 방법을 쓰는 것이 좋다. 이에 대해 애플 스위프트 문서는 다음과 같이 설명한다.

> "튜플은 연관 값의 임시 그룹을 만드는 데 특히 유용한 반면, 복합적인 데이터 구조를 만드는 데는 적합하지 않다. 여러분이 만들 데이터 구조가 임시 범위를 넘어 영구 범위까지 보장해야 한다면 튜플 대신 클래스 또는 구조체로 만드는 것이 낫다."
>
> – 애플, 『스위프트 프로그래밍 언어(스위프트3)』

무기명 튜플

튜플은 어떤 숫자 또는 어떤 데이터 타입을 조합해서 만들 수 있다. 정수, 문자열, 그리고 integer 리터럴 타입으로 구성된 튜플은 다음과 같다.

```
let responseCode = (4010, "Invalid file contents", 0x21451fff3b)
// "(4010, "Invalid file contents", 142893645627)"
```

이때 타입에 대한 정보는 추측해서 판단하며, 튜플을 입력하면 컴파일러가 스스로 타입을 결정한다. 이때 integer 리터럴 타입의 범위를 넘어서는 값이 초깃값으로 입력되면 어떤 일이 발생하는지 확인해보자.

```
let responseCode = (4010, "Invalid file contents", 0x8ffffffffffffff)
// 컴파일 에러:
// Integer literal '10376293541461622783' overflows when stored into 'Int'
```

하지만 이와 같은 리터럴 타입에 대한 판단을 컴파일러에게 맡기는 것을 원치 않는다면 직접 명시적으로 타입을 선언하면 된다.

```
let responseCode: (Int, String, Double) = (4010, "Invalid file contents",
0x8ffffffffffffff)
// (4010, "Invalid file contents", 1.03762935414616e+19)


// 튜플 요소의 타입을 확인하는 것도 가능
print(responseCode.dynamicType)
// (Int, String, Double)
```

튜플의 개별 요소에 접근할 수 있는 방법은 인덱스 값을 쓰는 방법, 그리고 개별 요소를 상수 또는 변수로 분할하는 방법 등 두 가지다.

```
let responseCode: (Int, String, Double) = (4010, "Invalid file contents",
0x8ffffffffffffff)
// (4010, "Invalid file contents", 1.03762935414616e+19)


// 인덱스 값 사용
print(responseCode.0)       // 4010


// 분할 방법 사용
let (errorCode, errorMessage, offset) = responseCode
print(errorCode)            // 4010
print(errorMessage)         // Invalid file contents
print(offset)               // 1.03762935414616e+19
```

기명 튜플

기명 튜플은 그 이름이 의미하듯, 개별 요소에 이름을 붙일 수 있는 튜플이다. 기명 튜플은 코드를 좀 더 이해하기 쉽게 해주며, 메소드를 통해 튜플을 반환할 때 특정 인덱스 위치에 어떤 값이 있는지 알기 쉽게 도와준다.

```
let responseCode = (errorCode:4010, errorMessage:"Invalid file contents",
offset:0x7fffffffffffffff)
// (4010, "Invalid file contents", 9223372036854775807)

print(responseCode.errorCode) // 4010
```

무기명 튜플과 마찬가지로, 기명 튜플 역시 튜플 타입을 명시적으로 선언할 수 있다.

```
let responseCode: (errorCode:Int, errorMessage:String, offset:Double) =
(4010, "Invalid file contents", 0x8fffffffffffffff)
// (4010, "Invalid file contents", 1.03762935414616e+19)

print(responseCode.errorCode) // 4010
```

 기명 튜플을 통해 개별 요소에 이름을 붙이는 것뿐 아니라, 무기명 튜플의 선언에서 하는 것과 같이 튜플의 인덱스 ID도 함께 사용할 수 있다.

앞서 언급한 바와 같이, 튜플은 메소드를 통해 구조화된 값을 임시로 전달할 때 특히 유용한 타입이다. 메소드에 의해 튜플을 반환할 때는 클래스를 정의할 때 필요한 정보 혹은 여러 타입의 값을 지니고 있는 딕셔너리를 이용할 때 필요한 정보와 같은 것을 추가적으로 전달할 수 있다. 다음 예제에서는 구조화되고 중첩된 값을 지닌 튜플을 반환하는 방법에 대해 알아본다. 또한 기명 튜플에서 인덱스 ID 대신, 요소 이름을 튜플의 인덱스로 써서 개별 요소에 접근하는 방법도 알아본다.

```
func getPartnerList() -> (statusCode:Int, description:String,
metaData:(partnerStatusCode:Int, partnerErrorMessage:String,
parterTraceId:String)) {
    // 에러 발생
    return (503, "Service Unavailable", (32323, "System is down for
    maintainance until 2015-11-05T03:30:00+00:00", "5A953D9C-7781-
    427C-BC00-257B2EB98426"))
}

var result = getPartnerList()
print(result)
```

```
//(503, "Service Unavailable", (32323, "System is down for maintainance until
//2015-11-05T03:30:00+00:00", "5A953D9C-7781-427C-BC00-257B2EB98426"))

result.statusCode
// 503

result.description
// Service Unavailable

result.metaData.partnerErrorMessage
// System is down for maintainance until 2015-11-05T03:30:00+00:00

result.metaData.partnerStatusCode
// 32,323

result.metaData.parterTraceId
// 5A953D9C-7781-427C-BC00-257B2EB98426
```

서브스크립팅 구현

서브스크립트 기법으로도 클래스, 구조체, 그리고 열거형을 모두 정의할 수 있다. 서브스크립트는 컬렉션, 리스트, 시퀀스 타입의 개별 요소에 접근할 수 있는 지름길을 제공하며 문법은 좀 더 간소해 질 수 있다. 서브스크립트에서는 특정 인덱스를 지정하기 위해 설정용 메소드 또는 데이터 인출용 메소드를 별도로 사용하지 않고, set와 get 요소를 사용한다.

서브스크립트 문법

서브스크립트는 하나 혹은 그 이상의 입력 파라미터를 받을 수 있으며, 이때의 파라미터는 서로 다른 타입이어도 무방하고, 반환하는 값 역시 어떤 타입이든 가능하다. 서브스크립트 정의에는 subscript 키워드를 사용하며, 읽기전용 속성으로 정의하거나 특정 요소에 접근하기 위한 getter 또는 setter를 설정할 수 있다.

```
class MovieList {
    private var tracks = ["The Godfather", "The Dark Knight", "Pulp
    Fiction"]
    subscript(index: Int) -> String {
        get {
            return self.tracks[index]
        }
        set {
            self.tracks[index] = newValue
        }
    }
}

var movieList = MovieList()
var aMovie = movieList[0]
// The Godfather

movieList[1] = "Forest Gump"
aMovie = movieList[1]
// Forest Gump
```

서브스크립트 옵션

클래스와 구조체는 필요한 만큼 많은 서브스크립트를 반환할 수 있으며, 이와 같은 다중 서브스크립트 지원 방식을 서브스크립트 오버로딩^{subscript overloading}이라 부른다. 그 중 클래스 또는 구조체에서 필요한 서브스크립트인지 여부의 판단은 서브스크립트에 속한 개별 요소 타입에 따라 추측하게 된다.

수정 가능 속성과 수정 불가 속성의 이해

스위프트에서는 타입을 정할 때 수정 가능^{mutable}, 수정 불가능^{immutable} 속성을 별도로 정할 필요가 없다. var 키워드를 사용해서 배열, 세트, 딕셔너리 변수를 만들면, 이들 변수는 기본적으로 수정 가능 객체가 된다. 이와 같은 수정 가능 속성 때문에 컬렉션에서 값의 추가, 삭제, 변경이 가능한 것이다. 만일 let 키워드를 사용해서 배열, 세트, 딕셔너리 등을 만든다면 이들은 상수인 객체가 된다. 상수 컬렉션 타입은 요소의 추가, 삭제 등 수정을 할 수 없으며, 컬렉션에 포함된 요소의 값 또한 수정할 수 없다.

컬렉션의 수정가능 속성

컬렉션 타입으로 작업하려 할 때는 스위프트가 구조체와 클래스에서 수정 가능 속성을 어떻게 처리하는지 미리 알고 있어야 한다. 일부 개발자는 (수정 불가능한) 상수 클래스 인스턴스로 작업할 때 그에 속한 프로퍼티는 여전히 수정 가능하므로 혼란을 겪곤 한다.

구조체 인스턴스를 만들거나 이를 상수에 할당할 때는 이들이 변수로 선언됐다 하더라도 해당 인스턴스의 프로퍼티는 수정할 수 없다. 하지만, 이 규칙은 클래스에는 적용되지 않는데, 이는 클래스가 구조체와는 다른 레퍼런스 타입이기 때문이다. 클래스 인스턴스를 생성하고 이를 상수에 할당하면, 해당 인스턴스를 또 다른 변수에는 할당할 수 없지만, 해당 인스턴스의 프로퍼티는 수정 가능하다는 점을 기억하자.

```swift
struct Person {
    var firstName: String
    var lastName: String
    init(firstName: String, lastName: String){
        self.firstName = firstName
        self.lastName = lastName
    }
}

class Address {
    var street: String = ""
    var city: String = ""
    var state: String = ""
    var zipcode: String = ""
    init(street: String, city: String, state: String, zipcode:
    String){
        self.street = street
```

```
        self.city = city
        self.state = state
        self.zipcode = zipcode
    }
}

// Person 구조체의 상수 인스턴스 생성
let person = Person(firstName: "John:", lastName: "Smith")

// 컴파일 타임 에러 발생
person.firstName = "Erik"

// 클래스의 상수 인스턴스 생성
let address = Address(street: "1 Infinite Loop", city: "Cupertino", state:
"CA", zipcode: "95014")

// Address가 레퍼런스 타입이므로
// 컴파일 타임 에러 발생하지 않고 정상 작동
address.city = "19111 Pruneridge Avenue"

// Address 인스턴스가 상수이고 다른 인스턴스로 전달하는
// 시점에서는 수정 불가하므로 컴파일 타임 에러 발생
address = Address(street: "19111 Pruneridge Avenue", city: "Cupertino",
state: "CA", zipcode: "95014")
```

 컬렉션을 변경할 필요가 없는 경우, 애플은 모든 컬렉션을 생성할 때 수정 불가 속성으로
만들 것을 권장하며, 이렇게 하면 컴파일러가 컬렉션과 관련된 코드를 처리할 때 성능을
최적화할 수 있다고 설명한다.

스위프트와 오브젝티브C의 상호관련성

스위프트는 오브젝티브C와 서로 호환되도록 만들어졌다. 오브젝티브C 프로젝트에
서 스위프트의 API를 사용할 수 있으며, 스위프트 프로젝트에서 오브젝티브C API
를 사용하는 것 또한 가능하다. 애플은 스위프트를 처음 출시할 때부터 오브젝티브

C와의 상호 호환성을 유지, 강화하기 위해 많은 노력을 기울여왔지만, 현재까지도 오브젝티브C에 있는 상당수의 기능과 함수가 스위프트와 호환되지 않고 있다.

iOS 또는 맥 OS 개발을 최근에 시작했다면, 오브젝티브C에 대한 경험이 전혀 없을 것이고, 앞으로도 배울 계획이 없을 수도 있지만, 스위프트 개발자로서 오브젝티브C를 아는 것은 매우 중요하므로 이번 절에서 그에 대한 기반 지식을 소개하려 한다. 지금까지 소개된 오브젝티브C 프레임워크와 클래스 라이브러리의 수는 무척 많으며, 스위프트 프로그래밍을 하다 보면 어느 시점에는 결국 오브젝티브C 코드를 사용해야 하기 때문이다.

이 책에서 스위프트와 오브젝티브C의 상호 호환성에 대한 모든 구체적인 내용을 설명할 수는 없으며, 관련 내용은 스위프트 언어의 기능 구현에 초점을 맞춰 쓴 또 다른 책을 참고하기 바란다. 이번 절에서는 데이터 알고리즘 디자인 작업 및 컬렉션 타입 활용에 필수적인 호환성 요소에 대해서만 집중적으로 설명하겠다.

초기화 방식

스위프트에는 관련 모듈을 지원하는 어떤 종류의 오브젝티브C 프레임워크, 혹은 C 라이브러리라도 직접 임포트할 수 있으며, 그 중에는 모든 오브젝티브C 시스템 프레임워크와 해당 시스템을 지원하는 공통 C 라이브러리도 포함된다.

스위프트에서 오브젝티브C 프레임워크를 사용하려면, 아래와 같이 코드 상단에 해당 프레임워크의 이름을 써서 임포트하면 된다.

```
// 아래와 같이 임포트하면 파운데이션 프레임워크에 포함된
// 모든 오브젝티브C 클래스를 사용할 수 있게 된다.
import Foundation
```

오브젝티브C와 스위프트의 차이를 알아보기 위해 먼저, 클래스 인스턴스를 메소드에 전달하는 방법부터 설명하겠다. 프로그래밍에서 메소드, 함수, 메시지라는 말의 의미는 비슷하고, 이들을 이용해서 동일한 기능을 구현할 수 있다. 그 중, 현대 프로그래밍에서 가장 자주 사용하는 단어인 메소드[method]는 조건에 따라 시행해야 할 일련의 규칙이 다수 포함돼 있는 명령어라 할 수 있는데, 오브젝티브C와

스위프트는 메소드와의 상호작용 방식에 차이가 있다. 스위프트, C#, 혹은 자바 등 언어에서는 메소드라는 표현이 일반적이지만, 오브젝티브C에서는 메시지 ^{messages}라는 개념을 사용한다.

오브젝티브C의 명령 실행 체계인 메시지는 리시버^{receiver}, 셀렉터^{selector}, 파라미터^{parameters} 등의 요소로 구성된다. 그 중 리시버는 메소드가 실행 결과를 받게 될 대상 객체이고, 셀렉터는 메소드의 이름이며, 파라미터는 메소드에 전달되 실행될 객체를 의미한다. 메시지의 일반적인 사례로 [myInstance fooMethod:2322 forKey:X]:를 살펴보자. 이 메시지는 fooMethod 메시지를 myInstance 객체에 전달하되, 두 개의 값 2322와 X를 파라미터로 전달한다.

NSString 클래스의 메시지 사례를 살펴보자.

```
NSString *postalCode = [[NSString alloc] initWithFormat:@"%d-%d",32259,
1234];
// postalCode = "32259-1234"
/*
리시버: postalCode
셀렉터: length (별도의 파라미터 없음)
*/
int len = [postalCode length];
// len = 10
```

 위 코드에서 length는 메소드 자체가 아닌 메소드를 가리키는 이름이다.

오브젝티브C 메시지로 모델^{model}을 전달할 때는 보통의 컴파일 시점의 바인딩 ^{compile-time binding}이 아닌, 동적 바인딩^{dynamic binding} 기법을 사용한다. 이렇게 하면 메시지를 미리 구현해 놓지 않고, 런타임에 해당 메시지를 구현 및 실행하는 것이 가능해진다. 런타임에서 특정 객체가 즉각 메시지에 반응할 수 없는 경우에도 상속 연쇄는 해당 객체를 찾을 때까지 기다렸다가 메시지를 전달한다. 하지만 결국 해당 객체를 찾을 수 없을 때는 nil을 반환하며, 이는 컴파일러 설정에서 변경할 수 있다.

오브젝티브C 프레임워크를 스위프트로 임포트하면, 클래스의 init 초기화 객체 initializers는 init 메소드로 변환된다. 초기화 객체는 initWith:로 시작하는데, 스위프트 메소드로 변환되면서 셀렉터 이름에서 With:가 삭제된 채 편의 초기화 객체로 임포트되고, 셀렉터의 나머지 부분은 기명 파라미터를 이용해서 정의된다. 또한 스위프트는 객체를 생성할 때 일관성을 유지하기 위해 모든 클래스 팩토리 메소드factory methods를 편의 메소드convenience methods로 바꿔서 임포트한다.

다음은 NSString initWithFormat:를 위해 초기화 객체를 임포트한 결과다.

```
public convenience init(format: NSString, _ args: CVarArgType...)
```

스위프트로 임포트해 온 메소드 이름에서 기존의 이름에 붙어있던 initWith라는 단어가 삭제되고, 첫 번째 파라미터로 format이 추가됐다. _ 기호는 무기명 파라미터unnamed parameter임을 의미하며, 이번 예제 코드에서는 변수 인수 파라미터 variable argument parameter가 사용됐다.

스위프트에서 새로운 NSString 인스턴스를 생성하는 과정을 살펴보고, 초기화 객체와 메소드의 임포트 과정의 차이 등, 앞서 소개한 오브젝티브C와의 차이를 확인하자.

```
var postalCode:NSString = NSString(format: "%d-%d", 32259, 1234)
var len = postalCode.length
// len = 10
```

첫 번째 두드러진 차이는 인스턴스 생성을 위해 우리가 직접 alloc이나 init 등 함수를 호출하지 않는다는 것이다. 이는 스위프트가 메모리 할당, 초기화 등을 자동으로 처리하기 때문이다. 또한 초기화 객체에서 init이 전혀 사용되지 않았음도 기억하자.

스위프트에서 작성한 클래스를 오브젝티브C에서 직접 사용하는 것 역시 가능하다. 여러분이 작성한 스위프트 클래스를 오브젝티브C에서 사용하기 위해서는 해당 클래스가 NSObject를 상속하거나 또 다른 오브젝티브C 클래스를 상속한 것이어야 한다. 스위프트에는 이런 조건에 부합하는 클래스가 마련돼 있으며, 세부 요소는 오브젝티브C에서 자동으로 사용할 수 있게 된다.

만일 해당 클래스가 NSObject를 상속하지 않은 경우에도 @objc 속성을 사용해서 해당 메소드에 접근할 수 있다. @objc 속성은 스위프트 메소드, 프로퍼티, 초기화 객체, 서브스크립트, 프로토콜, 클래스, 열거형 등에 모두 적용 가능하다. 이 속성을 오브젝티브C 코드에서 쓸 다른 이름으로 오버라이딩하고 싶다면 @objc(name) 속성을 사용할 수 있다. 이때 name은 여러분이 정의하면 된다. 이후엔 그 이름으로 해당 요소에 접근 가능하다.

```
@objc(ObjCMovieList)
class MovieList : NSObject {
   private var tracks = ["The Godfather", "The Dark Knight",
   "Pulp Fiction"]
   subscript(index: Int) -> String {
      get {
         return self.tracks[index]
      }
      set {
         self.tracks[index] = newValue
      }
   }
}
```

위 예제 코드는 NSObject를 상속한 새로운 스위프트 클래스를 생성한다. 이때 @objc 키워드를 붙이지 않아도 컴파일러가 자동으로 추가한다. 하지만 이번 예제에서는 ObjCMovieList라는 새로운 심벌 이름을 붙여서 이 클래스 접근에 사용할 수 있도록 했다.

스위프트 타입의 호환성

애플은 스위프트 1.1부터 사용자가 직접 init 메소드를 정의할 수 있는 실패 가능 초기화^{failable initialization} 기능을 추가했다. 이 기능이 추가되기 전에는 객체 생성 과정에서 일어날 수 있는 실패에 대비하기 위해 별도의 팩토리 메소드를 선언해야만 했다. 새롭게 도입된 실패 가능 초기화 패턴을 통해, 이전보다 일관성 높은 구조 선언 문법을 제공하는 한편, 초기화 객체 작성과 팩토리 메소드 생성 과정의 혼돈과 불필요한 복제 가능성을 크게 줄일 수 있게 됐다.

다음은 NSURLComponents 클래스를 이용한 실패 가능 초기화 예제 코드다.

```
// '['와 ']' 기호는 URI 주소 이름으로 부적합함
// http://tools.ietf.org/html/rfc3986
if let url = NSURLComponents(string: "http://[www].google.com") {
    // URL이 올바르고, 초기화에 사용 가능할 때 실행할 코드
}
else {
    // URL 중 하나 이상의 요소가 올바르지 않을 경우
    // url은 nil이 됨
}
```

실패 가능 초기화 기능은 오브젝티브C와 관련 프레임워크를 이용해서 작업할 때 특히 유용하다. 여러분이 스위프트 코드만으로 프로그램을 작성한다면 이 기능을 쓸 일은 많지 않을 것이며, 불필요한 곳에 남용하는 것은 좋지 않다. 2장 후반에서 스위프트 타입과 프레임워크의 설계 측면에서 실패 가능 초기화 기능의 사용을 자제해야 하는 이유에 대해 설명하겠다.

익숙하지 않은 도구를 사용할 때는 기존의 작업 패턴을 따르면서도, 문제 상황에 빠지지 않도록 주의하는 것도 중요하다. 기존 언어에서는 당연하게 생각했던 작업 방식이, 새로운 언어의 환경에서는 오히려 문제를 일으킬 수 있는 것이다. 특히 새로운 언어인 스위프트에서는 기존의 언어인 오브젝티브C의 패턴을 그대로 반복하지 않도록 주의해야 하며, 스위프트를 위해 마련된 구조체와 클래스의 이점을 최대한 활용할 수 있도록 노력해야 한다.

다음은 스위프트에서 여러분이 만든 타입에 실패 가능 초기화 기능을 사용해서는 안 되는 이유를 보여준다.

```
import AppKit

public struct Particle {
    private var name: String
    private var symbol: String
```

```
    private var statistics: String
    private var image: NSImage
}

extension Particle{
    // 초기화 객체
    init?(name: String, symbol: String, statistics: String,
    imageName: String){
        self.name = name
        self.symbol = symbol
        self.statistics = statistics
        if let image = NSImage(named: imageName){
            print("initialization succeeded")
            self.image = image
        }
        else {
            print("initialization failed")
            return nil
        }
    }
}

var quarkParticle = Particle(name: "Quark", symbol: "q", statistics:
"Fermionic", imageName: "QuarkImage.tiff")
// quarkParticle을 초기화하려고 할 때, "QuarkImage"라는 이름의
// 이미지 파일을 찾을 수 없으므로 quarkParticle은 nill이 됨
```

구조체와 클래스를 개발하고자 한다면, 마이클 패더스[Michael Feathers]가 주창한 SOLID 원칙을 준수해야 한다. SOLID는 객체지향 디자인과 프로그래밍을 설명하기 위한 다섯 가지 원칙으로 다음과 같은 내용을 담고 있다.

- **단일 책임 원칙**: 하나의 클래스는 오직 단 하나의 책임만 부담해야 한다.
- **개방과 폐쇄의 원칙**: 소프트웨어는 확장이라는 측면에서는 개방돼 있어야 하고, 수정이라는 측면에서는 폐쇄돼 있어야 한다.
- **리스코프 대체 원칙**: 특정 클래스에서 분화돼 나온 클래스는 원본 클래스로 대체 가능해야 한다.

- **인터페이스 세분화 원칙**: 개별적인 목적에 대응할 수 있는 여러 개의 인터페이스가 일반적인 목적에 대응할 수 있는 하나의 인터페이스보다 낫다.
- **의존성 도치의 원칙**: 구체화가 아닌 추상화를 중시한다.

위 예제 코드는 NSImage 클래스 정보를 얻기 위해 구조체를 서로 연결했다는 점, 초기화가 진행되는 동안 이들 요소의 생성에 관여하려고 했다는 점, 그리고 NSImage 클래스에서 외부 변화에 영향을 받을 수 있는 가능성을 열어뒀다는 점 등을 고려할 때 SOLID 원칙 중 단일 책임 원칙, 의존성 도치의 원칙을 어겼다고 할 수 있다. 또, 사용자 입장에서 이미지를 표시할 때 NSImage에 의존된다는 사실도 알 수 없도록 했다.

접근자 함수를 이용해서 이미지 생성 및 NSImage와 관련된 오류를 구조체가 처리할 수 있도록 구현한 초기화 객체 코드는 다음과 같다.

```
import AppKit

public struct Particle {
    private var name: String
    private var symbol: String
    private var statistics: String
    private var image: NSImage

    public init(name: String, symbol: String, statistics: String,
    image: NSImage){
        self.name = name
        self.symbol = symbol
        self.statistics = statistics
        self.image = image
    }
}

extension Particle{
    public func particalAsImage() -> NSImage {
        return self.image
    }
}
```

```
var aURL = NSURL(string:
"https://upload.wikimedia.org/wikipedia/commons/thumb/6/62/Quark_
structure_
pion.svg/2000px-Quark_structure_pion.svg.png")

let anImage = NSImage(contentsOfURL: aURL!)

var quarkParticle = Particle(name: "Quark", symbol: "q", statistics:
"Fermionic", image: anImage!)

let quarkImage = quarkParticle.particalAsImage()
```

컬렉션 클래스 브릿징

스위프트는 파운데이션 컬렉션 타입인 NSArray, NSSet, NSDictionary를 스위프트 배열, 세트, 딕셔너리 타입으로 브릿징할 수 있도록 지원한다. 이 기능을 이용하면 컬렉션을 활용하는 다수의 네이티브 스위프트 알고리즘에서 파운데이션 컬렉션 타입과 스위프트 컬렉션 타입을 서로 교환해서 사용할 수 있게 된다.

NSArray를 Array로 브릿징

NSArray를 파라미터화된 타입으로 브릿징하면 [ObjectType] 형식의 배열이 만들어지고, 별도의 파라미터화된 타입을 지정하지 않으면 [AnyObject] 형식의 배열이 만들어진다. 2장 초반에 언급한 바와 같이, 오브젝티브C 배열은 스위프트 배열과 같은 타입을 포함할 필요는 없다는 점을 기억하자.

[AnyObject] 타입으로 브릿징된 NSArray를 활용해야 하는 경우, 배열에 다른 타입이 포함돼 있을 때는 이들 인스턴스를 별도로 관리해야 한다. 스위프트는 이런 임무를 처리하기 위한 도구를 제공하는데, 바로 강제 언래핑^{forced unwrapping}과 타입 캐스팅 연산자^{type casting operator}다. 만일 [AnyObject] 배열에 서로 다른 타입이 포함돼 있는지 알지 못한다면, nil을 반환할 수 있는 타입 캐스팅 연산자를 사용해서 다른 타입의 인스턴스를 안전하게 관리할 수 있다.

```
// NSArray가 동일 타입으로만 구성된 경우
let nsFibonacciArray: NSArray = [0, 1, 1, 2, 3, 5, 8, 13, 21, 34]

// NSArray 강제 언래핑 사용
let swiftFibonacciArray: [Int] = nsFibonacciArray as! [Int]

// 타입 캐스팅 연산자 사용
if let swiftFibonacciArray: [Int] = nsFibonacciArray as? [Int] {
    // swiftFibonacciArray 배열 사용
}

// NSArray에 다른 타입이 포함된 경우
let mixedNSArray: NSArray = NSArray(array: [0, 1, "1", 2, "3", 5, "8",
13,
21, 34])

let swiftArrayMixed: [Int] = mixedNSArray as! [ Int]
// 모든 데이터 타입이 Int가 아니므로 예외 오류 발생

if let swiftArrayMixed: [Int] = mixedNSArray as? [Int]{
    // 이 조건문은 false이므로 코드 실행 없이 그냥 넘어감
}
```

NSSet을 set로 브릿징

파라미터화된 타입으로 NSSet을 브릿징하면 Set<ObjectType> 타입의 세트가 만들어지고, 별도의 파라미터 타입을 지정하지 않고 브릿징하면 Set<AnyObject> 타입의 세트가 만들어진다. 이렇게 세트를 변환할 때 역시 앞서 소개한 강제 언래핑, 타입 캐스팅 연산자를 이용해서 서로 다른 타입이 포함된 세트를 안전하게 관리할 수 있다.

NSDictionary를 dictionary로 브릿징하기

파라미터화된 타입으로 NSDictionary를 브릿징하면 [ObjectType] 타입의 딕셔너리가 만들어지고, 별도의 파라미터 타입을 지정하지 않고 브릿징하면 [NSObject:AnyObject] 딕셔너리가 만들어진다.

스위프트 프로토콜 지향 프로그래밍

스위프트에서는 클래스를 사용하지 않고 프로토콜protocol만으로 프로그램을 작성할 수 있다. 스위프트 프로토콜은 메소드, 프로퍼티, 연관 타입과 특정 타입을 지원하기 위한 타입 에일리어스 등으로 구성된 목록이다. 프로토콜은 어떤 타입의 조건이든 문제 없이 부합하도록 만들어지며, 이 덕분에 프로토콜을 안심하고 사용할 수 있다. 자바, C#, 또는 Go 같은 언어에서 프로토콜은 인터페이스interface라는 이름으로 부른다.

명령 전달을 위한 디스패치 기법

스위프트의 프로토콜은 오브젝티브C 프로토콜의 슈퍼세트superset다. 오브젝티브C에서 모든 메소드는 런타임시 메시지를 이용해서 다이나믹 디스패치dynamic dispatch 또는 동적 명령 전달 기법을 사용하는 반면, 스위프트에서 메소드는 명령 전달을 위한 다양한 기법을 제공한다. 스위프트는 기본적으로는 특정 클래스에서 사용 가능한 메소드 목록을 담은 vtable 기법을 사용하는데, 컴파일 시 생성된 vtable은 인덱스 값으로 접근할 수 있는 함수 포인터function pointers를 포함한다. 컴파일러는 vtable을 메소드 호출 시 적절한 함수 포인터를 찾기 위한 참조용 테이블과 같이 사용하고, 오브젝티브C 클래스의 상속을 받은 스위프트 클래스는 이를 이용해서 런타임시 동적으로 명령을 전달하게 된다. 또한 클래스 메소드에 @objc 속성 키워드를 추가하면 강제로 다이나믹 디스패치가 적용된다.

 스위프트 개발자 문서에서, @objc 속성은 여러분이 사용한 스위프트 API를 오브젝티브 C 런타임에 공개하는 역할을 하지만 프로퍼티, 메소드, 서브스크립트, 혹은 초기화 객체에 대한 다이나믹 디스패치를 완벽하게 보장하지는 않는다고 설명한다. 스위프트 컴파일러는 현재도 오브젝티브C 런타임을 우회하는 방법을 통해 코드 복호화 및 코드의 성능을 최적화 작업이 진행 중인 것으로 보인다.

애플의 세 번째 명령 전달 기법은 정적 디스패치^{statical dispatch}다. 처리하려는 메소드와 관련된 정보가 충분치 않을 경우, 컴파일러는 정적으로 명령을 전달하게 된다. 이 방식은 메소드 전체를 직접 호출하거나 해당 메소드를 아예 삭제한다.

프로토콜 작성 문법

프로토콜 선언 문법은 클래스, 구조체 선언과 매우 유사하다.

```
protocol Particle {
var name: String { get }
    func particalAsImage() -> NSImage
}
```

프로토콜을 선언할 때는 protocol 키워드 뒤에 프로토콜의 이름을 입력한다. 프로토콜 프로퍼티를 정의할 때는 get 속성인지, set 속성인지, 혹은 둘 다인지 구체적으로 밝혀야 한다. 그리고 메소드를 정의할 때는 이름, 파라미터, 반환 타입을 명시한다. 메소드에서 구조체의 멤버 변수가 변경될 수 있으면 메소드 선언 시 mutating 키워드를 추가해야 한다.

프로토콜은 하나 혹은 그 이상의 다른 프로토콜을 상속할 수 있다. 다음 코드는 CustomStringConvertible 프로토콜을 상속한다.

```
protocol Particle: CustomStringConvertible {
}
```

또, 여러 개의 프로토콜을 프로토콜 컴포지션^{protocol composition}으로 묶어서 하나처럼 사용할 수 있다. 프로토콜 컴포지션을 만들 때는 여러 개의 프로토콜 이름을 & 기호로 연결하면 된다. 하지만 이는 새로운 프로토콜을 정의한 것이 아니며, 한데 묶인 프로토콜의 모든 규칙과 요구사항을 임시로 적용하기 위한 방법일 뿐이다.

타입으로서의 프로토콜

프로토콜을 이용해서 뭔가를 직접 구현하지 않더라도, 타입이 필요한 곳에 프로토콜을 하나의 타입으로서 사용할 수 있다. 대략적인 용도는 다음과 같다.

- 함수, 메소드, 초기화 객체에서 반환 타입 또는 파라미터 타입

- 배열, 세트, 딕셔너리에서 개별 아이템 타입

- 변수, 상수, 프로퍼티의 타입

스위프트에 존재하는 모든 타입^{type}은 가장 중요한 프로그래밍 요소이자, 스위프트의 객체지향 프로그래밍 OOP 속성을 활용하기 위한 가장 중요한 방법이다. 이런 측면에서, 서브클래스가 오버라이딩할 수 있는 프로토콜을 만들고 이를 타입으로 활용한다면 코드 수정 및 유지 보수 작업이 편리해질 것이고, 복잡한 프로그래밍 로직을 만든 뒤 이를 재활용함으로써 프로그래밍에 높은 유연성을 제공할 수 있다.

프로토콜 익스텐션

프로토콜 익스텐션$^{Protocol\ extension}$을 이용하면 소스 코드 작성자가 아니더라도 기존 프로토콜의 기능을 확장할 수 있다. 익스텐션을 통해 기존 프로토콜에 새로운 메소드, 프로퍼티, 서브스크립트를 추가할 수 있다. 프로토콜 익스텐션은 스위프트 2 버전에서 추가됐으며, 별도의 전역 함수를 사용하지 않더라도 기존 타입을 확장할 수 있게 됐다. 애플은 프로토콜 익스텐션이 지닌 장점을 최대한 활용하기 위해 표준 라이브러리에 다수의 컬렉션 타입을 추가함과 동시에 전역 함수 대부분을 삭제했다.

이번 예제에서는 프로토콜 익스텐션을 통해 여러분이 직접 임무 수행 방식을 정의하는 방법에 대해 알아본다. 이번 프로토콜 익스텐션은 기존 Collection 프로토콜을 확장하고 encryptElements(_:) 메소드를 추가해서 모든 타입이 이들 조건에 부합하도록 한다.

```
extension Collection {
    func encryptElements(salt: String) -> [Iterator.Element] {
        guard !salt.isEmpty else { return [] }
        guard self.count > 0 else {return [] }
        var index = self.startIndex
        var result: [Iterator.Element] = []
        repeat {
            // Salt 방식으로 암호화한 뒤 결과값에 추가함[2]
            let el = self[index]
            result.append(el)
            index = index.successor()
        } while (index != self.endIndex)
        return result
    }
}

var myarr = [String]()
myarr.append("Mary")

var result = myarr.encryptElements("test")
```

 위 예제에서는 기존 프로토콜의 확장 방식의 설명에 집중하기 위해 암호화 관련 코드는
제외했다.

컬렉션에서 활용하기 위한 프로토콜의 검증

스위프트 컬렉션 타입을 정의하기 위한 프로토콜 작성 예제를 살펴보자. 이 책에
서는 이보다 훨씬 다양한 프로토콜 검증 사례를 다룰 예정이지만, 이번 절에서는
스위프트 표준 라이브러리에서 프로토콜을 이용해서 확정형 타입을 어떻게 정의
하는지 간략히 설명한다.

---

2 스위프트 소디움(Swift-Sodium)은 암호화 기법 중 하나인 Salt를 스위프트용으로 구현한 것이다. 다음 링크에서 확인할 수
   있다. https://github.com/jedisct1/swift-sodium – 옮긴이

Array 리터럴 문법

배열을 정의할 때는 두 개의 문법 형식을 따를 수 있다. 가장 일반적인 배열 문법은 다음과 같이 컬렉션 타입 이름과 데이터 타입을 모두 포함한 형태다.

```
var myIntArray = Array<Int>()
// 컬렉션 타입 이름 Array, 데이터 타입 Int
```

또 다른 방법은 (좀 더 간결하고 우아한) 배열 리터럴을 이용하는 것으로, 이때는 굳이 컬렉션 타입 이름을 밝힐 필요가 없다.

```
var = myIntArray = [Int]()
```

ExpressibleByArrayLiteral 프로토콜은 배열 형식의 문법을 이용해서 구조체, 클래스, 열거형을 초기화할 수 있도록 한다. 이 프로토콜을 사용할 때는 해당 프로토콜에 부합하기 위한 단 하나의 메소드만 구현하면 된다.

```
init(arrayLiteral elements: Self.Element...)
```

우리가 직접 컬렉션 타입을 만들고, 배열 리터럴 형식의 문법을 이용할 수 있도록 하려면 ExpressibleByArrayLiteral 프로토콜을 이용해서 아래와 같이 정의하면 된다.

```
public struct ParticleList : ExpressibleByArrayLiteral {
    // ExpressibleByArrayLiteral
    init(arrayLiteral: Partible...)
}
```

그리고 이와 같은 배열 리터럴 문법을 사용해서 ParticleList를 구현한 예제 코드는 다음과 같다.

```
struct Particle {
    var name: String
    var symbol: String
    var statistics: String
}

struct PatricleList: ExpressibleByArrayLiteral {
    private let items: [Particle]
```

```
    init(arrayLiteral: Particle...) {
        self.items = arrayLiteral
    }
}

var p1 = Particle(name: "Quark", symbol: "q", statistics: "Fermionic")
var p2 = Particle(name: "Lepton", symbol: "l", statistics: "Fermionic")
var p3 = Particle(name: "Photon", symbol: "Y", statistics: "Bosonic")

var particleList = [p1, p2, p3]
// particleList contains:
//    [name "Quark", symbol "q", statistics "Fermionic",
//        {name "Lepton", symbol "l", statistics "Fermionic"},
//        {name "Photon", symbol "Y", statistics "Bosonic"}]
```

열거형 배열 만들기

Sequence 프로토콜과 IteratorProtocol 프로토콜은 for...in 문법을 이용해서
컬렉션을 순회하는 것과 같은 기능을 제공한다. 이때 사용되는 데이터 타입은 컬
렉션의 순회 기능을 사용하기 위해 열거형을 지원해야 한다. Sequence는 다수의
메소드를 제공하지만 이번 절에서는 for...in 문법을 지원하기 위한 메소드만 살펴
보겠다.

Sequence/IteratorProtocol

이들 두 개의 컬렉션 프로토콜은 서로 뗄 수 없는 사이다. (Sequence에 부합하는 타입
인) 시퀀스는 일련의 연속된 값을 나타내고, (IteratorProtocol에 부합하는 타입인) 반
복기 iterator는 시퀀스에서 이들 값을 한 번에 하나씩, 순서대로 사용할 수 있는
방법을 제공하기 때문이다. Sequence 프로토콜에는 단 하나의 규칙이 있는데, 모든
시퀀스는 makeIterator() 메소드로 만든 반복기만 지원해야 한다는 것이다.

정리

2장에서는 클래스와 구조체의 차이점과 언제 어떤 타입을 사용해야 하는지에 대해서도 알아봤다. 또한 밸류 타입과 레퍼런스 타입의 특성에 대해 소개하고 런타임 시 각각의 타입이 어떻게 할당되는지도 설명했다. 그런 다음, 스위프트 표준 라이브러리에 구현된 컬렉션 타입인 배열, 딕셔너리, 세트에 대해 자세히 살펴봤다. 실제 컬렉션 타입은 아니지만 컬렉션과 유사한 방식으로 활용되는 튜플과 스위프트가 지원하는 다른 두 개의 타입에 대해서도 설명했다.

또, 스위프트가 오브젝티브C, 그리고 C 시스템 라이브러리와 상호작용하는 방식과 실패 가능 초기화라는 기능을 통해 오브젝티브C와 어떤 방식으로 호환성을 유지하는지에 대해 살펴봤다. 스위프트에서 메소드를 호출하는 방식과 오브젝티브C 수신 객체에 메시지를 전송하는 방식의 차이, 그리고 스위프트 메소드의 디스패치 기법들에 대해서도 알아봤다. 또, 네이티브 스위프트와 네이티브 오브젝티브C의 가교역할을 하기 위한 브릿징 기법에 대해 소개하고 서로 다른 타입이 포함된 컬렉션을 안전하게 관리하기 위한 기법도 알아봤다.

마지막으로, 프로토콜 지향 프로그래밍 기법과 프로토콜이 스위프트 표준 라이브러리의 타입으로 활용될 수 있었던 이유에 대해서 설명했다. 2장에서는 프로토콜의 기본적인 개념만을 살펴봤으며, 특히 표준 라이브러리 컬렉션을 위한 프로토콜의 활용 방식에 대해 알아봤다. 이후 또 다른 장에서 스위프트 표준 라이브러리에 정의된 여러 프로토콜을 살펴볼 것이며, 앞으로 우리가 만들게 될 구조체와 클래스에서 다양한 역할을 담당하는 모습을 지켜보게 될 것이다.

3장에서는 지금까지 배운 내용을 실행에 옮기고, 고급 데이터 타입이라 할 수 있는 스택, 큐, 힙, 그래프 등의 구현 방식에 대해 알아본다.

3

스위프트 고급 데이터 구조의 활용

스위프트 표준 라이브러리는 마치 레고 블록을 조립하듯, 애플리케이션 개발에 활용할 수 있는 다양한 컬렉션 타입을 제공한다. 3장에서는 앞서 학습한 컬렉션을 이용해서 간단한 애플리케이션을 만들고, 컴퓨터 과학 분야에서 자주 사용되는 데이터 구조의 활용 방법에 대해 알아본다. 여러분이 만든 애플리케이션을 통해 지속적으로 데이터가 밀려들어온다면, 이들 데이터가 유입된 순서대로 빠짐없이, 확실히 처리할 필요가 있을 것이다. 예를 들어, 배열 데이터 구조를 사용했다면 유입된 데이터를 배열의 마지막 부분에 붙인 뒤 첫 번째 배열 요소부터 처리하기 시작해야 할 것이다. 만일 데이터 유입 순서가 아닌 데이터 타입의 중요도 순으로 데이터를 처리해야 할 경우에는 어떻게 해야 할까?

3장에서는 데이터 구조의 시각화를 통해 데이터의 입력과 출력, 그리고 처리 순서에 대한 개념을 명확하게 정리할 것이다. 이와 같은 데이터 구조에 대한 명확한 인식은 애플리케이션 설계에 큰 도움을 주며, 데이터가 저장되는 방식을 명확히 그려볼 수 있다면 특정 요구 사항에 부합하는 최선의 알고리즘을 선택해서 사용할 수 있을 것이다.

3장에서 다루는 주요 내용은 다음과 같다.

- 기본적인 데이터 구조를 구현하기 위한 스위프트 프로토콜의 핵심 개념 정리
- 스택 기반 배열과 연결 목록 기반 스택 구조의 구현
- 다양한 큐 구조의 구현
- 연결 목록의 개념

반복기, 시퀀스, 컬렉션

2장, '스위프트 기본 데이터 구조의 활용'에서는 스위프트 표준 라이브러리에서 제공하는 다양한 컬렉션 타입에 대해 알아봤다. 스위프트 런타임은 컬렉션에서 활용할 수 있는 컬렉션 요소에 접근하기 위한 지름길인 서브스크립트, 컬렉션을 반복적으로 순회할 수 있는 for...in 순환문 등 유용한 도구를 제공한다. 또한 여러분의 애플리케이션에 적용하기 위해 스위프트에 내장된 IteratorProtocol, Sequence, Collection 프로토콜에 부합하는 커스텀 컬렉션 타입을 만들면, 네이티브 스위프트 컬렉션 타입과 마찬가지로 서브스크립트나 for...in 순환문을 통해 개별 요소에 접근할 수 있다.

반복기

반복기[iterator]는 IteratorProtocol 프로토콜에 부합하는 범용 타입이다. IteratorProtocol 프로토콜의 유일한 목적은 컬렉션을 반복 순회하는 next() 메소드를 통해 컬렉션의 반복 상태를 캡슐화하는 것이며, 시퀀스에 있는 다음 요소를 반환하거나 시퀀스의 마지막에 이르렀을 경우 nil을 반환한다.

IteratorProtocol 프로토콜은 다음과 같이 정의한다.

```
public protocol IteratorProtocol {
    /// 반복기로 순회해서 가져온 요소의 타입
```

```
associatedtype Element
/// 해당 시퀀스에서 다음 번 요소를 반환하거나
/// 다음 번 요소가 없을 경우 'nil'을 반환
public mutating func next() -> Self.Element?
}
```

3장 후반에서 `IteratorProtocol` 프로토콜에 부합하는 커스텀 타입을 구현하는 방법에 대해 알아본다.

시퀀스

시퀀스^{sequence}는 Sequence 프로토콜에 부합하는 범용 타입이며, 시퀀스에 부합하는 타입은 for...in 순환문으로 반복 순회할 수 있다. 시퀀스는 컬렉션 타입이 포함된 시퀀스 타입의 `IteratorProtocol`을 반환하는 팩토리 반복기^{factory iterator}로 생각할 수 있다.

Sequence 프로토콜은 다양한 메소드를 정의하며, 이번 절에서는 다음 두 메소드의 구현 방식을 살펴보자.

```
public protocol Sequence {
/// 시퀀스 순회 인터페이스와 그 순회 상태를 캡슐화하는 타입
associatedtype Iterator : IteratorProtocol
/// 이번 시퀀스를 순회해서 가져온 요소를 반환
public func makeIterator() -> Self.Iterator
}
```

위 예제 코드는 먼저 `associatedtype`을 정의한다. 연관 타입을 이용하면 프로토콜이 적용되기 전까지는 알 수 없는 하나 혹은 그 이상의 타입을 선언할 수 있다. 스위프트에서는 이런 방식을 제너릭^{generics} 구현에 사용한다. 시퀀스 타입을 정의할 때 `associatedtype`을 정의함으로써 실제 반복기 타입을 구체적으로 지정할 수 있다.

다음으로 `makeIterator()`를 정의한다. 보통의 경우, 이 메소드를 직접 호출할 필요는 없으며, 스위프트 런타임이 for...in 순환문을 사용할 때 자동으로 호출한다.

애플 개발자 문서에서 전체 시퀀스 메소드 목록을 확인할 수 있다.

https://developer.apple.com/reference/swift/sequence

컬렉션

컬렉션Collection은 Collection 프로토콜에 부합하는 범용 타입이다. 컬렉션은 위치를 특정할 수 있는 다중 경로 시퀀스를 제공하며, 컬렉션을 순회하면서 많은 요소를 인덱스 값으로 저장한 뒤 필요할 때 해당 인덱스 값으로 특정 요소를 가져올 수 있는 방법을 제공한다.

Collection 프로토콜은 Sequence 프로토콜과 Indexable 프로토콜에도 부합한다. Collection 프로토콜에 부합하는 타입을 만들기 위해서는 다음 네 가지를 정의해야 한다.

- startIndex 프로퍼티와 endIndex 프로퍼티
- 컬렉션에서 특정 인덱스 위치에 삽입하기 위한 index(after:) 메소드
- 커스텀 타입 요소에 읽기전용read-only 이상의 권한으로 접근하기 위한 서브스크립트

3장 후반에서 큐를 살펴보기 위한 커스텀 컬렉션을 구현하는 방법에 대해 알아본다.

스택

스택stack은 나중에 입력된 것이 먼저 출력되는 LIFOLast In First Out 데이터 구조를 나타낸다. LIFO 구조는 접시를 쌓아 올린 모습과 같으며, 사용자는 쌓아 올린 접시 중 맨 마지막으로 놓은 접시를 가장 먼저 꺼내서 사용하게 된다. 스택은 배열과 유사하지만, 개별 요소에 접근하기 위한 메소드가 좀 더 제한적이다. 또한 개별 요소에 대한 무작위 접근을 허용하는 배열과 달리, 스택은 개별 요소에 접근하는 방법을 강하게 제한한 인터페이스를 제공한다.

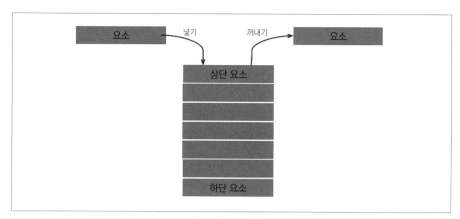

▲ 스택 데이터 구조

스택은 다음과 같은 메소드를 구현한다.

- push(): 스택의 하단에 요소를 추가
- pop(): 스택 상단의 요소를 꺼내서 (삭제한 뒤) 반환
- peek(): 스택 상단의 요소를 꺼내서 (삭제하지 않고) 반환

다음과 같은 도우미 메소드도 사용할 수 있다.

- count: 스택에 포함된 요소의 수를 반환
- isEmpty(): 스택에 포함된 요소가 없는 경우 true를, 그렇지 않은 경우 false를 반환
- isFull(): 스택에 포함될 요소의 수가 결정돼 있는 경우, 스택이 꽉 찼으면 true를, 그렇지 않은 경우 false를 반환

스택은 어떤 작업을 수행할지에 대해 자체 인터페이스로 정의하지만, 여러분이 사용하고자 하는 커스텀 데이터 구조를 정의할 수는 없다. 스택에서 사용되는 가장 일반적인 구조는 배열 또는 연결 목록이며, 이는 데이터 처리 성능 특성에 따라 결정된다.

애플리케이션 개요

스택을 활용한 가장 대표적인 애플리케이션은 표현식^{expression} 평가 및 표현식 문법 파싱, 정수형 데이터의 이진수 변환, 역추적^{backtracking} 알고리즘, 그리고 보편적인 디자인 패턴을 활용한 실행 취소/재실행 기능 제공 등이다.[1]

구현 방법

이번 절에서는 스택 타입 디자인을 위해 스위프트 제너릭^{Generics}을 활용한다. 제너릭은 우리가 원하는 어떤 타입이든 저장할 수 있는 유연성을 제공한다.

이번 스택 예제에서는 push(), pop(), peek(), isEmpty() 등 네 개의 메소드와 count 프로퍼티를 구현한다. 예비 스토리지는 배열로 만들며, 이번 예제를 통해 배열에 있는 기존의 메소드를 이용해서 스택을 구현하는 방법에 대해 이해하게 될 것이다.

Stack 구조는 다음과 같이 정의한다.

```
public struct Stack<T> {
    private var elements = [T]()
    public init() {}
    public mutating func pop() -> T? {
        return self.elements.popLast()
    }

    public mutating func push(element: T){
        self.elements.append(element)
    }

    public func peek() -> T? {
        return self.elements.last
    }

    public func isEmpty: Bool {
        return self.elements.isEmpty
```

---

1 애플 프로그래밍에서 보편적인 디자인 패턴 또는 Command design pattern이란 코코아 프레임워크의 디자인 패턴을 의미하며, 위임, 지연 초기화, 에러 핸들링 등 코코아 프로그래밍 기법을 의미한다. – 옮긴이

```
    }

    public var count: Int {
        return self.elements.count
    }
}
```

 이번 예제의 스택 타입에는 mutating 키워드를 사용했다. 메소드 구현 시 그에 속한 인스턴스를 수정해야 할 때 mutating 키워드를 사용하며, 구조체와 같은 밸류 타입을 수정할 때 자주 사용된다. 메소드를 통해 구조체에 포함된 데이터를 수정하고 싶다면 해당 메소드 이름 앞에 mutating 키워드를 추가하면 된다. mutating 키워드에 대한 자세한 설명은 아래 애플 개발자 문서에서 확인할 수 있다.

https://developer.apple.com/library/content/documentation/Swift/Conceptual/Swift_Programming_Language/Methods.html#//apple_ref/doc/uid/TP40014097-CH15-ID239

이번 예제에서는 스택에 데이터를 저장하기 위해 배열을 사용하고, 타입을 만들기 위해 제너릭을 사용하는데, 제너릭은 컴파일할 때 스택에 저장된 데이터의 타입을 결정한다. 이번 배열 타입은 popLast() 메소드를 제공하며, 이는 배열의 최상위 요소를 제거한 뒤 가져오는 pop() 메소드의 기능을 활용한 것이다.

이번 예제에서 만든 스택 구조의 활용 방식은 다음과 같다.

```
var myStack = Stack<Int>()

myStack.push(5)
// [5]
myStack.push(44)
// [5, 44]
myStack.push(23)
// [5, 44, 23]

var x = myStack.pop()
// x = 23
x = myStack.pop()
// x = 44
```

```
x = myStack.pop()
// x = 5
x = myStack.pop()
// x = nil
```

 예제 파일 B05101_3_Standing_On_The_Shoulders_Of_Giants.playground에서
ArrayStack과 StackList 구현 방법에 대한 상세한 내용을 확인할 수 있다.

프로토콜

이번 예제의 스택 타입은 익스텐션을 통해 동작과 기능의 범위를 넓혔다. 3장 초
반에서, 반복기와 시퀀스에 대해 설명했는데, 이번 절에서는 이들 요소에 부합하
도록 스택 타입을 추가하는 방법과 스택 타입 활용에 필요한 스위프트 내장 구조
에 대해 살펴본다.

먼저, 익스텐션을 통해 스택에 몇 가지 편의 프로토콜convenience protocols을 추가하
는 것으로 시작한다. 타입 값을 출력할 때 좀 더 이해하기 쉬운 이름을 반환하기
위한 CustomStringConvertible 프로토콜과 CustomDebugStringConvertible
프로토콜을 추가하자.

```
extension Stack: CustomStringConvertible, CustomDebugStringConvertible {
    public var description: String {
        return self.elements.description
    }
    public var debugDescription: String {
        return self.elements.debugDescription
    }
}
```

그런 다음, 스택을 초기화할 때 마치 배열처럼 동작하도록 ExpressibleByArray
Literal 프로토콜을 추가한다. 이 프로토콜을 사용하면 var myStack = [5, 6, 7,
8]과 같이 '[ ]' 기호를 이용해서 배열 형식으로 여러 요소를 추가할 수 있다.

```
extension Stack: ExpressibleByArrayLiteral {
    public init(arrayLiteral elements: T...) {
        self.init(elements)
    }
}
```

이제, 익스텐션을 통해 스택에 `IteratorProtocol` 프로토콜을 추가한다. 이렇게 하면 스택에 포함된 요소의 타입에 따라 값을 반환하는 반복기를 반환한다.

```
public struct ArrayIterator<T> : IteratorProtocol {
    var currentElement: [T]
    init(elements: [T]){
        self.currentElement = elements
    }

    mutating public func next() -> T? {
        if (!self.currentElement.isEmpty) {
            return self.currentElement.popLast()
        }
        return nil
    }
}
```

이번 예제의 스택은 내부 저장을 위해 배열 구조를 사용하므로, `currentElement` 라는 인스턴스 변수의 이름을 `[T]`로 설정했으며, `ArrayIterator`가 적용될 때 T 의 타입이 확정돼 초기화 객체에 전달될 배열을 지닐 수 있게 된다.

다음, `next()` 메소드를 구현해서 시퀀스의 다음 요소를 반환하도록 하고, 배열 의 마지막 위치에 도달하면 `nil`을 반환한다. `nil`이 반환되면 스위프트 런타임은 for...in 루프를 이용한 반복기에서 더 이상 순회할 요소가 없음을 알게 된다.

이제 익스텐션으로 Sequence 프로토콜을 구현하고 `makeIterator()` 메소드를 통 해 이 프로토콜에 부합하는 배열을 반환하도록 한다. 이렇게 구현된 내용은 방금 전 구현했던 `ArrayIterator` 타입과 연결된다.

```
extension Stack: Sequence {
    public func makeIterator() -> ArrayIterator<T> {
        return ArrayIterator<T>(elements: self.elements)
    }
}
```

스위프트 런타임은 for...in 루프를 초기화할 때 makeIterator() 메소드를 호출한다. 그러면 스택 인스턴스에 의해 준비된 배열이 사용될 때 초기화되는 ArrayIterator의 새로운 인스턴스가 반환된다.

마지막으로 추가할 내용은 기존의 스택을 통해 새로운 스택을 초기화하기 위한 또 다른 초기화 객체다. 이 과정에서 배열을 복사할 때 reversed() 메소드를 호출해야 하는데, 이는 Sequence.makeIterator()는 배열 초기화 객체에 의해 호출되고, 해당 내용은 스택에 추가되기 때문이다. 만일 입력되는 데이터의 순서를 바꿔놓지 않으면, 원본 데이터와 반대 순서의 배열을 만들게 되며, 이는 스택이라는 데이터 구조와 맞지 않는다.

```
public init<S : Sequence>(_ s: S) where S.Iterator.Element == T {
    self.elements = Array(s.reversed())
}
```

이제, 스택 구조가 완성됐다. 데이터를 입력하고 확인해보자.

```
// 배열 리터럴 문법을 사용
var myStack = [4,5,6,7]

// 미리 정의해둔 초기화 객체를 사용한다.
var myStackFromStack = Stack<Int>(myStack)
// [4, 5, 6, 7]

myStackFromStack.push(55)
// [4, 5, 6, 7, 55]

myStack.push(70)
// [4, 5, 6, 7, 70]
```

이때, 기존 스택의 복사본이 myStackFromStack 인스턴스를 생성할 때 사용됐다는 점에 주목하자. myStackFromStack에 55를 추가하더라도, myStack 인스턴스에는 이 내용이 반영되지 않으며, myStack에 직접 추가한 요소만이 반영된다.

이상으로 스택을 완성했지만, 스택의 성능을 좀 더 개선할 여지가 남아있다. 반복기나 시퀀스 객체를 구현하기 위해 이미 누군가 만들어 놓은 편의 코드^{boilerplate}

^{code}를 써도 되지만, 우리는 스위프트 표준 라이브러리 요소만으로 이 모든 일을 해냈기 때문이다. 스택의 성능 최적화를 위해 지연 초기화 등의 기능을 제공하는 다음 세 가지 새로운 타입을 살펴보자.

- AnyIterator<Element>: IteratorProtocol의 기본 추상 타입이다. IteratorProtocol 타입과 관련된 시퀀스 타입으로 활용된다.

- AnySequence<Base>: Base라는 이름의 시퀀스를 생성한다. .lazy 문법을 적용하면 LazySequence 타입을 반환한다.

- IndexingIterator<Elements>: 임의의 컬렉션을 생성하는 반복기로, 직접 타입을 선언하지 않은 모든 컬렉션을 위해 제공된다.

위 타입으로 기존의 Sequence 익스텐션을 업데이트하자.

```
extension Stack: Sequence {
    public func makeIterator() -> AnyIterator<T> {
        return AnyIterator(IndexingIterator(_elements:
        self.elements.lazy.reversed()))
    }
}
```

예제 코드 모음에서 위 코드의 전문을 확인할 수 있다.

익스텐션에 대한 애플의 설명을 들어보자.

"익스텐션은 기존의 클래스, 구조체, 열거형, 프로토콜 타입에 새로운 기능을 추가할 수 있는 방법으로 활용된다. 익스텐션을 이용해서 컴퓨터 연산 프로퍼티$^{computed\ properties}$, 컴퓨터 연산 타입 프로퍼티$^{computed\ type\ properties}$를 추가할 수 있고, 인스턴스 메소드와 타입 메소드를 정의할 수 있으며, 새로운 초기화 객체를 추가할 수 있다. 또, 서브스크립트를 정의하거나 새로운 중첩 타입$^{nested\ types}$을 정의 및 사용할 수 있고, 기존의 타입을 프로토콜에 부합하도록 만들 수도 있다."

– 애플 스위프트 개발자 문서

큐

큐는 먼저 입력된 데이터가 먼저 출력되는 FIFO^{First In First Out} 데이터 구조를 나타낸다. FIFO를 시각화해 보면, 슈퍼마켓에서 계산을 위해 줄을 선 구매자들과 비슷한 모습이다. 줄의 맨 앞에 선 구매자(head)가 계산대에 도착하면, 계산원은 구매한 물건을 계산하고 구매자는 댓가를 지불한 뒤 물건을 모두 담아서는 떠나게 (pop) 된다. 두 번째 구매자는 줄의 첫 번째 위치로 이동하고, 첫 번째 구매자가 거쳤던 과정을 반복한다.

그리고 새로운 구매자가 줄의 맨 마지막 사람 뒤에 서면(push), 다시 이전의 과정을 반복하게 된다.

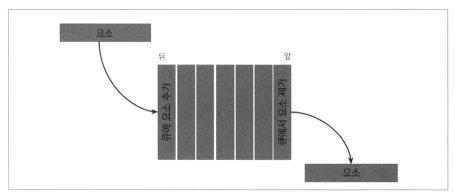

▲ 큐 데이터 구조

큐는 다음과 같은 일곱 가지 임무를 수행한다.

- enqueue(): 큐의 맨 뒤에 새로운 요소를 추가
- dequeue(): 큐에서 첫 번째 요소를 제거한 뒤 반환
- peek(): 큐의 첫 번째 요소를 반환하되, 제거하지는 않음
- clear(): 큐를 재설정해 빈 상태가 되게 함
- count: 큐에 있는 요소의 수를 반환
- isEmpty(): 큐가 비어있으면 true를 반환, 그렇지 않은 경우 false를 반환

- `isFull()`: 큐가 꽉 차있으면 `true`를 반환, 그렇지 않은 경우 `false`를 반환

또한 다음과 같은 도우미 메소드를 제공한다.

- `capacity`: 큐 용량을 가져오거나 설정하기 위한 read/write 프로퍼티
- `insert(_:atIndex)`: 큐의 특정 인덱스 위치에 요소를 삽입
- `removeAtIndex(_)`: 큐의 특정 인덱스 위치에 있는 요소를 제거

 Array.capacity와 Array.count의 차이점은 무엇일까? Array.capacity는 배열 속에 담을 수 있는 요소의 수를 반환하고, Array.count는 현재 배열에 담겨있는 요소의 수를 반환한다.

애플리케이션 개요

큐는 입력된 순서대로 데이터를 처리할 때 보편적으로 활용되는 방법이며, 음식점에서 주문 및 계산에 사용하는 POS^{point-of-sale} 시스템이 대표적이다. 이런 시스템에서는 입력된 순서대로 빠짐없이 처리하는 것이 무척 중요하며, 만일 순서가 바뀌게 될 경우 손님들은 매우 언짢아 할 것이다. POS 시스템은 큐의 맨 뒷 줄에 새로운 주문을 추가하며, 조리장의 화면에서는 큐의 맨 앞에 있는 주문 순서대로 요리를 한다. 이와 같은 방식으로 시스템에 계속 주문이 밀려들어도, 요리사는 주문 순서에 따라 착오 없이 요리를 낼 수 있는 것이다.

구현 방법

앞서 스택을 구현할 때도 그랬던 것처럼, 이번 절의 큐 데이터 구조를 구현할 때도 어떤 데이터 타입이든 받아들일 수 있을 정도로 유연한 스위프트 제너릭을 활용할 것이다.

이번 큐 타입에서는 `enqueue()`, `dequeue()`, `peek()`, `isEmpty()`, `isFull()`, `clear()` 등 여섯 개의 메소드와 `count` 프로퍼티를 구현하고, 기본 저장 방식으로 배열을 사용한다.

다음과 같이 Queue 구조를 정의하자.

```swift
public struct Queue<T> {
    private var data = [T]()
    /// 빈 큐 구조를 정의
    public init() {}

    /// 큐에서 첫 번째 요소를 제거하고 반환
    /// - 반환값:
    /// - 큐가 빈 상태가 아닌 경우, 첫 번째 요소의 타입은 `T`
    /// - 큐가 빈 상태인 경우, 'nil'을 반환
    public mutating func dequeue() -> T? {
        return data.removeFirst()
    }

    /// 큐에서 첫 번째 요소를 제거하지 않고 반환
    /// - 반환값:
    /// - 큐가 빈 상태가 아닌 경우, 첫 번째 요소의 타입은 `T`
    /// - 큐가 빈 상태인 경우, 'nil'을 반환
    public func peek() -> T? {
        return data.first
    }

    /// 큐의 맨 뒤에 요소를 추가
    /// - 복잡성: O(1)
    /// - 파라미터 요소: `T` 타입의 요소

    public mutating func enqueue(element: T) {
        data.append(element)
    }

    /// MARK:- 순환 버퍼를 위한 도우미 메소드 구현
    /// 버퍼를 재설정해 빈 상태가 되게 함
    public mutating func clear() {
        data.removeAll()
    }

    /// 큐에 있는 요소의 수를 반환
    /// `count`는 큐에 있는 요소의 수
    public var count: Int {
```

```swift
        return data.count
    }

    /// 큐의 용량을 반환
    public var capacity: Int {
        get {
            return data.capacity
        }
        set {
            data.reserveCapacity(newValue)
        }
    }

    /// 큐가 꽉 찼는지 확인
    /// - 반환값: 큐가 꽉 찬 경우 `True`를 반환하고, 그렇지 않은 경우 `False`를 반환
    public func isFull() -> Bool {
        return count == data.capacity
    }

    /// Check if the queue is empty. 큐가 비었는지를 확인
    /// - 반환값: 큐가 비어있는 경우 `True`를 반환하고, 그렇지 않은 경우 `False`를 반환
    public func isEmpty() -> Bool {
        return data.isEmpty
    }
}
```

큐 데이터 구조의 구현은 비교적 간단하다. 배열을 래핑하고 접근자 메소드[assessor methods]를 통해 큐의 속성을 나타내도록 했다. 이때 배열의 용량은 포함되는 데이터의 수에 따라 동적으로 조절된다.

큐 구조를 확인할 수 있는 예제를 작성해보자.

```swift
var queue = Queue<Int>()

queue.enqueue(100)
queue.enqueue(120)
queue.enqueue(125)
queue.enqueue(130)
```

```
let x = queue.dequeue()
// x = 100

// 해당 요소를 제거하지 않고 다음 요소를 확인
let y = queue.peek()
// y = 120

let z = queue.dequeue()
// y = 120
```

프로토콜

이번 절에서는 편의 프로토콜을 추가하는 것으로 시작한다. 먼저, CustomStringConvertible 프로토콜, 그리고 CustomDebugStringConvertible 프로토콜을 추가해서 타입 값을 출력할 때 좀 더 이해하기 쉬운 이름을 반환하도록 한다.

```
extension Queue: CustomStringConvertible, CustomDebugStringConvertible {

    public var description: String {
        return data.description
    }
    public var debugDescription: String {
        return data.debugDescription
    }
}
```

큐를 초기화하면 배열과 같은 기능을 수행할 수 있도록 ExpressibleBy ArrayLiteral 프로토콜을 추가한다. 이후, Queue<Int> = [1,2,3,4,5]와 같이 배열 리터럴 형식으로 큐 요소를 입력할 수 있다. 그리고 큐 인스턴스에서 정의한 타입의 요소를 포함하고 있는 시퀀스를 받게 될 초기화 객체를 만든다.

```
/// 시퀀스로 큐의 구조를 만듦
public init<S: Sequence>(_ elements: S) where
S.Iterator.Element == T {
    data.append(contentsOf: elements)
}
```

```
extension Queue: ExpressibleByArrayLiteral {
    /// 배열 리터럴을 통해 큐 구조를 만듦
    public init(arrayLiteral elements: T...) {
        self.init(elements)
    }
}
```

다른 컬렉션 타입에서 그랬듯, for...in 루프에서 큐를 사용할 수 있도록 준비한다. 이를 위해 지연 로딩된 시퀀스를 반환하도록 Sequence 프로토콜을 추가한다.

```
extension Queue: Sequence {
    /// 이번 시퀀스를 순회하는 반복기를 반환
    /// - 복잡성: O(1).
    public func generate() -> AnyIterator<T> {
        AnyIterator(IndexingIterator(_elements: data.lazy))
    }
}
```

컬렉션 타입 구현을 위한 또 다른 유용한 프로토콜은 MutableCollection이다. 이 프로토콜을 추가하면 서브스크립트 문법을 통해 큐의 값을 설정하거나 가져올 수 있다. 서브스크립트 문법을 통해 사용자가 인덱스 값을 특정할 수 있으므로, checkIndex() 메소드를 이용해서 해당 인덱스 값의 데이터인지 확인한다.

```
/// index가 지정 범위 내 값인지 확인
private func checkIndex(index: Int) {
    if index < 0 || index > count {
        fatalError("Index out of range")
    }
}

extension Queue: MutableCollection {
    public var startIndex: Int {
        return 0
    }

    public var endIndex: Int {
        return count - 1
    }
```

```swift
    /// 해당 인덱스의 다음 위치 값을 반환
    public func index(after i: Int) -> Int {
        return data.index(after: i)
    }

    public subscript(index: Int) -> T {
        get {
        checkIndex(index)
        return data[index]
        }
        set {
            checkIndex(index)
            data[index] = newValue
        }
    }
}
```

이제 프로토콜을 실행하고 제대로 작동하는지 확인하자.

```swift
// ArrayLiteral 문법 사용
var q1: Queue<Int> = [1,2,3,4,5]

// q1에서 가져온 SequenceType을 받는 초기화 메소드를 이용해서 새로운 큐를 생성
var q2 = Queue<Int>(q1)

let q1x = q1.dequeue()
// q1x = 1

q2.enqueue(55)
// q2 = [1,2,3,4,5,55]

// For..in은 SequenceType 프로토콜을 사용
for el in q1 {
    print(el)
}
```

예제 코드 모음에서 위 코드의 전문을 확인할 수 있다.

순환 버퍼

순환 버퍼Circular buffer는 버퍼의 시작 부분을 연결해주는 헤드 인덱스head index와 테일 인덱스tail index 등 두 개의 인덱스를 사용하는 고정 크기의 데이터 구조다. 버퍼가 데이터로 꽉 차면 헤드 인덱스는 0으로 되돌아 간다. 순환 버퍼는 지정된 용량까지 데이터를 받아들이고, 기존의 데이터는 새로운 데이터로 대체된다.

순환 버퍼는 특히 FIFO 데이터 구조를 구현할 때 유용하다. 큐 데이터 구조 역시 FIFO 콘셉트를 활용하지만 순환 버퍼는 헤드 인덱스와 테일 인덱스가 맞물려 있다는 점이 다르다.

순환 버퍼는 크기가 고정돼 있으므로, 새로운 데이터로 교체될 기존 데이터로 항상 가득 차 있는 상태다. 또, 크기가 고정돼 있기 때문에 내부적으로 데이터를 저장할 때 배열 데이터 구조보다 훨씬 효율적이다. 보통의 경우, 일단 순환 버퍼를 만들고 나면 그 크기는 증가하지 않으므로, 버퍼의 메모리 크기 역시 안정적 상태를 유지한다. 순환 버퍼를 구현할 때는 버퍼의 크기를 조절할 수 있는 기능과 기존의 데이터 요소를 새로 생성된 버퍼로 전달할 수 있는 기능 등이 추가된다. 버퍼의 크기를 빈번하게 조절해야 하는 경우, 배열 대신 연결 목록으로 순환 버퍼를 구현하는 것이 낫다.

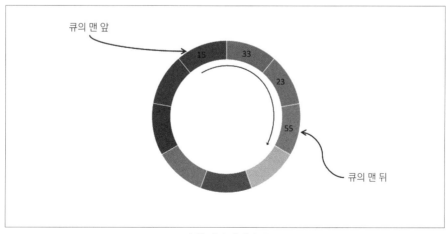

▲ 순환 버퍼 데이터 구조

순환 버퍼는 다음 여섯 개의 메소드와 두 개의 프로퍼티를 구현한다.

- push(): 버퍼의 끝에 요소를 추가함

- pop(): 버퍼의 첫 번째 요소를 반환하고 버퍼에서 삭제함

- peek(): 버퍼의 첫 번째 요소를 반환하되 삭제하지는 않음

- clear(): 버퍼를 재설정해 빈 상태로 만듦

- isEmpty(): 버퍼가 비어있는 경우 true를 반환하고, 그렇지 않은 경우 false를 반환함

- isFull(): 버퍼가 가득 차있는 경우 true를 반환하고, 그렇지 않은 경우 false를 반환함

- count: 버퍼에 포함된 요소의 수를 반환함

- capacity: 버퍼의 용량을 반환 또는 설정할 수 있는 read/write 프로퍼티

다음과 같이 보편적으로 사용되는 도우미 메소드 역시 구현한다.

- insert(_:atIndex): 버퍼의 특정 인덱스 위치에 요소를 삽입하는 메소드
- removeAtIndex(_): 버퍼의 특정 인덱스 위치에 있는 요소를 제거하는 메소드

애플리케이션 개요

순환 버퍼는 비디오와 오디오 처리 분야에서 가장 보편적으로 활용되며, 여러분이 실시간 동영상을 녹화하는 비디오 캡처 애플리케이션을 개발할 때 사용하게 될 것이다. 로컬 디스크에 영상 데이터를 기록하거나, 네트워크를 통해 데이터를 받아들이는 일 모두 많은 시간이 걸리는 작업이다. 실시간으로 입력되는 영상 데이터를 순환 버퍼에 기록할 수 있는데, 영상 처리 분야에서는 이 스레드thread를 프로듀서producer라 하고, 컨슈머consumer라고 부르는 또 다른 스레드에서 저장된 데이터 퍼버를 읽고 좀 더 장기적인 저장소에 기록한다.

또 다른 활용 사례로 실시간 오디오 처리 작업을 들 수 있다. 입력되는 실시간 오디오 버퍼를 하나의 스레드로 기록한 뒤, 필터링을 담당하는 또 다른 스레드에서 장기적인 저장 장치에 기록하거나 음원을 재생할 수 있다.

구현 방법

큐 구조의 구현 예제에서 살펴본 것과 같이, 유연하면서도, 우리가 원하는 어떤 타입이든 저장할 수 있도록 도와주는 스위프트 제너릭을 이용해서 CircularBuffer 데이터 구조를 디자인한다.

이번 CircularBuffer 타입은 push(), pop(), peek(), isEmpty(), isFull(), clear() 등 여섯 개의 메소드와 count 프로퍼티를 초기화한다. 데이터 저장을 위한 기본 구조는 배열을 사용한다.

CircularBuffer 구조 선언은 다음과 같다.

```
public struct CircularBuffer<T> {
    fileprivate var data: [T]
    fileprivate var head: Int = 0, tail: Int = 0

    private var internalCount: Int = 0
    private var overwriteOperation:
    CircularBufferOperation =
        CircularBufferOperation.Overwrite

    /// 빈 CircularBuffer 구조를 생성
    public init() {
        data = [T]()
        data.reserveCapacity
        (Constants.defaultBufferCapacity)
    }

    /// `count` 프로퍼티의 CircularBuffer를 생성
    /// - 주의: `count`만큼 2를 거듭제곱하지 않은 경우,
    /// 그에 가장 가까운 수만큼 2를 거듭제곱함
    public init(_ count:Int, overwriteOperation:
    CircularBufferOperation = .Overwrite){
```

```swift
    var capacity = count
    if (capacity < 1) {
        capacity = Constants.defaultBufferCapacity
    }

    // `count`만큼 2를 거듭제곱으로 함
    if ((capacity & (~capacity + 1)) != capacity) {
        var b = 1
        while (b < capacity) {
            b = b << 1
        }
        capacity = b
    }

    data = [T]()
    data.reserveCapacity(capacity)
    self.overwriteOperation = overwriteOperation
}

/// 시퀀스에서 CircularBuffer를 생성
public init<S: Sequence>(_ elements: S, size: Int)
where S.Iterator.Element == T {
    self.init(size)
    elements.forEach({ push(element: $0) })
}

/// 버퍼에서 첫 번째 요소를 삭제한 뒤 반환
/// - 반환값의 타입:
/// - 버퍼가 비어있지 않은 경우, 첫 번째 요소의 타입은 `T`
/// - 버퍼가 비어있는 경우, 'nil'을 반환.
public mutating func pop() -> T? {
    if (isEmpty()){
        return nil
    }

    let el = data[head]
    head = incrementPointer(pointer: head)
    internalCount -= 1
    return el
}
```

```swift
/// 버퍼에서 첫 번째 요소를 삭제하지 않고 반환
/// - 반환값의 타입: 첫 번째 요소의 타입은 `T`.
public func peek() -> T? {
    if (isEmpty()){
        return nil
    }
    return data[head]
}


/// `element`를 버퍼 맨 뒤에 추가
/// 기본 메소드인 `overwriteOperation`이
/// `CircularBufferOperation.Overwrite`이 되면,
/// 버퍼가 가득 찬 경우, 가장 오래된 요소를 덮어쓰기한다.

/// 만일 `overwriteOperation`이
/// `CircularBufferOperation.Ignore`가 되면,
/// 기존의 요소가 삭제될 때까지 버퍼에 새로운 요소가 추가하지 않는다.
/// - 복잡성: O(1)
/// - 파라미터 요소: `T` 타입인 요소
public mutating func push(element: T) {
    if (isFull()){
        switch(overwriteOperation){
            case .Ignore:
            // count가 용량보다 작은 경우 새 요소를 추가하지 말 것
            return
            case .Overwrite:
            pop()
        }
    }

    if (data.endIndex < data.capacity) {
        data.append(element)
    }
    else {
        data[tail] = element
    }

    tail = incrementPointer(pointer: tail)
        internalCount += 1
}
```

```swift
/// 버퍼를 빈 상태로 재설정
public mutating func clear() {
    head = 0
    tail = 0
    internalCount = 0
    data.removeAll(keepingCapacity: true)
}

/// 버퍼 내 요소의 수를 반환
/// `count`는 버퍼 내 요소의 수임
public var count: Int {
    return internalCount
}

/// 버퍼의 용량을 반환
public var capacity: Int {
    get {
        return data.capacity
    }
    set {
        data.reserveCapacity(newValue)
    }
}

/// 버퍼가 가득 찼는지 확인
/// - 반환값: 버퍼가 가득 찬 경우 `True`, 그렇지 않은 경우 `False`를 반환
public func isFull() -> Bool {
    return count == data.capacity
}

/// 버퍼가 비어있는지 확인
/// - 반환값: 버퍼가 빈 경우 `True`, 그렇지 않은 경우 `False`를 반환
public func isEmpty() -> Bool {
    return (count < 1)
}

/// 포인터 값을 1씩 증가시킴
/// - 주의: 이 메소드는 증가된 값이 배열의 마지막 요소를 넘을 경우를 대비
fileprivate func incrementPointer(pointer: Int) -> Int
{
```

```
        return (pointer + 1) & (data.capacity - 1)
    }

    /// 포인터 값을 1씩 감소시킴
    /// - 주의: 이 메소드는 감소된 값이 배열의 첫 번째 요소에 미치지 못할 경우를 대비
    fileprivate func decrementPointer(pointer: Int) -> Int
    {
        return (pointer - 1) & (data.capacity - 1)
    }

    /// 서브스크립트 작성을 위해 로지컬 인덱스 값을
    /// 현재 내부 배열 요소의 인덱스 값으로 변환함
    fileprivate func
    convertLogicalToRealIndex(logicalIndex: Int) -> Int {
        return (head + logicalIndex) & (data.capacity - 1)
    }

    /// `index`가 지정 범위 내에 있는지 확인
    fileprivate func checkIndex(index: Int) {
        if index < 0 || index > count {
            fatalError("Index out of range")
        }
    }
}
```

이번 예제 코드를 자세히 살펴보자. 먼저, 두 개의 초기화 함수부터 시작하자. 첫 번째이자, 기본 초기화 함수는 여덟 개의 요소를 담을 수 있는 용량의 배열을 생성한다. 두 번째 초기화 함수인 init(_:)은 버퍼를 초기화하는 데 필요한 용량을 지정할 수 있다. 이때 count만큼 2를 거듭제곱해야만 하고, 그렇지 않은 경우, 다음으로 가까운 수만큼 2를 거듭제곱한다는 점에 주의하자.

CircularBuffer 구조의 활용 사례는 다음과 같다.

```
var circBuffer = CircularBuffer<Int>(4)

circBuffer.push(element: 100)
circBuffer.push(element: 120)
circBuffer.push(element: 125)
circBuffer.push(element: 130)
```

```
let x = circBuffer.pop()
// x = 100

// 다음 요소를 삭제하지 않고 가져옴
let y = circBuffer.peek()
// y = 120

let z = circBuffer.pop()
// y = 120

circBuffer.push(element: 150)
circBuffer.push(element: 155)
circBuffer.push(element: 160)
// 이번 순환 버퍼의 용량은 4뿐이므로, 새로운 요소는 125를 덮어쓰게 됨
```

지금까지 정의된 기본 동작은 버퍼가 꽉 찼을 때 기존의 요소를 덮어쓴다는 것인데, 때론 이와 다른 동작 방식이 필요할 때도 있을 것이다. 이번에는 필요에 따라 새로 입력된 요소를 무시하거나, 버퍼가 가득 찼을 때 가장 오래된 요소를 덮어쓰는 대체 방안을 구현해보자.

꽉 찬 버퍼의 동작을 정의하기 위해 열거형을 추가하자.

```
/// 새로운 요소를 추가하려 할 때 꽉 찬 버퍼의 동작을 제어
public enum CircularBufferOperation {
    case Ignore, Overwrite
}
```

어떤 동작이 이뤄지고 있는지 확인하기 위해 프라이빗 프로퍼티를 추가한다. 그리고 초기화 함수를 수정해서 해당 프로퍼티를 사용하기 위한 메소드를 전달한다.

```
public struct CircularBuffer<T> {

    private var overwriteOperation:
    CircularBufferOperation =
        CircularBufferOperation.Overwrite

    public init(_ count:Int, overwriteOperation:
    CircularBufferOperation = .Overwrite){
        var capacity = count
```

```
    if (capacity < 1) {
        capacity = Constants.defaultBufferCapacity
    }

    // `count`만큼 2를 거듭제곱함
    if ((capacity & (~capacity + 1)) != capacity) {
        var b = 1
        while (b < capacity) {
            b = b << 1
        }
        capacity = b
    }

    data = [T]()
    data.reserveCapacity(capacity)
    self.overwriteOperation = overwriteOperation
}

public mutating func push(element: T) {
    if (isFull()){
        switch(overwriteOperation){
            case .Ignore:
            // 지정된 용량보다 클 때는 새로운 요소를 추가하지 않도록 함
            return
            case .Overwrite:
            pop()
        }
    }
    if (data.endIndex < data.capacity) {
        data.append(element)
    }
    else {
        data[tail] = element
    }
    tail = incrementPointer(tail)
    internalCount += 1
}
}
```

이제 이번 예제의 기본 동작은 버퍼가 가득 찼을 때 가장 오래된 요소를 덮어쓰기 하는 것이 되었다. 이를 변경하려면 버퍼가 가득 찼을 때 새로운 요소를 무시하도록 커스텀 초기화 함수를 작성하면 된다. 또 push(_:) 메소드를 호출하기 전, count 프로퍼티를 확인해서 버퍼에 남은 용량이 있는지 확인할 수 있다.

```
var circBufferIgnore = CircularBuffer<Int>(count: 4, overwriteOperation:
CircularBufferOperation.Ignore)
let cnt = circBufferIgnore.count
```

프로토콜

이번엔 몇 개의 편의 프로토콜을 추가해보자. 먼저, CustomStringConvertible 그리고 CustomDebugStringConvertible 프로토콜을 추가한다. 이들 프로토콜은 타입 값을 출력할 때 좀 더 읽기 쉬운 형태의 값을 반환한다.

```
extension CircularBuffer: CustomStringConvertible,
CustomDebugStringConvertible {

    public var description: String {
        return data.description
    }
    public var debugDescription: String {
        return data.debugDescription
    }
}
```

CircularBuffer를 배열 형식으로 초기화할 것이므로, ExpressibleByArrayLiteral 프로토콜을 추가해서 배열 리터럴 문법을 사용할 수 있도록 한다. 이후엔 var myCircBuffer: CircularBuffer<Int> = [5, 6, 7, 8]과 같은 형식으로 순환 버퍼를 초기화할 수 있다. 또한 CircularBuffer 인스턴스의 타입에 맞는 요소를 포함하고 있는 Sequence를 가져올 새로운 초기화 함수를 선언한다.

```
/// 시퀀스에서 가져온 요소로 CircularBuffer를 구성
public init<S: Sequence>(_ elements: S, size: Int)
where S.Iterator.Element == T {
    self.init(size)
```

```
    elements.forEach({ push(element: $0) })
}

extension CircularBuffer: ExpressibleByArrayLiteral {
    /// 배열 리터럴로 CircularBuffer를 구성
    public init(arrayLiteral elements: T...) {
        self.init(elements, size: elements.count)
    }
}
```

또한, 다른 컬렉션 타입에서 자주 사용되는 for...in 순환문을 이번 CircularBuffer에서도 사용할 수 있다. 이를 위해 Sequence <u>프로토콜</u>을 추가하고 지연 로딩된 시퀀스를 반환하도록 한다. 하지만 이번엔 앞서 사용했던 makeIterator() 메소드 구현이 스택 구조를 만들 때보다는 복잡한 편이다. 스택과 달리, CircularBuffer는 용량이 가득차면 첫 번째 요소로 돌아가게 되므로, 반복기가 처음 위치를 반환했을 때를 대비해야 한다. 이를 위해 먼저, 헤드 포인터와 테일 포인터를 살펴보고, 테일 포인터가 배열의 처음 위치에 래핑돼 있는지 확인한다. 테일 포인터가 해당 위치에 있다면, 헤드 포인터부터 배열의 마지막 요소까지 복사한 다음, 버퍼의 count를 확인한다. 복사해야 할 요소가 남아있다면, 용량 범위에서 시작 위치를 증가시키고, 새로운 배열의 용량을 복사한다.

```
extension CircularBuffer: Sequence {
    /// 이번 시퀀스의 요소를 순회한 뒤 반복기를 반환
    /// - 복잡성: O(1).
    public func makeIterator() -> AnyIterator<T> {
        var newData = [T]()
        if count > 0 {
            newData = [T](repeatingValue: data[head],
            count: count)
            if head > tail {
                // 처음 절반에 해당하는 요소의 수를 복사
                let front = data.capacity - head
                newData[0..<front] = data[head..
                <data.capacity]
                if front < count {
                    newData[front + 1..<newData.capacity]
```

```
            = data[0..<count - front]
        }
    }
    else {
        newData[0..<tail - head] = data[head..
            <tail]
    }
}

return AnyIterator(IndexingIterator(newData.lazy))
    }
}
```

예제 코드 모음에서 위 코드의 전문을 확인할 수 있다.

우선순위 큐

우선순위 큐^{Priority queue}는 보통의 큐와 비슷하지만, 각각의 요소가 우선순위 값을 지니고 있다는 점이 다르다. 더 높은 우선순위를 지닌 요소가 낮은 순위 요소보다 먼저 큐에서 빠져 나와 출력된다. 이번 우선순위 큐 예제인 PriorityQueue는 데이비드 코펙^{David Kopec}의 구현 방식을 따른다. 데이비드의 PriorityQueue는 스위프트 개발자 사이에서 인기 높은 방식이며, 스위프트 버전이 바뀔 때마다 지속적으로 수정, 보완을 한 덕분에 완벽한 성능을 자랑한다. PriorityQueue 예제 코드 역시 이 책의 예제 파일 모음에서 찾을 수 있고, 이번 절 마지막 부분에 그의 프로젝트가 담긴 깃허브 URL도 소개하겠다.

PriorityQueue는 제너릭 우선순위 큐 데이터 구조를 이용해서 순수하게 스위프트 버전으로 구현했다. 직관적인 인터페이스와 Comparable 프로토콜에 부합하는 어떤 타입이라도 적용 가능하다. 또, 요소간의 순위를 결정할 때 단순히 숫자로 나타난 우선순위 값이 아닌 요소간의 차이를 비교한다. 이번 예제는 요소를 밀어 넣을 때 (enqueue), 그리고 요소를 빼낼 때 (dequeue), $O(log\ n)$ 복잡성을 지닌 이진 힙^{binary heap} 방식을 사용한다. 또, 앞서 다른 데이터 구조를 구현할 때와 마찬가지로, Sequence 프로토콜을 적용하므로 표준 for...in 문법을 이용해서 요소를 반복 순회할 수 있다.

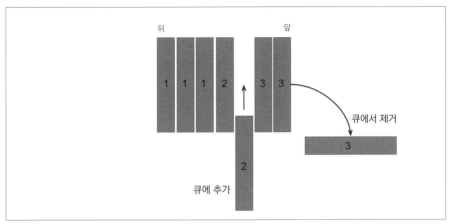

▲ 우선순위 큐 데이터 구조

PriorityQueue는 다음과 같은 네 개의 메소드와 두 개의 프로퍼티를 구현한다.

- push(): O(*log n*)의 우선순위 큐를 추가함
- pop(): 큐에서 가장 높은 순위의 요소(하강순서인 경우 가장 낮은 순위의 요소)를 제거하고 반환하거나, 큐가 빈 경우 nil을 반환
  - peek(): 큐에서 가장 높은 순위의 요소(하강순서인 경우 가장 낮은 순위의 요소)를 반환하거나, 큐가 빈 경우 nil을 반환
- clear(): 우선순위 큐를 빈 상태로 재설정함
- count: 우선순위 큐에 있는 요소의 수를 반환
- isEmpty: 우선순위 큐가 비어있는 경우 true를, 그렇지 않은 경우 false를 반환

애플리케이션 개요

우선순위 큐는 큐에 놓인 데이터의 처리 순서를 조절 해야 할 때 특히 유용하다. 유명 알고리즘 가운데 상당수가 우선순위 큐 방식을 사용한다.

- **최선/최초 검색 알고리즘**^{Best-first search algorithm}: A* 검색 알고리즘과 같이 가중치가 적용된 그래프에 있는 두 개의 노드 중 최단 거리를 찾는 데 활용되며, 우선순위 큐는 미탐험 경로를 추적할 때 사용된다.
- **프림 알고리즘**^{Prim algorithm}: 가중치가 적용된 비지도학습 그래프에서 폭이 최소인 트리^{minimum spanning tree}를 찾는 데 활용된다.

우리 주변에서 우선순위 큐가 적용되는 대표적인 곳은 다름 아닌 응급실이다. 응급실의 병원 정보 시스템은 환자들이 들어오는 순서대로 의사의 진찰을 위한 대기열을 생성한다. 그러다가 심한 부상, 생명이 경각에 달린 환자가 들어오면 보통의 순서가 아닌, 환자 상태의 경중에 따라 의사의 진단과 치료를 받을 수 있도록 해야 한다. 바로 이때 환자 진료의 우선순위를 결정하기 위해 우선순위 큐 데이터 구조가 사용된다.

구현 방법

이제 PriorityQueue의 상세한 구현 내용을 살펴보자. 앞서 구현했던 Queue 구조와 상당히 비슷하다는 점을 알 수 있을 것이다.

```
public struct PriorityQueue<T: Comparable> {
    fileprivate var heap = [T]()
    private let ordered: (T, T) -> Bool
    public init(ascending: Bool = false, startingValues:
    [T] = []) {
        if ascending {
            ordered = { $0 > $1 }
        } else {
            ordered = { $0 < $1 }
        }

        // 세지윅 Sedgewick 교재 323페이지 "힙 구조 Heap construction" 참조
        heap = startingValues
        var i = heap.count/2 - 1
        while i >= 0 {
            sink(i)
```

```
        i -= 1
    }
}

/// 우선순위 큐에 몇 개의 요소가 저장돼 있는지 확인
public var count: Int { return heap.count }

/// 우선순위 큐가 빈 경우 true를 반환
public var isEmpty: Bool { return heap.isEmpty }

/// 우선순위 큐에 새 요소를 추가
/// - 파라미터 요소: 해당 요소는 우선순위 큐에 삽입돼야 함
public mutating func push(_ element: T) {
    heap.append(element)
    swim(heap.count - 1)
}

/// 최우선순위의 요소를 큐에서 제거하고 반환
/// (하강순위인 경우 순위가 가장 낮은 요소를 제거 및 반환)
/// - 반환값: 큐에 있는 최우선순위의 요소를 반환하거나
/// PriorityQueue가 빈 경우 nil을 반환
public mutating func pop() -> T? {
    if heap.isEmpty { return nil }
    if heap.count == 1 { return heap.removeFirst() }

    /// Swift 2 호환성을 고려해서
    /// 동일한 위치에 있는 두 개의 요소를
    /// swap()으로 호출하지 않도록 코드를 추가
    swap(&heap[0], &heap[heap.count - 1])
    let temp = heap.removeLast()
    sink(0)
    return temp
}

/// 특정 아이템의 첫 번째 반환 내용을 삭제하고
/// == 기호를 이용해서 값을 비교
/// 반환 내용이 없을 경우 그냥 넘어감
/// - 파라미터 아이템: 삭제할 첫 번째 반환 아이템
public mutating func remove(_ item: T) {
```

```
    if let index = heap.index(of: item) {
        swap(&heap[index], &heap[heap.count - 1])
        heap.removeLast()
        swim(index)
        sink(index)
    }
}

/// 특정 아이템의 모든 반환 내용을 삭제하고
/// == 기호를 이용해서 값을 찾음
/// 반환 내용이 없을 경우 그냥 넘어감
/// - 파라미터 아이템: 삭제할 모든 아이템
public mutating func removeAll(_ item: T) {
    var lastCount = heap.count
    remove(item)
    while (heap.count < lastCount) {
        lastCount = heap.count
        remove(item)
    }
}

/// O(1)인 현재 최우선순위 아이템을 찾아서 삭제하지 않고 가져옴
/// - 반환값: PriorityQueue에서 우선순위가 가장 높은 아이템
/// 또는 PriorityQueue가 빈경우 nil을 반환
public func peek() -> T? {
    return heap.first
}

/// PriorityQueue에서 모든 요소를 제거
public mutating func clear() {
    #if swift(>=3.0)
        heap.removeAll(keepingCapacity: false)
    #else
        heap.removeAll(keepCapacity: false)
    #endif
}

/// 세지윅(Sedgewick) 교재 316페이지 예제 참고
private mutating func sink(_ index: Int) {
```

```
        var index = index
        while 2 * index + 1 < heap.count {
            var j = 2 * index + 1
            if j < (heap.count - 1) && ordered(heap[j],
            heap[j + 1]) { j += 1 }
            if !ordered(heap[index], heap[j]) { break }
            swap(&heap[index], &heap[j])
            index = j
        }
    }

    /// 세지윅(Sedgewick) 교재 316페이지 예제 참고
    private mutating func swim(_ index: Int) {
        var index = index
        while index > 0 && ordered(heap[(index - 1) / 2],
        heap[index]) {
            swap(&heap[(index - 1) / 2], &heap[index])
            index = (index - 1) / 2
        }
    }
}
```

 이번 예제의 싱크 앤 스윔 기법(sink and swim methods)은 세지윅과 웨인의 저서
『Algorithms 4판』 2.4절의 내용을 참고한 것이다.[2]

이번 예제의 데이터 구조는 Comparable 프로토콜에 부합하는 것이면 어떤 타입
이든 받아들일 수 있다. 초기화 함수를 통해 정렬 순서를 구체화하거나 시작값의
목록을 사용할 수 있다. 기본적인 정렬 순서는 상향 순위이며 기본 시작값은 빈 컬
렉션이다.

2　로버트 세지윅(Robert Sedgewick)은 알고리즘 개론 교과서인 『Algorithms』 시리즈로 유명한 컴퓨터 과학자로, 스탠퍼
드 대학교에서 도널드 커누스의 지도로 박사학위를 받았다. 박사논문은 퀵 정렬에 관한 것이다. 1997년 ACM의 특별 회
원이 됐으며 현재 프린스턴 대학교 컴퓨터 과학과 교수로 재직 중이다. 예제에서 언급한 책은 로버트 세지윅 교수가 쓴
『Algorithms 4판』이다. https://www.amazon.com/Algorithms-Robert-Sedgewick-ebook/dp/B004P8J1NA/ref=mt_
kindle?_encoding=UTF8&me= – 옮긴이

```
/// 초기화
var priorityQueue = PriorityQueue<String>(ascending: true)

/// 시작값으로 초기화
priorityQueue = PriorityQueue<String>(ascending: true, startingValues:
["Coldplay", "OneRepublic", "Maroon 5", "Imagine Dragons", "The Script"])

var x = priorityQueue.pop()
/// 변수 x에 Coldplay가 할당됨

x = priorityQueue.pop()
/// 변수 x에 Imagine Dragons가 할당됨
```

프로토콜

PriorityQueue는 시퀀스, 컬렉션, IteratorProtocol에 부합하므로, 스위프트에서 제공하는 여타의 시퀀스, 컬렉션과 같은 방법으로 활용할 수 있다.

```
extension PriorityQueue: IteratorProtocol {
    public typealias Element = T
    mutating public func next() -> Element? { return pop() }
}

extension PriorityQueue: Sequence {
    public typealias Iterator = PriorityQueue
    public func makeIterator() -> Iterator { return self }
}
```

이 덕분에 PriorityQueue에 스위프트 표준 라이브러리에서 제공하는 함수를 사용할 수 있으며, 다음과 같이 PriorityQueue에 포함된 요소를 반복 순회할 수 있다.

```
for x in priorityQueue {
    print(x)
}

// Coldplay
// Imagine Dragons
// Maroon 5
// OneRepublic
// The Script
```

또한, PriorityQueue는 CustomStringConvertible 프로토콜, CustomDebugString
Convertible 프로토콜에도 부합하므로, 타입값을 출력할 때 좀 더 읽기 편한 이
름을 반환 받을 수 있다.

```
extension PriorityQueue: CustomStringConvertible,
CustomDebugStringConvertible {
    public var description: String { return
    heap.description }
    public var debugDescription: String { return
    heap.debugDescription }
}
```

PriorityQueue에서 서브스크립트 문법으로 배열을 정의하고 싶다면 Collection
프로토콜에 부합하도록 선언한다.

```
extension PriorityQueue: Collection {
    public typealias Index = Int
    public var startIndex: Int { return heap.startIndex }
    public var endIndex: Int { return heap.endIndex }
    public subscript(i: Int) -> T { return heap[i] }
    #if swift(>=3.0)
    public func index(after i: PriorityQueue.Index) ->
    PriorityQueue.Index {
        return heap.index(after: i)
    }
    #endif
}
```

서브스크립트 문법을 사용할 때는 다음과 같이 선언한다.

```
priorityQueue = PriorityQueue<String>(ascending: true, startingValues:
["Coldplay", "OneRepublic", "Maroon 5", "Imagine Dragons", "The Script"])

var x = priorityQueue[2]
// Maroon 5
```

최선 버전의 PriorityQueue 구현 방식은 데이비드 코펙의 깃허브 저장소에서 확
인할 수 있다.

https://github.com/davecom/SwiftPriorityQueue

스택 리스트

3장의 마지막 데이터 구조는 연결 목록linked list이다. 연결 목록은 순서대로 정렬된 세트의 일종으로서, 각각의 요소가 이전 요소와 연결돼 있다는 특징이 있다.

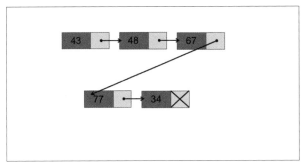

▲ 연결 목록 데이터 구조

연결 목록은 요소로 구성된 세트를 지닌다는 점에서 배열과 유사한 데이터 구조다. 하지만, 배열은 여러 개의 요소를 저장하기 위해 일정 규모의 연속된 메모리 범위를 할당받는 반면, 연결 목록은 그렇지 않다는 차이점이 있다. 저장해야 할 요소의 크기를 모른 채 데이터 구조를 만들어야 한다면, 배열보다는 연결 목록이 훨씬 효율적인 구조가 될 수 있는 것이다. 연결 목록의 노드는 개별적으로 할당되므로 개별 요소에 저장된 내용에 무작위로 접근할 수는 없다. 가령, 연결 목록의 다섯 번째 요소에 접근해야 할 경우, 첫 번째 요소에서 출발해서 다음 노드를 차례로 지나 다섯 번째 요소에 이를 수 있다. 연결 목록은 $O(1)$의 복잡성을 지니지만, 요소의 빠른 삽입과 삭제를 장점으로 한다.

연결 목록은 요구 사항에 따라 다음과 같이 여러 종류로 나뉜다.

- **이중 연결 목록**Doubly linked list: 연결 목록의 양방향으로 이동하고자 할 때 사용할 수 있는 데이터 구조다. 각각의 노드에는 두 개의 링크가 포함돼 있으며, next 링크는 다음 요소로 연결되고, previous 링크는 이전 요소로 연결된다.

- **순환 연결 목록**Circular linked list: 마지막 노드가 연결 목록의 첫 번째 요소와 연결되는 데이터 구조다. 보통의 경우, 단일 연결 목록 혹은 이중 연결 목록에서, 더

이상의 노드가 존재하지 않을 경우, 마지막 노드와 첫 번째이자 마지막 노드는 nil을 반환한다. 하지만 순환 연결 목록은 마지막 노드의 다음 링크는 목록의 첫 번째 노드로 연결된다.

연결 목록 구현 예제를 만들기 위해, 스택 데이터 구조를 이용해서 연결 목록으로 내부 저장소를 구현한다. 이번 예제의 StackList는 다음과 같은 네 개의 메소드와 한 개의 프로퍼티를 구현한다.

- push(): 스택의 마지막 위치에 요소를 추가
- pop(): 스택의 첫 번째 위치에 있는 요소를 제거한 뒤 반환
- peek(): 스택의 첫 번째 위치에 있는 요소를 제거하지 않고 반환
- isEmpty(): 스택이 빈 경우 true를, 그렇지 않은 경우 false를 반환
- count: 스택에 있는 요소의 수를 반환

애플리케이션 개요

연결 목록은 보통 다른 구조를 구현하는 데 사용된다. 이번 스택과 큐 구현 예제에서는 배열 대신 연결 목록을 사용한다.

데이터의 삽입과 삭제가 빈번하게 발생하는 경우, 그리고 데이터의 규모가 무척 큰 경우, 연결 목록은 좋은 대안이 될 수 있다. 하지만, 연결 목록의 각 노드는 서로 연속된 메모리를 할당받지 않으므로, 연결 목록의 구조를 미리 최적화해서 관리하지 않을 경우 목록의 인덱싱 성능은 낮은 수준으로 유지될 수밖에 없다는 단점이 있다. 또한 노드의 관리에 일정량의 메모리가 소진된다는 점도 연결 목록의 단점이라 할 수 있다.

구현 방법

이번 예제인 StackList의 구현에는 이번 장 첫 번째 구현 예제였던 Stack 구조와 동일한 인터페이스가 사용된다.

StackList는 push(), pop(), peek(), isEmpty() 등 네 개의 메소드와 count 프로퍼티를 구현하며, 데이터의 저장에는 배열 대신 연결 목록 구조를 사용한다.

가장 먼저 StackList 구조 선언으로 시작한다.

```
public struct StackList<T> {
    fileprivate var head: Node<T>? = nil
    private var _count: Int = 0
    public init() {}

    public mutating func push(element: T) {
        let node = Node<T>(data: element)
        node.next = head
        head = node
        _count += 1
    }

    public mutating func pop() -> T? {
        if isEmpty() {
            return nil
        }
        // head 노드의 아이템을 가져옴
        let item = head?.data
        // head 노드를 삭제함
        head = head?.next
        // 요소의 수를 1만큼 감소시킴
        _count -= 1
        return item
    }

    public func peek() -> T? {
        return head?.data
    }

    public func isEmpty() -> Bool {
        return count == 0
    }

    public var count: Int {
        return _count
    }
```

```
}

private class Node<T> {
    fileprivate var next: Node<T>?
    fileprivate var data: T
    init(data: T) {
        next = nil
        self.data = data
    }
}
```

구현 방식을 보면 지난 Stack 구조와 매우 유사하다는 사실을 알 수 있다.

이번 예제의 타입 선언에는 제너릭을 사용했으며, 컴파일할 때 StackList에 저장된 데이터의 타입을 결정하게 된다. 이번 연결 목록 예제에서 흥미로운 메소드는 push(), pop(), peek()라고 할 수 있으며, 이들 요소의 작동 방식에 대해 좀 더 자세히 알아보자.

push 메소드는 새로운 요소를 가져와서 Node 초기화 함수에 전달하고, Node. init(_:) 초기화 함수는 이 요소를 새로운 노드의 데이터 프로퍼티에 할당한다.

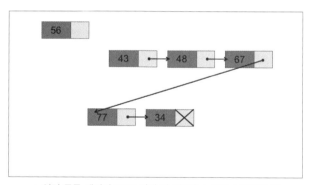

▲ 연결 목록 데이터 구조: 이제 막 새로운 노드를 삽입하려 함

이제, 연결 목록의 첫 번째 위치에 새로운 노드를 삽입한다. 이를 위해 기존의 head 노드를 가져와서 새로운 노드의 다음 포인터에 이를 할당한다. 그리고 새로운 노드를 StackLists의 head 포인터에 할당하고 연결 목록에 있는 요소의 수를 하나 증가시킨다.

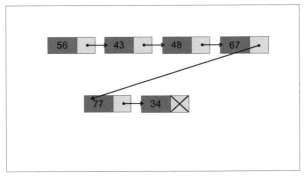

▲ 연결 목록 데이터 구조: 새로운 노드 삽입

pop 메소드는 연결 목록이 비어있을 경우 `nil`을 반환하고, 그렇지 않을 경우, head 노드에 있는 데이터를 가져온다. pop 메소드는 특정 요소를 가져오려고 할 때, 먼저 연결 목록에서 해당 요소를 삭제해야 하므로, `StackList.head` 포인터에 `head.next` 포인터를 할당한다. 다음, `count`를 하나 감소시키고 해당 요소를 반환한다.

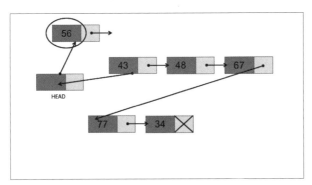

▲ 연결 목록 데이터 구조: 노드 제거

이렇게 만들어진 `Stack` 구조를 활용하는 방법을 살펴보자.

```
var myStack = Stack<Int>()

myStack.push(element: 34)
// [34]
myStack.push(element: 77)
```

```
// [77, 34]
myStack.push(element: 67)
// [67, 77, 34]

var x = myStack.pop()
// x = 67
x = myStack.pop()
// x = 77
x = myStack.pop()
// x = 34
x = myStack.pop()
// x = nil
```

프로토콜

StackList는 3장에서 소개한 다른 데이터 구조 예제와 동일한 다수의 프로토콜을 사용한다.

좀 더 읽기 쉬운 타입값을 출력하기 위해 CustomStringConvertible 프로토콜과 CustomDebugStringConvertible 프로토콜을 추가했다.

```
extension StackList: CustomStringConvertible, CustomDebugStringConvertible
{
    public var description: String {
        var d = "["
        var lastNode = head
        while lastNode != nil {
            d = d + "\(lastNode?.data)"
            lastNode = lastNode?.next
            if lastNode != nil {
                d = d + ","
            }
        }
        d = d + "]"
        return d
    }

    public var debugDescription: String {
        var d = "["
```

```
        var lastNode = head
        while lastNode != nil {
            d = d + "\(lastNode?.data)"
            lastNode = lastNode?.next
            if lastNode != nil {
                d = d + ","
            }
        }
        d = d + "]"
        return d
    }
}
```

StackList의 초기화 시 배열과 같은 동작을 할 수 있도록 ExpressibleBy
ArrayLiteral 프로토콜을 추가했다. 이를 통해 배열 형식의 var myStackList =
[5, 6, 7, 8] 문법을 사용할 수 있었다.

```
extension StackList: ExpressibleByArrayLiteral {
    /// 주의: ExpressibleByArrayLiteral 프로토콜에 부합
    /// 배열 리터럴을 사용하는 순환 버퍼 구조
    public init(arrayLiteral elements: T...) {
        for el in elements {
            push(element: el)
        }
    }
}
```

StackList를 확장해서 IteratorProtocol과 Sequence프로토콜에 부합하도
록 해서 StackList에 포함된 요소의 타입에 맞는 반복기를 반환하도록 했다.
NodeIterator 구조체는 초기화와 함께 head 인스턴스를 받아서 저장한다. 이렇
게 하면 next() 메소드가 호출될 때마다 연결 목록을 반복 순회하면서 다음 요소
를 반환하도록 할 수 있다.

```
public struct NodeIterator<T>: IteratorProtocol {
    public typealias Element = T
    private var head: Node<Element>?
    fileprivate init(head: Node<T>?){
        self.head = head
```

```
   }
   mutating public func next() -> T? {
      if (head != nil) {
         let item = head!.data
         head = head!.next
         return item
      }
      return nil
   }
}

extension StackList: Sequence {
   public typealias Iterator = NodeIterator<T>
   /// 이번 시퀀스 요소의 반복기를 반환
   public func makeIterator() -> NodeIterator<T> {
      return NodeIterator<T>(head: head)
   }
}
```

마지막으로, 기존 요소로부터 새로운 스택을 초기화할 수 있는 또 하나의 초기화 함수를 추가한다.

```
public init<S : Sequence>(_ s: S) where S.Iterator.Element
   == T {
   for el in s {
      push(element: el)
   }
}
```

실행 결과는 다음과 같다.

```
// 배열 리터럴 문법 사용
var myStackList = [4,5,6,7]

// 미리 정의한 새 초기화 함수 사용
var myStackListFromStackList = Stack<Int>(myStackList)
// [4, 5, 6, 7]

myStackListFromStackList.push(55)
// [4, 5, 6, 7, 55]
```

```
myStackList.push(70)
// [4, 5, 6, 7, 70]
```

예제 코드 모음에서 위 코드의 전문을 확인할 수 있다.

정리

3장에서는 다른 언어 또는 개발 환경에 익숙한 여러분의 동료 개발자가 친근하고 편리하게 느낄 수 있는 데이터 구조 개발 환경을 제공하기 위해 스위프트에서 가장 자주 사용되는 프로토콜의 활용 방법에 대해 소개했다. 이번에 소개한 프로토콜에 부합하기만 하면, 다른 언어를 사용하던 개발자도 스위프트 언어로 작성된 데이터 구조를 자신의 스타일대로 활용할 수 있게 될 것이다.

3장에서 우리는 배열과 연결 목록을 이용해서 스택 구조를 구현하는 방법에 대해 알아봤다. 또한 큐의 구현 방식과 여러분이 만들 애플리케이션의 요구 사항에 맞는 여러 종류의 타입을 구현하는 방식도 살펴봤다.

지금쯤, 데이터 구조가 무엇인지 잘 이해하게 됐을 것이고, 그 지식을 바탕으로 여러분이 진정 원하는 커스텀 데이터 구조를 만들 수 있는 방법도 깨닫게 됐을 것이다.

4장, '정렬 알고리즘'에서는 3장에서 구현한 데이터 구조를 바탕으로 데이터의 정렬을 위한 알고리즘을 만들며, 이 장에서 만든 여러 데이터 구조를 응용해서 다양한 정렬 기법을 구현한다.

4
정렬 알고리즘

지금까지 다양한 데이터 구조와 이들 구조의 성능 특성에 대해 알아봤다. 4장에서는 데이터를 처리하기 위한 가장 근원적인 방법인 알고리즘algorithms에 대해 본격적으로 알아본다. 알고리즘을 간단히 정의하자면, 일련의 연속된 데이터를 입력값input으로 받아서 해당 데이터를 처리한 뒤, 이를 출력값output을 반환하는 코드의 모음이라고 할 수 있다.

4장에서 우리는 정렬 알고리즘에 대해 살펴보고, 지난 장에서 학습했던 다양한 배열 데이터 구조를 정렬 알고리즘에 적용하는 방법에 대해 알아본다. 몇 가지 정렬 방식을 구현하면서 알고리즘의 차이를 파악하고 메모리에서 정렬 알고리즘을 처리하기 위한 분리와 정복 전략에 대해서도 생각해본다. 2장에서 알고리즘의 시각화를 중요시했던 것처럼, 이번 4장에서도 정렬 알고리즘을 시각화해서 좀 더 이해하기 쉽게 설명한다.

4장에서 다루는 주요 내용은 다음과 같다.

- 삽입 정렬 알고리즘$^{insertion\ sort\ algorithm}$의 구현
- 병합 정렬 알고리즘$^{merge\ sort\ algorithm}$의 구현
- 신속 정렬 알고리즘$^{quick\ sort\ algorithm}$의 구현

먼저, 간단한 정렬 기법을 사용하는 삽입 정렬 알고리즘에 대해 알아본다. 삽입 정렬 알고리즘은 소규모 데이터세트에 적합한 방법이며, 나머지 두 알고리즘은 톱다운$^{top-down}$ 방식의 정렬 기법인 분리와 정복$^{divide\ and\ conquer}$ 디자인 패턴을 따른다. 분리와 정복 디자인 패턴은 재귀적 알고리즘의 일종으로, 크고 복잡한 문제를 부여 받으면, 이를 그와 유사한 형태를 지닌 작은 문제들로 분할한 뒤 작은 문제 단위로 해결하고, 이들 작은 해법을 결합해서 원래 크고 복잡한 문제의 해답으로 반환하는 기법이다. 이와 같은 기법으로는 동적 프로그래밍$^{dynamic\ programming}$, 그리디^{greedy}, 백트랙킹^{backtracking} 등이 있으나 이 책에서는 분리와 정복 디자인 패턴에 대해 상세히 다루지 않으므로 별도의 자료를 통해 학습하기 바란다.

삽입 정렬 알고리즘

삽입 정렬$^{insertion\ sort}$ 알고리즘은 간단하면서도 인기 높은 정렬 알고리즘이다. 삽입 정렬 알고리즘의 평균 런타임은 $O(n2)$으로, 대규모 데이터세트를 처리하기에는 매우 비효율적인 방법이지만, 대상 데이터가 이미 어느 정도 정렬돼 있는 경우, 혹은 규모가 크지 않은 경우 유용한 방법이다. 이런 경우엔 평균 런타임이 $O(n\ log(n))$인 병합 정렬보다도 높은 성능을 낼 수 있어 널리 사용되고 있다.

알고리즘 개요

삽입 정렬 알고리즘은 효율성 높은 인플레이스 정렬$^{in-place\ sorting}$ 방식을 사용하며, Comparable 프로토콜에 부합하는 어떤 타입이든 처리할 수 있다. 삽입 정렬 시 comparable 프로토콜에 부합해야 하는 이유는 개별적인 데이터를 상호 비교

할 수 있어야 하기 때문이다. 삽입 정렬 알고리즘은 N-1회 반복하며, $i = 1$인 경우 N-1회 반복 시행됨을 의미한다. 삽입 정렬 알고리즘은 처음 정렬 순서를 정할 때 0번째 요소의 순서가 이미 정해졌음을 감안해서 i-1로 시작하게 된다.

삽입 정렬 알고리즘은 다음과 같다.

```
1   public func insertionSort<T: Comparable>(_ list: inout [T] ) {
2
3       if list.count <= 1 {
4           return
5       }
6
7       for i in 1..<list.count {
8           let x = list[i]
9           var j = i
10          while j > 0 && list[j - 1] > x {
11              list[j] = list[j - 1]
12              j -= 1
13          }
14          list[j] = x
15      }
16  }
```

삽입 정렬 알고리즘 분석

코드 라인 1에서, insertionSort 함수를 정의하면서 제너릭 T 타입이 Comparable 프로토콜에 부합하도록 했다. 이 프로토콜은 알고리즘에서 배열 목록의 개별 요소를 비교해야 하므로 필요하다. 라인 3에서 요소가 하나뿐이면 그대로 함수를 종료하도록 했다.

이번 삽입 정렬은 $O(n2)$이므로, 라인 7과 라인 10에 각각 순환문을 추가해서 N회 반복 순회하도록 했다. 라인 7에서 i = 1 요소부터 list.count - 1까지 반복 순회하며, 이때 인덱스 i의 요소는 최종 정렬 장소에 삽입할 수 있도록 라인 8에서 저장한다. 라인 9에서 현재의 i 인덱스 값으로 j를 초기화한다. 이렇게 하면 알고리즘이 내부 루프에서 높은 순으로 정렬을 시작할 수 있다. 라인 10에서 j가 0보다 크고 list[j-1] 인덱스 요소가 현재 x요소보다 크면 우측으로 이동한다. 만일 list[j-1]가 x보다 작거나 j=0인 경우, x를 넣을 장소를 찾은 것이다. 이 과정을 목록에 있는 요소 N만큼 반복 수행한다.

일련의 데이터가 주어지면 다음과 같은 순으로 요소가 이동한다.

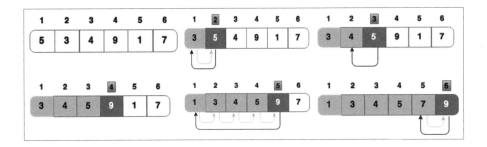

삽입 정렬 알고리즘 활용 사례

삽입 정렬 기법은 요소들 대부분이 정렬된 상태이거나 순서를 약간씩만 바꿔도 될 때 활용할 수 있는 방법이다.

삽입 정렬의 대표적인 사례가 카드 게임이다. 플레이어는 몇 장의 카드를 받게 되며 이를 순서대로 늘어놓는다. 그리고 새로운 카드를 받으면 플레이어는 기존의 카드 사이에 넣는다. 삽입 정렬은 이와 같은 카드 목록의 재정렬 작업에 효율적이다.

삽입 정렬의 또 다른 예는 2D 게임 디자인에서 y축으로 길게 늘어선 스프라이트 sprite 이미지 목록의 정렬이다. 스프라이트 이미지 목록에는 건물, 나무, 바위와 같이 움직이지 않는 것과 사람이나 차와 같이 느리게 혹은 빠르게 움직이는 것들이 포함돼 있다. 2D 게임 엔진은 삽입 정렬을 통해 이들 다양한 이미지 요소를 반복 순회하며 목록에서 가져온 뒤 인접 요소와 교체함으로써 사람이 도시를 걷거나 자동차가 도로를 질주하는 장면을 연출한다.

최적화

삽입 정렬은 이차quadratic 알고리즘이므로, 대규모 데이터세트를 만났을 때 이를 최적화할 수 있는 방법이라는 것이 별로 없다. 따라서 대규모 데이터세트를 처리해야 한다면 다음 절에서 소개할 병합 정렬 또는 신속 정렬과 같은 다른 알고리즘을 활용하는 편이 낫다.

병합 정렬 알고리즘

병합 정렬Merge sort(합병 정렬, 머지 소트라고도 함)은 분리정복 알고리즘divide and conquer algorithm으로, 정렬에 따른 시간 소모가 삽입 정렬에 비해 적다. 병합 정렬은 재귀적recursion으로 작동하며, 미정렬 상태의 데이터세트를 두 개로 나누는 일을 반복해서 데이터세트에 속한 아이템이 하나인 상태가 되거나 빈 상태가 되면 정렬된 상태로 판단하며, 이를 더 이상 분해할 수 없는 최소 단위 요소 또는 베이스 케이스base case라고 부른다.

이후 대부분의 정렬 작업은 merge 함수에서 수행하며, 나뉘어 있는 두 개 요소를 하나로 합치는 일을 반복한다. merge 함수는 병합 작업을 위해 동일한 크기의 배열을 임시로 만들어서 사용하므로 $O(n)$보다는 큰 공간을 차지한다. 이런 이유로 병합 정렬은 배열보다는 연결 목록의 정렬 작업에서 좀 더 나은 성능을 발휘한다. 이번 예제에서는 각기 다른 데이터세트 크기에서 배열과 연결 목록 두 가지 사례를 모두 다뤄봄으로써 각각의 성능 차이 또한 비교한다.

배열 기반 병합 정렬 알고리즘

컬렉션 정렬을 위한 분리정복 작업은 다음 세 가지 절차를 따른다.

- **분리**Divide: 컬렉션 S가 0 또는 1인 경우, 더 이상 정렬할 것이 없으므로 종료한다. 그렇지 않은 경우, 컬렉션을 S1과 S2 두 개로 나눈다. 이때 S1에는 S의 $N/2$만큼의 요소가 포함돼 있고, S2에는 S의 나머지 $N/2$만큼의 요소가 포함돼 있다.

- **정복**Conquer: S1과 S2를 재귀적으로 나눠서 (요소의 수가 1인) 베이스 케이스 단계까지 나눈 뒤 정렬을 시작한다.
- **결합**Combine: S1과 S2의 하위 목록을 병합해서 정렬된 시퀀스로 만든 뒤 이를 다시 반환한다.

병합 정렬 첫 번째 예제에서는 배열 기반으로 mergeSort 함수를 정의한다.

```
1   public func mergeSort<T: Comparable>(_ list: [T]) -> [T] {
2
3       if list.count < 2 {
4           return list
5       }
6
7       let center = (list.count) / 2
8       return merge(mergeSort([T](list[0..<center])), rightHalf:
        mergeSort([T](list[center..<list.count])))
9   }
```

위 코드가 실행되면 mergeSort 함수가 재귀적으로 호출되며, 호출될 때마다 목록을 반으로 나누기 시작해서 목록에 포함된 요소가 0 또는 1이 될 때까지 반복한다.

배열 기반 merge 함수는 다음과 같다.

```
1   private func merge<T: Comparable>(_ leftHalf: [T], rightHalf: [T])
    -> [T] {
2
3       var leftIndex = 0
4       var rightIndex = 0
5       var tmpList = [T]()
6       tmpList.reserveCapacity(leftHalf.count + rightHalf.count)
7
8       while (leftIndex < leftHalf.count && rightIndex <
        rightHalf.count) {
9         if leftHalf[leftIndex] < rightHalf[rightIndex] {
10            tmpList.append(leftHalf[leftIndex])
11             leftIndex += 1
12        }
13        else if leftHalf[leftIndex] > rightHalf[rightIndex] {
14            tmpList.append(rightHalf[rightIndex])
```

```
15              rightIndex += 1
16          }
17          else {
18              tmpList.append(leftHalf[leftIndex])
19              tmpList.append(rightHalf[rightIndex])
20              leftIndex += 1
21              rightIndex += 1
22          }
23      }
24
25      tmpList += [T](leftHalf[leftIndex..<leftHalf.count])
26      tmpList += [T](rightHalf[rightIndex..<rightHalf.count])
27      return tmpList
28
29  }
```

merge 함수는 두 개의 정렬 시퀀스인 S1과 S2를 병합한 뒤 개별 요소를 결합, 정렬한 결과를 반환한다.

병합 정렬 알고리즘 분석

mergeSort 함수의 코드를 낱낱이 살펴보자. 코드 라인 1에서 mergeSort 함수는 Comparable 프로토콜에 부합하는 T타입의 데이터를 받아들일 수 있도록 했다. 이를 통해 배열 목록에 포함된 개별 요소를 서로 비교할 수 있다. 라인 3에서 베이스 케이스가 list.count < 2인 경우 함수를 빠져나가도록 했다.

라인 7에서 mergeSort 함수가 호출될 때마다 목록 크기를 2로 나눈다. 라인 8에서 mergeSort 함수를 재귀적으로 호출해서 하위 목록 S[0..<center]와 S[center..<list.count]를 반복적으로 전달한다.

이제 merge 함수에 대해 살펴보자. 라인 1에서 merge 함수는 mergeSort 함수와 마찬가지로 T 타입이 Comparable 프로토콜에 부합하도록 선언했다. merge 함수는 S1에 대응하는 하위 목록 leftHalf와 S2에 대응하는 하위 목록 rightHalf를 인수로 받는다.

라인 3, 4에서 초기 인덱스 값을 0으로 설정했다. 라인 5에서 정렬 순서대로 연결된 시퀀스를 저장할 수 있는 임시 배열을 생성한다. 라인 8에서, 시퀀스를 반복 순회해서 좌측 인덱스와 우측 인덱스의 시퀀스 카운트가 같도록 한다.

첫 번째 크기 비교는 라인 9에서 이뤄진다. 만일 leftHalf 요소가 rightHalf보다 작을 경우, 라인 10에서 임시 배열을 추가하고 leftIndex 역시 1만큼 증가시킨다. 만일 leftHalf 요소가 rightHalf보다 클 경우 임시 배열에 rightHalf 요소를 추가하고 rightIndex를 1만큼 증가시킨다.

그렇지 않을 경우, 배열에 있는 요소의 수가 같다는 의미이므로, 라인 18에서 rightHalf 요소를 처음 추가하고, 라인 19에서 임시 배열에 rightHalf 요소를 추가한 뒤 양쪽의 인덱스 값을 증가시킨다.

라인 25, 26에서 leftHalf와 rightHalf 배열에 남아있는 요소를 추가하고, 이를 임시 배열에 붙인 뒤 반환한다.

이번 병합 정렬 알고리즘은 일련의 값을 입력하면 아래와 같이 작동한다.

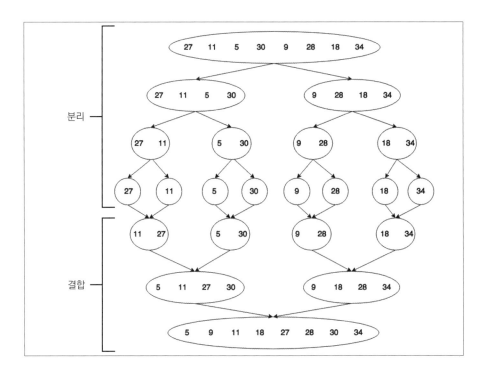

연결 목록 기반 병합 정렬 알고리즘 분석

병합 정렬 알고리즘에 배열이 아닌 연결 목록을 적용하기 위해, 3장에서 소개했던 LinkedList 구조를 일부 수정해서 연결 목록 요소를 직접 수정할 수 있도록 head 노드 프로퍼티를 외부로 드러나게 한다.

mergeSort 함수 선언은 다음과 같다.

```
1    func mergeSort<T: Comparable>(list: inout LinkedList<T>) {
2
3        var left = Node<T>?()
4        var right = Node<T>?()
5
6        if list.head == nil || list.head?.next == nil {
7            return
8        }
9
10       frontBackSplit(list: &list, front: &left, back: &right)
11
12       var leftList = LinkedList<T>()
13       leftList.head = left
14
15       var rightList = LinkedList<T>()
16       rightList.head = right
17
18       mergeSort(list: &leftList)
19       mergeSort(list: &rightList)
20
21       list.head = merge(left: leftList.head, right: rightList.head)
22   }
```

라인 1은 배열 기반 알고리즘과 같이 mergeSort 함수의 T 타입이 Comparable 프로토콜에 부합하도록 선언한다. 라인 3, 4에서는 라인 10에 처음 등장하는 frontBackSplit 함수에 의해 반환되는 하위 목록을 위한 인스턴스를 정의한다.

이번 예제에서는 연결 목록 내부 요소를 직접 수정할 수 있으므로, 라인 6에서 목록의 head와 next 포인터가 nil이 아닌지 확인한다. 이들이 이번 알고리즘의 최소 단위 또는 베이스 케이스가 되며, 재귀 절차가 끝나면 우리가 원하는 목록을 반환하게 된다. 라인 10에서 frontBackSplit 함수를 통해 현재 목록을 두 개의 시퀀스로 나눈다. 이때 함수는 각 시퀀스의 첫 번째 요소를 가리키는 노드 포인터를 반환한다.

라인 12부터 16까지, 두 개의 새로운 연결 목록 인스턴스를 인스턴스를 만들고 left 시퀀스와 right 시퀀스를 각각 할당한다. 라인 18, 19에서, mergeSort 함수를 재귀적으로 호출해서 라인 6에 정의된 베이스 케이스가 될 때까지 반복 실행한다. 베이스 케이스에 도달하면, 라인 21에서 merge 함수를 호출해서 두 개의 목록 시퀀스를 정렬된 상태로 결합하고, 이렇게 정렬된 연결 목록 노드 포인터를 연결 목록 헤더 포인터에 할당한다.

merge 함수 선언은 다음과 같다.

```
1    private func merge<T: Comparable>(left: Node<T>?, right: Node<T>?)
     -> Node<T>? {
2
3      var result: Node<T>? = nil
4
5      if left == nil {
6          return right
7      }
8      else if right == nil {
9          return left
10     }
11
12     if left!.data <= right!.data {
13         result = left
14         result?.next = merge(left: left?.next, right: right)
15     }
16     else {
17         result = right
18         result?.next = merge(left: left, right: right?.next)
19     }
20
21     return result
22   }
```

mergeSort 함수와 마찬가지로, 라인 1에서 merge 함수의 타입 T가 Comparable 프로토콜에 부합하도록 선언한다. merge 함수는 두 개의 Node<T> 레퍼런스를 인수로 받으며 left는 S1에, right은 S2에 각각 대응한다. 라인 5부터 10까지, 두 노드 레퍼런스가 nil인지 확인한 뒤, 함수를 통해 서로의 반대편인 노드 레퍼런스를 반환한다.

라인 12에서 연결 목록을 노드 데이터 요소를 반으로 나눈 하위 목록을 비교하기 시작한다. 만일 left가 right보다 작은 경우 result에 left 노드 레퍼런스를 할당한다. 다시 merge 함수를 호출해서 left 노드 레퍼런스를 연결 목록의 next 노드에 전달한다. merge 함수의 반환값은 result의 next 데이터 레퍼런스에 할당된다.

라인 16에서 right 데이터 요소가 더 큰 경우 result에 right 노드 레퍼런스를 할당한다. 다시 merge 함수를 호출해서 현재의 left-half 연결 목록 레퍼런스를 전달하고, right 노드 레퍼런스를 연결 목록에 있는 next 노드에 전달한다. merge 함수의 반환값은 result의 next 데이터 레퍼런스에 할당된다. 라인 21에서 현재의 정렬되고, 연결 목록으로 병합된 result 레퍼런스를 반환한다.

frontBackSplit 함수 선언은 다음과 같다.

```
1     private func frontBackSplit<T: Comparable>( list: inout
      LinkedList<T>, front: inout Node<T>?, back: inout Node<T>?){
2
3        var fast: Node<T>?
4        var slow: Node<T>?
5
6        if list.head == nil || list.head?.next == nil {
7            front = list.head
8            back = nil
9        }
10     else {
11         slow = list.head
12         fast = list.head?.next
13
```

```
14        while fast != nil {
15            fast = fast?.next
16            if fast != nil {
17                slow = slow?.next
18                fast = fast?.next
19            }
20        }
21
22        front = list.head
23        back = slow?.next
24        slow?.next = nil
25    }
26 }
```

이번 예제에서는 연결 목록을 활용하고 있으므로, 연결 목록을 반으로 나누기 위한 준비 작업이 필요하다. 이번 frontBackSplit 함수는 fast/slow 포인터 전략을 이용해서 연결 목록을 분할한다.

라인 1에서 frontBackSplit 함수는 inout 파라미터로 list, left, right 노드 레퍼런스를 정의한다. 이를 통해, 함수가 한 번 실행되고 나면 splitList 함수에 있는 데이터 구조를 지속적으로 수정할 수 있게 된다. 라인 3, 4에서 fast와 slow 노드 레퍼런스를 정의한다. fast 노드는 slow 노드보다 두 배 빠르며, 이들 노드 레퍼런스는 연결 목록 작업 시 활용한다.

라인 6은 배열 카운트가 2보다 작은지를 확인하는 배열 기반 함수와 비슷한 모습이다. 연결 목록 인스턴스에서 list.head 또는 list.head.next 노드가 nil이면, left-half는 list.head 값으로 설정하고, right-half는 nil로 설정한다. 반면, 라인 11, 12에서는 slow와 fast 노드 레퍼런스를 연결 목록에 있는 처음 두 노드로 설정한다. 라인 14에서 while 루프를 통해 연결 목록의 fast 노드 레퍼런스를 순회하면서 nil 여부를 계속 확인한다. nil이 아닌 경우 fast 노드는 slow 노드보다 두 배 빠르게 앞서 나간다.

fast 노드에 nil 값이 포함된 경우 slow 노드 레퍼런스는 목록의 절반 위치 바로 앞에 놓인 셈이 된다. 바로 이때 목록을 둘로 나눠서 slow.next 노드는 back 노드 레퍼런스에 할당하고 slow.next 노드 레퍼런스는 nil로 설정한다. left 노드 레퍼런스는 list.head 노드를 left 노드 레퍼런스에 할당해서 연결 목록의 첫 번째 노드가 되도록 설정한다.

알고리즘 성능 비교

다음 표는 배열을 사용하는 병합 정렬 기법과 연결 목록을 사용하는 병합 정렬 기법의 성능 차이를 보여준다. 표에서 보는 바와 같이, 요소의 크기가 커질수록 연결 목록 기반 병합 정렬 기법이 훨씬 빠르다는 점을 알 수 있고, 플레이그라운드에서 실행했을 때가 컴파일 코드를 실행했을 때보다 훨씬 느리다는 점 또한 알 수 있다. 먼저, 플레이그라운드에서의 성능 비교, 그리고 컴파일 코드 상태에서의 성능 비교 표를 확인하자.

Data Set Size	Array	Linked list
50	0.265550017356873	0.864423990249634
500	8.38627701997757	12.72391396760094
1,000	23.3197619915009	29.36045503616633

▲ 배열 기반 병합 정렬과 연결 목록 기반 병합 정렬 기법의 플레이그라운드 성능 비교

Data Set Size	Array	Linked list
50	0.0056149959564209	0.00161999464035034
20,000	0.270280003547668	0.101449966430664
40,000	0.567308008670807	0.217732012271881

▲ 배열 기반 병합 정렬과 연결 목록 기반 병합 정렬 기법의 컴파일 코드 성능 비교

신속 정렬 알고리즘

신속 정렬Quick sort(퀵 소트) 기법 역시 분리정복 알고리즘의 일종이다. 개발자 사이에서 널리 활용되는 방법이자, 인플레이스 정렬 기법을 사용하므로 효율성 또한 높다. 자바 레퍼런스 구현 및 유닉스 기본 라이브러리의 분류 알고리즘이기도 하다. 신속 정렬 기법은 파티션 스킴partitioning scheme에 의한 피봇pivot 규칙에 따라 초기 배열을 하위 시퀀스, 상위 시퀀스 등, 두 개의 서브시퀀스로 나눈다. 다른 방식에 비해 훨씬 조밀한 내부 순환문 구조로 인해 평균 실행 시간은 $O(n \lg n)$에 불과하지만, 데이터 구조가 잘 맞지 않을 경우, $O(n2)$까지 실행 시간이 길어질 수 있으므로, 데이터가 무작위 순위를 유지하도록 하는 것이 중요하다. 또한, 피봇의 선택 여부에 따라 알고리즘의 성능이 크게 영향을 받는다는 점도 기억해야 한다.

로무토의 신속 정렬 알고리즘

이번 신속 정렬 알고리즘은 로무토 파티셔닝 스킴Lomuto Partitioning Scheme으로 알려진 니코 로무토Nico Lomuto의 구현 방식을 따른다. 로무토 알고리즘은 다른 방법에 비해 이해하기 쉬우며, 입문용 컴퓨터 과학 강의에서 자주 소개되는 내용이기도 하다. 로무토 알고리즘은 quicksort 함수, partition 함수 등 두 개의 함수로 구성된다.

quickSort 함수의 목적은 partition 함수를 호출한 뒤 재귀적으로 스스로를 호출해서 배열 시퀀스의 lo와 hi 요소를 정렬하는 것이다. partition 함수는 배열의 서브시퀀스를 재배치하면서 정렬 작업을 진행하므로 신속 정렬 알고리즘의 메인 함수라 할 수 있다. 효율적인 알고리즘 구현을 위해서는 올바른 피봇값 선정이 중요하며, 이에 대해서는 잠시 후 다시 설명한다. 로무토 파티셔닝 스팀은 피봇으로 항상 hi 요소를 선택한다.

quickSort 함수의 선언 내용은 다음과 같다.

```
1    func quickSort<T: Comparable>(_ list: inout [T], lo: Int, hi: Int) {
2
3       if lo < hi {
4
5          let pivot = partition(&list, lo: lo, hi: hi)
6
7          quickSort(&list, lo: lo, hi: pivot - 1)
8          quickSort(&list, lo: pivot + 1, hi: hi)
9
10      }
11   }
```

partition 함수는 신속 정렬 알고리즘의 핵심이라 할 수 있으며, 이번 예제는 나이브 피봇 선택naïve pivot selection 기법을 사용한다.

```
1    func partition<T: Comparable>(_ list: inout [T], lo: Int, hi: Int)
     -> Int {
2
3       let pivot = list[hi]
4       var i = lo
5
6       for j in lo..<hi {
7         if list[j] <= pivot {
8            swap(&list, i, j)
9            i += 1
10        }
11      }
12      swap(&list, i, hi)
13      return i
14   }
```

로무토의 파티션 스킴 분석

먼저, quickSort 함수를 분석해보자.

코드 라인 1에서 quickSort 함수는 타입 T가 Comparable 프로토콜에 부합하도록 선언한다. 이는 배열 요소를 개별적으로 비교해야 하므로 필요하다. 라인 3에서 lo 인덱스가 hi 인덱스보다 작은지 확인한다. lo가 hi보다 작다면, 라인 5에서 partition 함수를 호출해서 현재의 lo와 hi 인덱스값에 따라 배열의 서브시퀀스를 정렬하기 시작한다. partition 함수가 재귀적으로 호출될 때 어떤 기준으로 피봇을 설정했는지는 잠시 후 확인할 수 있다.

라인 7에서 가장 좌측의 배열 서브시퀀스는 선택된 피봇값에 따라 재귀적으로 정렬된다. 재귀적 호출이 끝났을 때, 라인 8에서 quickSort 함수를 다시 호출해서 우측 배열의 서브시퀀스에 대한 정렬 작업 또한 마친다.

이제 partition 함수의 구현 내용에 대해 알아보자. 신속 정렬 알고리즘의 성능을 좌우하는 것은 피봇 선정이다. 이번 예제에서는 목록의 맨 마지막 값을 선택하는 나이브^naïve 기법을 사용한다.

코드 라인 1에서 quickSort와 같은 선언 내용을 확인할 수 있다. partition 함수 작성의 유일한 목적은 피봇값을 선택하는 것, 그리고 배열의 서브시퀀스를 정렬하는 것이다. 라인 3에서 배열 목록에 있는 가장 높은 인덱스값을 선택하고, 이를 나중에 인덱스 값을 비교하는 기준으로 사용한다. 라인 4에서 lo의 값을 피봇 역할을 하는 i 인덱스 값으로 할당한다.

라인 6부터 11에서 피봇값을 기준으로 lo부터 hi-1에 이르는 배열의 인덱스 요소를 반복적으로 비교한다. 현재의 값이 피봇값보다 작으면, lo 인덱스의 시작점인 i 위치에 있는 요소와 비교 대상인 요소를 교환하고, 교환이 일어날 때마다 i 값에 1을 추가한다. i 값과 j 값을 교환함으로써, 큰 값은 우측으로, 작은 값은 좌측으로 이동시킬 수 있다. 라인 12에서, 배열 목록에 대한 반복 순회 작업을 마치면서 i와 hi 요소를 교환한다. 이로써, 기준으로 삼았던 요소가 원래의 자리로 돌아간다. 라인 13에서 partition 함수에 피봇이 될 i 값을 반환한다.

이상으로 신속 정렬 알고리즘 중 하나인 로무토의 파티셔닝 스킴의 구현 방식에 대해 알아봤다. 다음 절에서 또 다른 구현 방식에 대해 알아보자.

호어의 신속 정렬 알고리즘

로무토 파티셔닝 스킴은 이해하기 쉽다는 측면에서 많은 인기를 누렸으나 효율성 측면에서는 아쉬운 점이 있다. 1959년, 토니 호어^{Tony Hoare}는 신속 정렬 알고리즘을 창안했다. 호어의 partition 함수는 로무토의 것에 비해 좀 더 복잡하기는 하지만, 평균적으로 스왑^{swap} 횟수(배열 요소 교환 횟수)가 세 배나 적고, 배열 요소가 모두 같을 때도 효율적으로 파티션을 만들어낸다는 장점이 있다.

quickSort 함수의 선언 내용은 다음과 같다.

```
1    func quickSort<T: Comparable>(_ list: inout [T], lo: Int, hi: Int) {
2
3        if lo < hi {
4
5            let pivot = partition(&list, lo: lo, hi: hi)
6
7            quickSort(&list, lo: lo, hi: pivot)
8            quickSort(&list, lo: pivot + 1, hi: hi)
9
10       }
11   }
```

스왑의 횟수를 최소화한 partition 함수의 선언 내용은 다음과 같다.

```
1    private func partition<T: Comparable>(_ list: inout [T], lo: Int,
     hi: Int) -> Int {
2
3        let pivot = list[lo]
4        var i = lo - 1
5        var j = hi + 1
6
7        while true {
8            i += 1
9            while list[i] < pivot { i += 1 }
10           j -= 1
11           while list[j] > pivot { j -= 1}
12           if i >= j {
13               return j
```

```
14          }
15          swap(&list[i], &list[j])
16      }
17  }
```

호어의 파티션 스킴 분석

quickSort 함수는 앞서 살펴본 로무토의 구현 방식과 큰 차이는 없으며, 피봇 생성 부분이 약간 다르다.

코드 라인 7, 8에서 [lo...pivot]와 [pivot+ 1...hi] 두 개의 배열 시퀀스를 생성하며, 이 부분만이 기존 로무토의 구현 방식과 다르다.

호어의 구현 방식은 partition 함수에서 명확한 차이를 드러낸다. 차근차근 살펴보자.

코드 라인 1에서 함수 선언의 내용은 전과 같다. 라인 3에서 로무토는 인덱스 값이 가장 높은 요소를 선택한 반면, 호어는 인덱스 값이 가장 낮은 요소를 선택한 뒤, 이를 인덱스 값 비교에 사용한다. 라인 4에서 lo 인덱스 값에서 1을 뺀 값을 새로운 변수 i에 저장한다. 이 값은 선택된 피봇보다 작은 배열 요소를 반복적으로 찾을 때 사용한다. 라인 5에서 hi 인덱스 값에 1을 더해서 또 다른 변수 j에 저장한다. 이 값은 이 값은 선택된 피봇보다 큰 배열 요소를 반복적으로 찾을 때 사용한다.

라인 7에서 무한 루프를 시작한다. 이 루프는 배열 인덱스 포인터가 서로 만나거나 겹치기 전까지 계속 반복되며, 바로 이때 현재 피봇을 기준으로 다음으로 높은 요소를 가리키는 j의 인덱스 값을 반환한다. 라인 13의 return 명령을 통해 무한 루프를 종료하고 결과값을 반환한다. 라인 15에서 인덱스 포인터가 서로 만나지 못한 경우 i 요소와 j 요소를 서로 교환한 뒤 다시 라인 7의 루프로 돌아간다.

코드를 자세히 살펴보면, 요소 교환의 횟수가 놀라울 정도로 많이 줄어들었음을 알 수 있다. 플레이그라운드에서 이 코드를 실행해보면 로무토 파티셔닝 스킴에 비해 훨씬 빠르다는 사실도 확인할 수 있다. 그런데 이 방식 역시 나름의 문제를 안고 있다. 피봇 선정 과정은 여전히 임의적이어서 로무토는 배열 인덱스 중 가장 높은 것을 선택한 반면, 호어는 가장 낮은 것을 선택했다는 차이점만 있을 뿐이다. 호어 기법의 또 다른 문제는 정렬된 배열 또는 거의 대부분 정렬된 배열을 처리할 때 발생한다. 평균적인 신속 정렬 알고리즘의 효율성은 $O(n\ log\ n)$ 수준인데, 정렬된 배열을 만나면 $O(n2)$ 수준까지 떨어진다. 이는 임의적인 피봇 선정에서 기인하는 문제라고 할 수 있으며, 이에 대해서는 잠시 후 알아본다.

피봇 선택 방식

초기 partition 함수 구현 방식에서 임의로 가장 높은 인덱스 요소를 피봇으로 선택한다고 설명한 바 있다. 하지만, 이렇게 할 경우 데이터가 이미 일정 수준으로 정렬된 경우 알고리즘 성능에 부정적인 영향을 미치게 된다. 배열이 이미 정렬돼 있거나 거의 정렬된 상태인 경우 최악의 경우 $O(n2)$ 수준의 성능을 나타낼 수 있고, 이는 좀 더 우수한 정렬 기법을 사용하려는 우리의 의도와 맞지 않는 것이다. 그래서 좀 더 논리적인 과정을 거쳐서 피봇을 선택할 필요가 있으며, 이를 위해 데이터의 맥락에 따라 최소, 혹은 최대 인덱스 값을 선택하는 메소드를 사용한다. 임의의 값을 선택해서 사용하는 것도 대안 중 하나이지만, 정렬을 위한 최선의 피봇을 선정하는 데에는 역부족이기 때문이다.

이제, 피봇을 선정하기 위한 몇 가지 시나리오를 살펴보자.

잘못된 방식: 첫 번째 또는 마지막 요소를 선택

로무토 파티셔닝 스킴처럼 누군가 자신만의 신속 정렬 알고리즘을 작성하려고 할 때는 상당수의 사람들이 목록에 있는 첫 번째 혹은 마지막 요소를 임의로 선택해서 사용하는 경향이 있다. 이런 방식은 목록 내의 모든 요소가 무작위로 섞여있을 때는 나쁘지 않은 방법이지만, 실제로 처리할 데이터 대부분은 어느 정도 정렬돼 있거나 거의 대부분 정렬된 상태인 경우가 많다는 점에서 높은 성능을 기대하기 어렵다고 할 수 있다.

데이터가 이미 정렬돼 있거나 거의 대부분 정렬돼 있을 때, 첫 번째 혹은 마지막 요소를 피봇으로 삼는 경우, 남아있는 모든 요소가 S1 또는 S2 시퀀스 중 어느 한 쪽에 몰려있게 된다. 이렇게 되면 복잡성은 $O(n2)$ 수준에 이르게 되고, 성능은 매우 저하될 수밖에 없다.

잘못된 방식: 무작위로 요소를 선택

신속 정렬 알고리즘 작성시 피봇 선정을 위해 무작위로 요소를 선택해서 사용하는 경우 또한 흔하다. 무작위 요소 선택은 앞서 설명한 첫 번째 혹은 마지막 요소 선택보다는 조금 나을 수 있지만, 단점이 여전히 존재한다. 무작위로 요소를 선택해서 피봇으로 삼을 경우 대부분의 데이터 정렬에서 높은 성능을 발휘하고, 심지어 대부분 정렬된 데이터에서도 만족할 만한 성과를 낼 수 있다.

하지만, 무작위로 요소를 선택하기 위한 난수발생기random number generator는 컴퓨터의 성능 자원을 꽤 많이 고갈시킨다는 문제가 있고, 난수발생기에서 나온 값이 진정한 의미에서 난수인지 확인할 필요 또한 있다.

올바른 방식

피봇 선정을 위한 좀 더 개선된 방법으로 세 수의 중앙값Median of Three 전략을 활용한다. 이 방법은 피봇을 임의의 수 가운데 선택하거나, 첫 번째 혹은 마지막 인덱스 값을 기준으로 선택하는 방법의 단점을 모두 보완할 수 있다. 이 방법은 목록 전체 요소의 중앙값을 선택하는 것보다 훨씬 빠르고, 정렬된 데이터 가운데 포함된 인스턴스라 하더라도 최솟값 혹은 최댓값인 요소를 선택할 수 있는 가능성을 차단한다.

중앙값의 요소를 선택함으로써, 좌-우-중앙 요소를 모두 정렬할 수 있으며, 이를 통해 하위 배열에 있는 가장 좌측 위치의 요소가 피봇보다 작다는 사실과 하위 배열의 가장 우측 요소가 피봇보다 크다는 사실을 미리 알 수 있다.

신속 정렬 알고리즘을 위한 개선된 피봇 선택 방식

이번 절에서는 신속 정렬 알고리즘의 전반적인 성능 향상을 위해 세 수의 중앙값 전략을 사용한다. 세 수의 중앙값 전략을 구현하기 위해 getMedianOfThree라는 새로운 함수를 작성한다. 이 함수는 적절한 방식으로 피봇을 선택하고, 배열이 이미 정렬된 상태인 경우 피봇이 최댓값 또는 최솟값인지 여부를 확인한다. 다음, partition 함수를 재조립해서 이번 피봇값을 받아들일 수 있도록 한다.

이번 quickSort 함수는 기존의 함수 선언 내용과 크게 다르지 않으며, 처음에 중앙값을 가져오는 부분만 약간 다르다. 이후 partition 함수를 호출해서 하위 배열을 정렬한다.

```
1    public func quickSort<T: Comparable>(_ list: inout [T], lo: Int, hi:
     Int) {
2
3        if lo < hi {
4
5            let median = getMedianOfThree(&list, lo: lo, hi: hi)
6            let pivot = partition(&list, lo: lo, hi: hi, median: median)
7
8            quickSort (&list, lo: lo, hi: pivot)
9            quickSort &list, lo: pivot + 1, hi: hi)
10
11       }
12   }
```

이제 중앙값은 partition 함수에 전달된다. getMedianOfThree 함수의 구현 내용은 다음과 같다.

```
1    private func getMedianOfThree<T: Comparable>(_ list: inout [T], lo:
     Int, hi: Int) -> T {
2
3        let center = lo + (hi - lo) / 2
4        if list[lo] > list[center] {
5            swap(&list[lo], &list[center])
6        }
7
8        if list[lo] > list[hi] {
```

```
9            swap(&list[lo], &list[hi])
10      }
11
12      if list[center] > list[hi] {
13          swap(&list[center], &list[hi])
14      }
15
16      swap(&list[center], &list[hi])
17
18      return list[hi]
19  }
```

라인 3에서 배열의 중앙에 위치한 요소를 계산한다. 이때 hi 인덱스가 lo 인덱스
보다 작은지 여부를 확인한다.

 현재는 거의 모든 이진 검색, 병합 정렬 알고리즘의 코드가 공개된 상태다. 여러분도 당장
인터넷이나 컴퓨터 과학 교재에서 병합 정렬 알고리즘 구현 예제를 찾아볼 수 있다. 하지
만, 이들 대부분은 크고 작은 오류를 포함하고 있다. 이번 예제 코드 라인 3은 그러한 오류
로부터 여러분의 알고리즘을 지켜줄 수 있다. 인터넷에 공개된 정렬 알고리즘을 실행해보
기 전에 라인 3의 내용이 제대로 구현됐는지 확인하자.

정렬 알고리즘의 오류 제거와 관련된 포스트를 참고하자.

https://research.googleblog.com/2006/06/extra-extra-read-all-about-it-nearly.
html

다음 세 개의 if 조건문은 배열 좌측에 있는 요소가 우측에 있는 요소보다 큰 경우
서로의 위치를 바꾸는 내용을 담고 있다. 라인 4, 5에서 lo 인덱스의 요소가 center
인덱스에 있는 요소보다 큰 경우 서로의 위치를 바꾼다. 라인 8, 9에서도 동일한 작
업이 이뤄지며, 지난 코드에서 자리 바꿈을 했을지도 모를 lo 인덱스의 값과 hi 인
덱스의 값을 비교해서 lo 인덱스의 값이 더 크면, 서로의 위치를 바꾼다.

라인 12, 13에서도 같은 절차를 반복하지만 center 인덱스의 요소와 hi 인덱스
요소는 비교하지 않는다. 라인 16에서 마지막 교환 작업으로 center 인덱스 요소
와 hi 인덱스 요소의 자리를 바꾼다. 이렇게 함으로써 미리 정렬돼 있는 배열일지

라도 순서를 바꿔놓을 수 있다. 라인 18에서 마지막으로 hi 인덱스의 요소를 반환한다.

partition 함수는 기존 호어의 파티셔닝 스킴의 구현 내용과 동일하다.

최적화

데이터의 타입에 따라서도 알고리즘 성능을 개선할 여지가 남아있다. 이에 대한 내용은 이후 여러분이 직접 찾아보길 바라며, 몇 가지 도움말을 남긴다.

- 배열의 크기가 작을 때는 삽입 정렬이 낫다.
- 다이크스트라Dijkstra가 제안한 네덜란드 국기 문제Dutch national flag problem처럼 반복적인 요소를 처리해야 할 때, 리니어 타임 파티셔닝 스킴linear-time partitioning scheme 방식을 사용해보자.[1]
- 파티션의 좀 더 큰 부분을 재귀적으로 호출해서 정렬할 때, $O(log\ n)$ 이상의 복잡성이 나타나지 않도록 주의한다.

자바 7부터는 기존의 신속 정렬 알고리즘 대신, 듀얼 피봇 신속 정렬dual pivot quick sort 알고리즘이 사용되고 있다.

http://epubs.siam.org/doi/pdf/10.1137/1.9781611972931.5

정리

4장에서는 간단한 정렬 기법과 모든 정렬 작업이 메모리에서 진행되는 분리정복 전략에 대해 살펴봤다. 삽입 정렬 기법은 매우 작은 데이터세트에 적합하다는 사실을 알게 됐고, 분리정복 전략을 사용하는 인기 많은 데이터 정렬 알고리즘인 병합 정렬, 신속 정렬 기법에 대해서도 알아봤다.

---

1 네덜란드 국기 문제는 네덜란드 국기의 형상인 적색–백백–청색 영역을 좀 더 효율적으로 채우기 위한 알고리즘 문제다.
 – 옮긴이

이제 프로그램의 성능 요구 수준에 따라 어떤 알고리즘을 채택하고 구현해야 할지 잘 이해하게 됐을 것이다.

5장에서는 다양한 트리 데이터 구조와 알고리즘에 대해 살펴본다.

5

트리 구조 기반의 알고리즘

3장에서 큐, 스택, 리스트, 해시 테이블, 힙 등 가장 기본적인 데이터 구조와 스위프트에서 이를 구현하는 방법에 대해 알아봤다. 이들 데이터 구조를 통해 또 다른 기본적인 데이터 구조가 어떻게 만들어졌는지 좀 더 쉽게 이해할 수 있었다. 이제는 좀 더 고급 데이터 구조로 넘어갈 차례다. 5장에서는 새로운 데이터 구조인 트리에 대해 알아본다.

트리는 프로그래밍에서 일상적으로 이뤄지는 데이터 검색, 삽입, 삭제 등의 작업을 신속하게 처리할 수 있어 현대 개발자들 사이에서 널리 사용되고 있는 훌륭한 방법이다.

5장에서 다루는 주제는 다음과 같다.

- 트리: 정의와 주요 속성
- 다양한 트리의 종류와 개요

- 이진 트리

- 이진 검색 트리BST, Binary search trees

- B 트리

- 스플레이 트리

트리: 정의와 주요 속성

트리tree는 노드의 집합이다. 각각의 노드는 키값, 자식 노드 집합, 부모 노드 링크 등을 포함하고 있는 데이터 구조다. 여러 노드 중 부모 노드를 지니지 않은 유일한 노드는 트리의 루트, 혹은 루트root 노드뿐이다. 트리는 나름의 계층을 이루고 있는 데이터 구조를 나타내며, 트리의 최상위 노드인 루트 노드와 그 아래로 뻗어나가는 자식 노드로 구성된다.

트리 구조를 만들 때는 몇 가지 규칙을 따라야 한다. 각 노드는 한 번 이상 참조될 수 없고, 자식 노드가 다시 루트 노드로 되돌아갈 수 없으며, 순환 구조를 포함할 수 없다는 것이다.

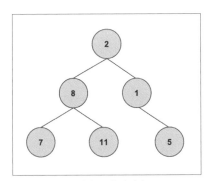

▲ 기본적인 트리 데이터 구조

트리 데이터 구조에서 중요한 용어는 다음과 같다.

- **루트**^{Root}: 트리의 최상위에 있는, 부모 노드를 지니지 않은 유일한 노드를 가리킨다.

- **노드**^{Node}: 자식 노드와 부모 노드에 대한 참조 데이터(혹은 레퍼런스), 그리고 값을 지닌 데이터 구조다. 만일 어떤 노드가 부모 노드에 대한 참조 데이터가 없다면, 바로 그 노드가 트리의 루트 노드가 된다. 또, 어떤 노드가 자식 노드를 지니지 않았을 경우 잎사귀 노드가 된다.

- **모서리**^{Edge}: 부모 노드와 자식 노드의 연결선을 가리킨다.

- **부모**^{Parent}: 다른 노드와 연결돼 있으면서, 계층 구조상 특정 노드의 바로 위에 있는 노드를 가리킨다. 모든 노드는 오직 하나(혹은 0)의 부모 노드를 지닌다.

- **자식**^{Child}: 다른 노드와 연결돼 있으면서, 계층 구조상 특정 노드의 바로 아래에 있는 노드를 가리킨다. 모든 노드는 0개의 혹은 여러 개의 자식 노드를 지닌다.

- **형제**^{Sibling}: 동일한 부모 노드에서 나온 노드를 가리킨다.

- **잎**^{Leaf}: 더 이상의 자식 노드를 지니지 않은 (노드의 종단점인) 자식 노드를 가리키며, 트리 계층 구조에서 맨 아래에 위치한다. 잎 노드는 외부 노드^{external node}로, 잎사귀 노드가 아닌 노드는 내부 노드^{internal node}로 부른다.

- **서브트리**^{Subtree}: 특정 노드의 모든 자손을 가리킨다.

- **노드의 높이**^{Height of a node}: 하나의 노드에서 가장 멀리 떨어져 있는 잎사귀 노드에 이르는 모서리 수를 가리킨다. 루트 노드밖에 없는 트리의 노드 높이는 0이다.

- **트리의 높이**^{Height of a tree}: 루트 노드에서 잰 높이다.

- **깊이**^{Depth}: 루트와 노드를 연결하는 모서리의 수를 가리킨다.

- **레벨**^{Level}: 어떤 노드의 레벨이란 깊이 + 1을 의미한다.

- **트리 여정**^{Tree traversal}: 트리의 모든 노드를 한 번씩 다녀오는 과정을 의미한다. 5장에서 다양한 트리 여정에 대해 알아본다.

다음 트리 구조를 통해 개념을 정리해보자.

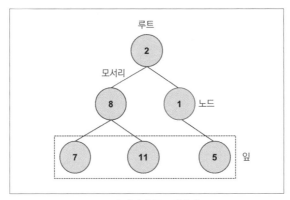

▲ 트리 데이터 구조의 요소

- **루트 노드**: [2].

- **노드**: [2, 8, 1, 7, 11, 5].

- **잎**: [7, 11, 5].

- **높이**: 루트 노드 [2]에는 두 개의 모서리가 있고, 여기에 연결된 가장 먼 잎(루트로 부터 동일한 거리만큼 떨어져 있는)은 [7], [11], [5]이므로 트리의 높이는 2가 된다.

- **부모 노드**: 노드 [8]은 [7, 11]의 부모 노드다.

- **자식 노드**: [7, 11]은 [8]의 자식 노드다. [5]는 [1]의 자식 노드다.

- **서브트리**: 루트 노드 [2]에서 출발해서 두 개의 서브트리로 갈라진다. 그 중 하나는 [8, 7, 11]이고, 또 다른 하나는 [1, 5]이다.

- **노드 [8]의 높이**: 1

- **노드 [5]의 깊이**: 2

- **루트 노드의 레벨**: 깊이 + 1 = 0 + 1 = 1

다양한 트리의 종류와 개요

트리 데이터 구조는 다양한 종류가 있으며, 이들 각각은 나름의 장점과 구현 방식이 있다. 우선, 주요 트리 데이터 구조에 대해 간략하게 살펴보고, 각각의 트리 구조를 언제 선택해서 사용할지에 대해서도 알아본다.

다음은 다양한 트리 구조에 대한 간단한 설명이며, 이후 각 트리 구조에 대한 상세한 설명과 개별 속성, 활용 방법, 구현 방식에 대해 소개한다.

이진 트리

가장 간단한 트리 구조로 시작한다. 이진 트리^{binary tree}(또는 바이너리 트리)는 각 노드가 최대 두 개의 노드만을 지닐 수 있는 트리 구조다.

이진 트리는 데이터 구조상, 입력값^{values}과 참조값^{references}을 각각의 노드에 저장해야 하며, 밸류 키는 물론 때에 따라서는 (루트 노드는 제외한) 부모 노드에 대한 참조값, 자식 노드로 연결되는 좌측 참조값, 또 다른 자식 노드로 연결되는 우측 참조값 등이 포함된다.

특정 노드가 부모 노드, 좌측과 우측 자식 노드, 이들 요소에 대한 참조값 등을 포함하지 않은 경우 NULL/nil 값을 포함하고 있다고 한다.

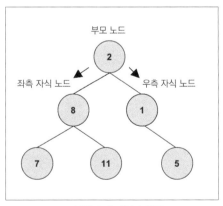

▲ 이진 트리 데이터 구조

이진 검색 트리

이진 검색 트리는 트리에 있는 각각의 노드가 다음과 같은 조건식을 충족하는 트리 구조다.

트리에 노드 P가 있을 때,

- 좌측 서브트리에 있는 모든 노드 L에 대해: L.value 〈 P.value
- 우측 서브트리에 있는 모든 노드 R에 대해: R.value 〉= P.value

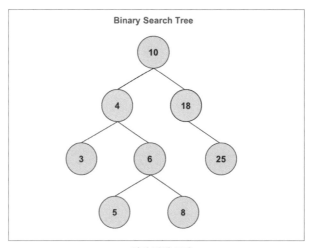

▲ 이진 검색 트리

이 규칙은 부모 노드의 좌측에 있는 서브트리의 모든 자식 노드의 키값은 부모 노드의 키값보다 작다는 것이다. 또한 부모 노드의 우측에 있는 서브트리의 모든 자식 노드의 키값은 부모 노드의 키값보다 크다는 것이다.

이러한 특성이 있어서, 이진 검색 트리는 모든 노드는 최대 두 개의 자식 요소만을 지니고, 서브트리의 값이 일정한 순서를 유지하는 것과 같은 상황 하에서 매우 효율적이며 유용하게 활용된다. 이진 검색 트리에 대해서는 이번 장 후반에서 다시 설명한다.

B 트리

B 트리는 균형 잡힌 이진 검색 트리와 유사하지만, 각 노드마다 두 개 이상의 자식 노드를 지닐 수 있다는 차이점이 있다.

나중에 다시 살펴보겠지만, B 트리는 데이터베이스 시스템과 보조 파일 저장장치에서 보편적으로 활용되는 데이터 구조다. B 트리는 대규모 데이터를 신속하게 처리할 수 있어서 다양한 사용 환경에서 널리 사용되고 있다.

스플레이 트리

스플레이 트리Splay trees는 이진 검색 트리의 특수한 형태로서, 최근에 접근한 노드가 트리의 상위로 이동한다는 특징을 지닌다. 이러한 특성은 노드에 대한 접근이 매우 빈번한 상태에서 가장 최근에 방문했던 노드만을 골라낼 수 있어서 해당 노드에 대한 검색 시간을 획기적으로 줄여준다.

이를 위해, 스플레이 트리는 노드에 접근할 때마다 스스로의 구조를 변형한다. '벌리다'라는 의미의 스플레이 프로세스는 노드를 재배열하기 위해 트리를 회전시키고, 마지막으로 접근한 노드를 트리의 최상위 노드로 이동시킬 때 사용된다.

스플레이 트리는 가장 최근에 방문했던 노드에 좀 더 신속하게 접근하기 위해 스스로의 데이터 구조를 최적화하는 데이터 구조라 할 수 있다.

레드블랙 트리

레드블랙 트리Red-black trees는 각각의 노드마다 노드 컬러라는 새로운 파라미터를 추가하는 방법으로 스스로 균형점을 찾는 이진 검색 트리다.

노드의 색상은 레드 또는 블랙 중 하나이며, 레드블랙 트리 노드에는 키값, 노드 컬러, 부모 참조값, 좌측 및 우측 자식의 참조값 등이 포함돼 있다.

레드블랙 트리는 다음과 같은 노드 컬러 조건을 충족해야 한다.

- 모든 노드는 레드 또는 블랙 중 하나의 컬러를 지닌다.

- 루트 노드는 블랙이다.

- 모든 NULL/nil 잎은 블랙이다.

- 모든 레드 노드의 좌측, 우측 자식 노드는 모두 블랙이다.

- 각각의 노드에서, 잎으로 연결되는 모든 경로에는 동일한 수의 블랙 잎이 포함 돼 있다.

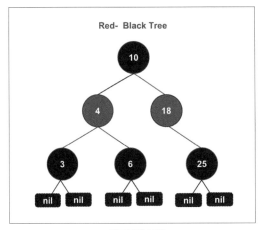

▲ 레드블랙 트리

레드블랙 트리는 데이터 검색, 삽입, 삭제 등 중요한 작업에 있어 최악의 성능을 나타내는데, 바로 이 점이 레드블랙 트리가 사랑받는 이유다. 실시간 데이터 처리 혹은 애플리케이션 개발 시, 레드블랙 트리로 최악의 시나리오worst-case scenario를 검토할 수 있는 것이다.

이진 트리

앞서 잠시 살펴본 것처럼, 이진 트리는 최대 두 개의 자식 노드를 지닐 수 있는 트리 데이터 구조다. 이런 속성은 이진 트리의 모든 노드가 (무한대는 아닌) 일정한 수의 자식 노드만을 지닌다는 점을 확신할 수 있게 해준다.

타입과 종류

스위프트 코드로 작성하기 전에 이진 트리의 종류 몇 가지를 살펴보자.

- **풀 이진 트리**^{Full binary tree}: 트리 내의 특정 노드 N이 있을 때, N은 0개 혹은 2개
  의 자식 노드를 지닌다(1개의 자식 노드를 지니는 경우는 없다).

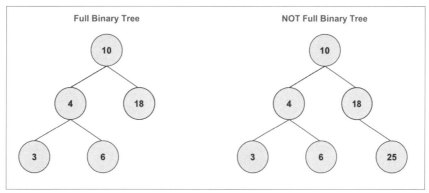

▲ 풀 이진 트리 구조와 풀 이진 트리가 아닌 경우의 구조 비교

- **퍼펙트 이진 트리**^{Perfect binary tree}: 모든 내부 노드는 두 개의 자식 노드를 지니며,
  모든 잎은 동일한 깊이를 지닌다.

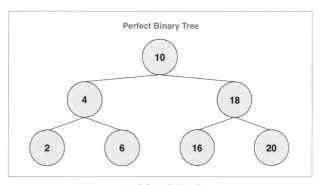

▲ 퍼펙트 이진 트리

- **컴플리트 이진 트리**Complete binary tree: 마지막 레벨을 제외한 모든 레벨이 노드로 완전하게 찬 상태다. 트리의 좌측 방향으로 뻗어나간 마지막 레벨은 완전하게 채워질 수 없다.

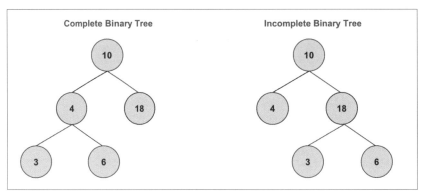

▲ 컴플리트 이진 트리

- **균형 이진 트리**Balanced binary tree: 잎 노드까지 이어지기 위한 최소한의 높이만을 지닌다.

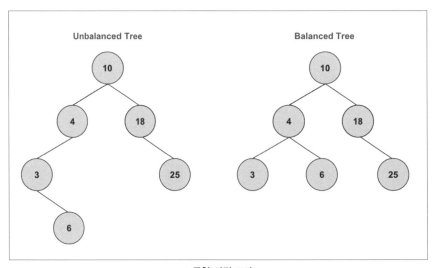

▲ 균형 이진 트리

코드

이진 트리를 구현하기 위해서는 데이터 구조에 포함된 노드가 다음과 같은 조건을 갖추고 있어야 한다.

- 키 데이터 값을 포함한 컨테이너
- 좌, 우측 자식 노드에 대한 두 개의 참조값
- 부모 노드에 대한 참조값

이제, 이상의 조건을 갖춘 클래스를 정의해보자. 엑스코드에서 File ➤ New ➤ Playground를 열고 B05101_05_Trees로 이름 붙인다. 소스 코드 폴더에 BinaryTreeNode.swift라는 새 파일을 추가하고 다음과 같은 코드를 입력한다.

```
public class BinaryTreeNode<T:Comparable> {
    // 키값과 자식 노드를 위한 변수
    public var value:T
    public var leftChild:BinaryTreeNode?
    public var rightChild:BinaryTreeNode?
    public weak var parent:BinaryTreeNode?

    // 초기화
    public convenience init(value: T) {
        self.init(value: value, left: nil, right: nil, parent:nil)
    }

    public init(value:T, left:BinaryTreeNode?, right:BinaryTreeNode?,
    parent:BinaryTreeNode?) {
        self.value = value
        self.leftChild = left
        self.rightChild = right
        self.parent = parent
    }
}
```

이제 이진 트리^{BinaryTreeNode}에 부합하는 클래스를 만들었다. 이번 클래스는 제너릭 (<T>)으로 만들어서 키 속성값으로 어떤 타입의 값이든 받아들일 수 있도록 했다.

BinaryTreeNode 클래스에서 value 변수에는 키 데이터를 저장하고, leftChild 와 rightChild 변수에는 좌측과 우측 노드의 참조값을 저장하며, parent 변수에 는 부모 노드의 참조값을 저장한다.

이번 클래스에는 두 개의 초기화 함수가 있으며, 첫 번째 초기화 함수인 convenience init은 파라미터 값을 부여하고, 두 번째 초기화 함수인 init은 각 각의 변수를 파라미터로 만든다.

이제, 이진 트리를 이용해서 새로운 노드를 삽입하거나 특정값을 검색하는 등, 실 무적인 작업을 수행할 수 있는 준비가 갖춰졌다. 다음 절에서는 이진 검색 트리를 구현하는 방법에 대해 알아본다.

이진 검색 트리

이진 검색 트리는 $O(n)$에서 $O(log(n))$ 정도의 시간 동안 데이터 접근, 검색, 삽입, 삭제 등의 작업을 수행하며, 이는 데이터 알고리즘의 평균 혹은 최악의 성능 시나 리오에 해당한다. 또, 이진 검색 트리의 성능 시간은 트리의 높이 자체에 영향을 받는다.

예를 들어, n개의 노드를 지닌 컴플리트 이진 검색 트리의 경우, 알고리즘 수행에 $O(log(n))$만큼의 시간이 걸릴 수 있다. 하지만, 동일한 n개의 노드를 지닌 경우라 도, (노드당 한 개의 자식 노드만을 지닌) 연결 목록으로 구성되어 좀 더 많은 레벨과 깊이를 지닌 이진 검색 트리는 $O(n)$만큼의 시간이 걸릴 수 있는 것이다.

데이터 삽입 또는 검색과 같은 기본 작업을 수행하기 위해서는, 가장 먼저 트리의 루트부터 잎에 이르는 모든 노드를 스캔해야 한다. 바로 이때문에 트리의 높이(루 트에서 잎에 이르는 거리 또는 노드의 수)를 추정하는 작업이 기본 작업을 수행하는 시 간에 영향을 미치게 된다.

이제, 이진 검색 트리에서 노드의 삽입 또는 검색 관련 코드를 작성하기 전, 앞서 언급했던 기본적인 노드 프로퍼티를 다시 한 번 떠올려보자.

트리에서 노드 P가 있을 때 노드의 키값은 다음과 같다.

- 좌측 서브트리에 있는 모든 노드 L에서: L.value <= P.value
- 우측 서브트리에 있는 모든 노드 R에서: R.value >= P.value

노드 삽입

이진 검색 트리의 프로퍼티를 상기하면서, 기존의 프로퍼티를 그대로 유지한 채 트리에 새로운 노드를 삽입하는 작업을 구현해보자.

기존의 프로퍼티를 유지하려면, 루트 노드부터 시작해서 재귀적으로 새로운 노드를 삽입해야 하고, 이때 삽입하게 될 노드의 값에 따라 좌측, 또는 우측으로 내려오게 된다.

사용자가 (의도치 않게) 트리의 중간 부분에 새로운 노드를 삽입하면 이진 검색 트리가 는 제 기능을 수행할 수 없게 되며, 이를 막기 위해서는 사용자로 하여금 항상 퍼블릭 함수인 insertNodeFromRoot를 호출해서 노드의 삽입 업무를 처리하도록 해야 한다. BinaryTreeNode 클래스에 이 함수를 추가하는 것으로 시작한다.

```
public func insertNodeFromRoot(value:T) {
    // 이진 검색 트리의 프로퍼티를 유지하기 위해서는
    // 반드시 루트 노드에서부터 insertNode 작업이 실행되야 함
    if let _ = self.parent {
        // 부모 노드가 있다면 트리의 루트 노드가 아님
        print("You can only add new nodes from the root node of the tree");
        return
    }
    self.addNode(value: value)
}
```

루트 노드에서부터 새로운 노드를 삽입하는지 확인하기 위해 프라이빗 함수인 addNode를 사용한다. 이 함수는 재귀적으로 나머지 노드를 순회하면서 새로운 노드를 삽입할 적절한 위치를 찾는다. 다음과 같이 addNode 함수를 추가한다.

```
private func addNode(value:T) {
    if value < self.value {
        // value가 루트 키값보다 작은 경우: 좌측 서브트리에 삽입
        // 노드가 존재하는 경우 좌측 서브트리에 삽입하고,
        // 노드가 없는 경우 새로운 노드를 만들어서 좌측 자식 노드로 삽입
        if let leftChild = leftChild {
            leftChild.addNode(value: value)
        } else {
            let newNode = BinaryTreeNode(value: value)
            newNode.parent = self
            leftChild = newNode
        }
    } else {
        // value가 루트 키값보다 큰 경우: 우측 서브트리에 삽입
        // 노드가 존재하는 경우 우측 서브트리에 삽입하고,
        // 노드가 없는 경우 새로운 노드를 만들어서 우측 자식 노드로 삽입
        if let rightChild = rightChild {
            rightChild.addNode(value: value)
        } else {
            let newNode = BinaryTreeNode(value: value)
            newNode.parent = self
            rightChild = newNode
        }
    }
}
```

위 코드에서, 추가될 새로운 노드와 현재의 노드 값을 비교하는 작업이 이뤄진다. 새로운 노드의 값이 현재 노드의 값보다 작으면, 현재 노드의 좌측 자식 노드에서 동일한 메소드를 호출한다. 그렇지 않은 경우 현재 노드의 우측 자식 노드에서 동일한 메소드를 호출한다.

두 경우 모두 좌측 또는 우측 자식 노드가 존재하지 않으면, 새로운 값으로 새로운 노드를 만든 뒤 스스로 자식 노드로 설정한다.

playground 예제 파일을 이용해서 이진 검색 트리의 작업 내용을 확인할 수 있다.

```
let rootNode = BinaryTreeNode(value: 10)
rootNode.insertNodeFromRoot(value: 20)
rootNode.insertNodeFromRoot(value: 5)
```

```
rootNode.insertNodeFromRoot(value: 21)
rootNode.insertNodeFromRoot(value: 8)
rootNode.insertNodeFromRoot(value: 4)
```

엑스코드 디버거에서 rootNode와 그 자식 노드를 확인하면 다음과 같은 트리 구조가 나타난다.

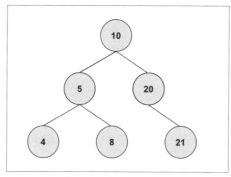

▲ 결과로 나타난 이진 검색 트리

트리 워크(순회 방식)

이진 검색 트리를 구현했으니, 이제부터는 특정한 순서에 따라 트리에 있는 각각의 노드를 순회하며 찾아 다니는 방법에 대해 알아보자.

인오더 트리 워크

이진 검색 트리의 속성에 따라 인오더inorder 트리 워크 또는 인오더 트래버설in-order traversal이라는 이름의 알고리즘으로 트리 내부의 노드를 순회할 수 있다. 인오더 트리 워크를 하고 하면 오름차순으로 정렬된 트리 노드의 값이 목록으로 반환된다.

인오더 트리 워크는 다음 순서에 따라 루트 노드에 속한 각각의 서브트리를 재귀적으로 방문한다.

- 먼저, 좌측 서브트리로 시작해서 – 루트 노드 값을 확인한 뒤 – 우측 서브트리를 순회한다.

이진 검색 트리 혹은 BST의 노드 값 크기는 다음 순서가 된다.

- 좌측 값 < 루트 노드 값 < 우측 값

이런 이유로, 인오더 트리 워크의 결과값은 오름차순으로 정돈된 시퀀스가 된다. 아래와 같이 BinaryTreeNode 클래스에 인오더 트리 워크 함수를 추가하자.

```
// 재귀적으로 노드를 순회하는 인오더 트리 워크
   public class func traverseInOrder(node:BinaryTreeNode?) {
       // Nil인 잎에 도달하면 재귀적인 함수 호출이 중단됨
       guard let node = node else {
          return
       }

       // leftChild에서 재귀적으로 메소드를 호출하고
       // rigthChild 값을 출력한 뒤, rigthChild로 이동
       BinaryTreeNode.traverseInOrder(node: node.leftChild)
       print(node.value)
       BinaryTreeNode.traverseInOrder(node: node.rightChild)
}
```

앞서 여러분이 만들었던 BST를 이용해서 이번 함수를 시험해보자. 함수를 실행하기 위해 playground 예제 파일 끝 부분에 다음 코드를 추가한다.

```
BinaryTreeNode.traverseInOrder(node:rootNode)
```

결과값은 다음과 같다.

```
4
5
8
10
20
21
```

기대했던 대로 결과가 나왔다! 오름차순으로 트리 노드가 정돈됐음을 알 수 있다.

이와 비슷한 방식으로 또 다른 두 가지 순회 기법을 활용할 수 있다. 바로 프리오더와 포스트오더 기법이다.

프리오더 트리 워크

프리오더pre-order 알고리즘은 다음 순서에 따라 서브트리를 순회한다.

● 루트 노드 값 - 좌측 서브트리 - 우측 서브트리

프리오더 트리는 이름 그대로 자식 노드를 순회하기 전, 루트 노드부터 방문한다. 이번 절에서는 프리오더 트리 워크의 구현 방식과 결과를 확인해보자. 다음과 같이 프리오더 트리 워크 함수를 BinaryTreeNode 클래스에 추가한다.

```
// 재귀적으로 노드를 순회하는 프리오더 트리 워크 함수
public class func traversePreOrder(node:BinaryTreeNode?) {
    // Nil인 잎에 도달하면 재귀적인 함수 호출이 중단됨
    guard let node = node else {
        return
    }

    // 메소드를 재귀적으로 호출해서 루트 노드 값을 출력한 뒤
    // leftChild와 rigthChild 순으로 순회
    print(node.value)
    BinaryTreeNode.traversePreOrder(node: node.leftChild)
    BinaryTreeNode.traversePreOrder(node: node.rightChild)
}
```

함수를 실행하기 위해 playground 예제 파일 끝 부분에 다음 코드를 추가한다.

```
BinaryTreeNode.traversePreOrder(node:rootNode)
```

결과값은 다음과 같다(입력값은 기존 BST와 동일하다).

```
10
5
4
8
20
21
```

프리오더 트리 워크는 BST 노드를 차례대로 복사하려할 때 유용하며, 트리의 노드와 노드를 순회할 때 좌측 상단부터 하단까지 이동한 뒤 우측으로 이동하며 복사한다는 것을 알 수 있다.

포스트오더 트리 워크

포스트오더post-order 알고리즘은 다음 순서대로 서브트리를 순회한다.

● 좌측 서브트리 – 우측 서브트리 – 루트 노드

포스트오더 트리 워크는 좌측 하단에서 시작해서 우측 상단으로 이동해 올라가면서 노드를 출력하기 때문에 트리에서 삭제 작업을 할 때 유용하다. 이런 방식으로 이동하면서 (불필요하게 메모리만 잡아먹고 있는) 단 하나의 노드도 그냥 지나치지 않고 필요에 따라 모든 레퍼런스를 삭제할 수 있다. 다음과 같이 포스트오더 트리 워크 함수를 BinaryTreeNode 클래스에 추가한다.

```
// 재귀적으로 노드를 순회하는 포스트오더 트리 워크 함수
public class func traversePostOrder(node:BinaryTreeNode?) {
    // Nil인 잎에 도달하면 재귀적인 함수 호출이 중단됨
    guard let node = node else {
        return
    }

    // 재귀적으로 메소드를 호출하면서 leftChild에서 시작해서
    // rigthChild로 이동한 뒤, 루트 노드에서 순회를 종료함
    BinaryTreeNode.traversePostOrder(node: node.leftChild)
    BinaryTreeNode.traversePostOrder(node: node.rightChild)
    print(node.value)
}
```

함수를 실행하기 위해 playground 예제 파일 끝 부분에 다음 코드를 추가한다.

```
BinaryTreeNode.traversePostOrder(node:rootNode)
```

결과값은 다음과 같다.

```
4
8
5
21
20
10
```

이번 결과값은 좌측 하단에서 시작해서 우측 상단으로 이동한 뒤 루트 노드에서 끝난다.

검색

이상으로, 이진 검색 트리를 만드는 법과 루트 노드부터 올바른 순서대로 노드를 삽입하는 방법, 그리고 서로 다른 세 가지의 재귀적인 방법으로 트리 노드를 순회하는 방법에 대해 알아봤다. 이번엔 기본적인 검색 작업을 수행하는 방법에 대해 알아보자.

이번 예제에서는 노드에 포함돼 있는 값을 키로 삼아서 특정 노드를 검색할 수 있는 메소드를 구현한다. 만일 그런 값이 없다면 옵셔널 BinaryTreeNode 객체 내에서 nil을 반환하도록 한다. 그리고 이 메소드를 BinaryTreeNode 클래스에 추가한다.

```
public func search(value:T) -> BinaryTreeNode? {
    // 키값을 찾은 경우
    if value == self.value {
        return self
    }

    // 해당 키값이 현재 노드의 키값보다 작은 경우
    // 좌측 서브트리에서 재귀적으로 검색을 시작
    // 그렇지 않은 경우 우측 서브트리에서 검색 시작
    if value < self.value {
        guard let left = leftChild else {
            return nil
        }
        return left.search(value: value)
    } else {
        guard let right = rightChild else {
            return nil
        }
    return right.search(value: value)
    }
}
```

이제 함수를 테스트해보자. 트리 내에 존재하는 값과 존재하지 않는 값을 각각 검색해본다. playground 파일에 아래 코드를 추가한다.

```
// search 함수를 호출
print("Search result: " + "\(rootNode.search(value: 1)?.value)")
print("Search result: " + "\(rootNode.search(value: 4)?.value)")
```

위 코드의 실행 결과 nil과 해당 값이 반환된다.

```
Search result: nil
Search result: Optional(4)
```

앞서 언급한 바와 같이, 이진 검색 트리에서의 검색 작업은 n이 트리의 높이라 했을 때, 컴플리트 트리^{completed trees}에서 최악의 경우 $O(log(n))$의 시간이 소요되며, (연결 목록과 비슷한 형태의) 선형 트리에서 $O(n)$의 시간이 소요된다.

삭제

삭제 작업은 노드 삽입이나 검색에 비해 훨씬 까다로운 편인데, 이는 트리에서 특정 노드를 삭제하기 위해서는 그에 따르는 다양한 상황을 미리 구체적으로 알고 있어야 하기 때문이다. 이번 절에서는 삭제의 다양한 시나리오를 먼저 살펴보고, 이후 삭제 메소드의 구현에 대해 알아본다.

삭제하려는 노드를 x라고 부르자. 우리가 분석해 볼 삭제 시나리오는 다음과 같다.

- 노드 x가 자식 요소를 지니지 않은 경우

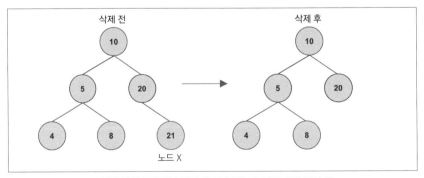

▲ 이진 검색 트리에서 자식 요소가 없는 노드의 삭제 전과 후

이 경우, 노드 x에 대한 참조값에 `nil`을 할당해서 부모 노드와 노드 x의 연결을 끊는다. 이렇게 하면 트리 내에서 노드 x를 참조하는 노드가 존재하지 않게 되고, 결국 노드 x를 삭제한 것이 된다.

● 노드 x가 단 하나의 자식 요소만 지닌 경우

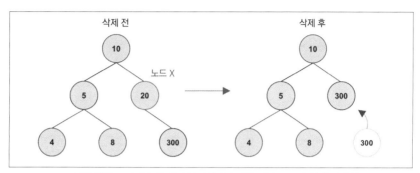

▲ 이진 검색 트리에서 단 하나의 자식 요소만을 지닌 노드의 삭제 전과 후

이 경우, 노드 x로 이어지던 참조값을 노드 x가 아닌, 노드 x의 자식 요소로 연결하는 방식을 취한다. 지난 예제에서 노드 x의 값은 20이고 그 부모 노드는 10의 값을 지니고 있었다. 이제 10의 값을 지니고 있는 부모 노드는 우측 서브트리의 참조값으로 노드 x의 자식 요소를 바로 가리키게 되며, 이번 예제에서는 300에 해당한다.

● 노드 x가 두 개의 자식 요소를 지닌 경우

이 경우는 다른 두 경우에 비해 좀 더 복잡하다. 두 개의 자식 요소를 모두 지니고 있는 경우, 다음 절차를 따른다.

1. 삭제 대상 노드보다 큰 값 중 가장 작은 요소를 찾는다. 이는 인오더 자손in-order successor 노드이자, 우측 서브트리의 최솟값이 된다. 동일한 방식으로, 삭제 대상 노드보다 작은 값 중 가장 큰 요소를 찾는다. 이는 인오더 조상in-order predecessor 노드이자, 좌측 서브트리의 최댓값이 된다.

2. 트리 내에서, 이들 자손과 후손 노드를 삭제하려는 노드의 위치로 이동시킨다.

3. 자손과 후손 노드 내에서 재귀적으로 삭제 함수를 호출한다.

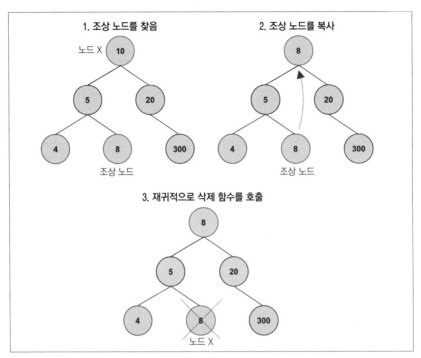

1. 조상 노드를 찾음

노드 X

2. 조상 노드를 복사

3. 재귀적으로 삭제 함수를 호출

노드 X

▲ 이진 검색 트리에서 두 개의 자식 요소를 지닌 노드를 삭제

이제, 삭제 함수를 구현해보자. BinaryTreeNode 클래스에 다음 delete 함수를 추가한다.

```
// 노드 삭제
   public func delete() {
       if let left = leftChild {

           if let _ = rightChild {
               // 대상 노드가 좌측 및 우측, 두 개의 자식 요소를 모두 지닌 경우 ->
               // 후손 교환 작업을 수행
               self.exchangeWithSuccessor()
           } else {
               // 대상 노드가 좌측 자식 요소를 지닌 경우 ->
               // 대상 노드의 self.parent와 self.child를 바로 연결함
               // 이를 위해서는 먼저 대상 노드가 부모 노드의 우측 서브
```

```swift
            // 트리에 속한 자식의 좌측 노드인지 알아야 함
            self.connectParentTo(child: left)
        }

    } else if let right = rightChild {
        // 대상 노드가 우측 자식 요소를 지닌 경우 ->
        // 대상 노드의 self.parent와 self.child를 바로 연결함
        // 이를 위해서는 먼저 대상 노드가 부모 노드의 우측 서브
        // 트리에 속한 자식의 좌측 노드인지 알아야 함
        self.connectParentTo(child: right)
    } else {
        self.connectParentTo(child: nil)
    }

    // 노드 참조값을 삭제
    self.parent = nil
    self.leftChild = nil
    self.rightChild = nil
}

// 삭제 대상 노드의 후손을 위해 노드 교환을 수행
private func exchangeWithSuccessor() {
    guard let right = self.rightChild , let left = self.leftChild
    else {
        return
    }
    let successor = right.minimum()
    successor.delete()

    successor.leftChild = left
    left.parent = successor

    if right !== successor {
        successor.rightChild = right
        right.parent = successor
    } else {
        successor.rightChild = nil
    }
```

```
        self.connectParentTo(child: successor)
    }

    private func connectParentTo(child:BinaryTreeNode?) {
        guard let parent = self.parent else {
            child?.parent = self.parent
            return
        }
        if parent.leftChild === self {
            parent.leftChild = child
            child?.parent = parent
        }else if parent.rightChild === self {
            parent.rightChild = child
            child?.parent = parent
        }
    }
```

그리고 다음과 같은 도우미 helper 메소드가 필요하다.

```
// 주의: 도우미 메소드
// 트리 내 최솟값 확인
    public func minimumValue() -> T {
        if let left = leftChild {
            return left.minimumValue()
        }else {
            return value
        }
    }

// 트리 내 최댓값 확인
    public func maximumValue() -> T {
        if let right = rightChild {
            return right.maximumValue()
        }else {
            return value
        }
    }

// 트리 내 최소 노드 반환
```

```swift
    public func minimum() -> BinaryTreeNode {
        if let left = leftChild {
            return left.minimum()
        }else {
            return self
        }
    }

// 트리 내 최대 노드 반환
    public func maximum() -> BinaryTreeNode {
        if let right = rightChild {
            return right.maximum()
        }else {
            return self
        }
    }

// 트리의 높이
    public func height() -> Int {
        if leftChild == nil && rightChild == nil {
            return 0
        }
        return 1 + max(leftChild?.height() ?? 0, rightChild?.height() ?? 0)
    }

// 트리의 깊이
    public func depth() -> Int {
        guard var node = parent else {
            return 0
        }
        var depth = 1
        while let parent = node.parent {
            depth = depth + 1
            node = parent
        }
        return depth
    }
```

이상으로 삭제 함수를 구현했다. playground 파일에 다음 코드를 추가해서 삭제 작업을 테스트한다.

```
// 삭제
rootNode.leftChild?.delete()
rootNode.rightChild?.delete()
BinaryTreeNode.traverseInOrder(node:rootNode)
```

지금까지 스위프트의 기본적인 이진 트리의 구현 방법에 대해 알아봤다. 그리고 이진 트리의 활용을 위한 기본 작업인 노드 삽입과 검색에 대해서도 살펴봤다. 마지막으로, 이진 검색 트리에서 삭제 작업을 수행하기 위해 세 가지 시나리오를 알아보고 그에 맞는 삭제 함수도 구현했다. 다음은, 트리의 또 다른 유형인 B 트리에 대해 알아본다.

B 트리

B 트리는 이진 검색 트리와 여러 모로 비슷하지만, 두 가지 큰 차이점이 있다. B 트리는 이진 검색 트리와 달리 자식 노드의 수가 2개로 한정돼 있지 않으며, 노드가 지닌 키의 수 역시 1개로만 한정돼 있지 않다.

B 트리는 스스로 균형을 잡고, 스스로 정렬하며, 루트 노드를 스스로 설정하는 트리다. 또한 로그 시간 내에 노드의 삽입, 검색, 삭제, 접근이 가능하다.

각각의 내부 노드는 n개의 키를 지니며, 이들 키는 자식 노드를 분할하는 기준점처럼 사용된다. 즉, n개의 키가 있다면 내부 노드는 $n+1$개의 자식 노드를 지니게 된다.

이러한 특성으로 인해 B 트리는 데이터베이스 또는 외부 저장 시스템 등 다양한 분야에서 활용된다. 노드마다 두 개 이상의 자식 노드와 여러 개의 키를 지닐 수 있어서, 내부 노드 내에서 데이터 비교할 수 있는 다양한 방식을 구현할 수 있으며, 트리의 높이를 줄여서 노드 접근 및 검색에 대한 복잡성을 감소시킬 수 있다.

B 트리에 속한 각각의 내부 노드는 서로 다른 여러 개의 키를 지닐 수 있다. 이들 키는 서브트리를 분할하는 데 사용된다. 다음 예제 그림을 살펴보자.

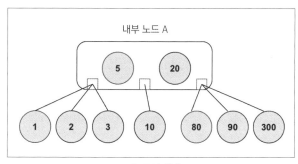

▲ B 트리 사례

위 그림에서 내부 노드 A는 세 개의 자식(서브트리)을 지닌다. 이들을 분리하기 위해 [5, 20], 두 개의 키를 사용한다. 그 아래 여러 개의 노드가 속해 있지만, 잘 정돈된 데이터 구조이기 때문에 특정 노드를 매우 신속하게 검색할 수 있다.

B 트리의 수학적 속성은 다음과 같다.

오더 X인 B 트리에서,

- 루트 노드는 1개의 키와 0~2개의 자식 노드를 지닐 수 있다.
- 그 외의 노드는 다음 규칙을 따른다.
  - x/2부터 x-1개의 순서 키
  - x/2-1부터 x개의 자식 노드 (서브트리)
- 최악의 트리 높이 시나리오에서 $O(log(n))$의 시간 소요
- 모든 잎은 (트리의 높이에 해당하는) 동일한 깊이를 지닌다.

스플레이 트리

스플레이splay 트리는 특수한 형태의 이진 검색 트리로서, 스플레잉splaying이라 부르는 특유의 작업을 통해 가장 최근에 방문했던 노드에 신속히 접근할 수 있는 기능을 제공한다.

스플레이 작업이란 마지막으로 방문했던 노드를 트리의 새로운 루트 노드로 만드는 것이다. 이렇게 하면, 최근 방문했던 노드의 높이가 최소화되고, 다음 번에 방문할 때 매우 쉽고 빠르게 접근할 수 있게 된다. 스플레이 트리는 검색과 트리 회전tree rotations의 결합을 통해 스스로를 최적화해 나간다.

보통의 트리 높이에서 $O(log(n))$만큼의 시간이, (그럴리는 거의 없지만) 최악의 시나리오에서 $O(n)$의 시간이 소요된다. n개의 노드를 지닌 트리에서 각각의 스플레이 작업에 소요되는 분할 상환 시간amortized time은 $O(log(n))$이다. 분할 상환 시간 분석amortized time analysis은 특정 알고리즘에서 최악의 시나리오를 검토할 수 없을 때 (최악의 경우뿐 아니라) 다양한 시나리오를 검토할 때 사용하는 복잡성 분석 방식이다.

널리 알려진 스플레이 트리의 용도로는 캐시caches와 가비지 컬렉션garbage collections이 있다. 이들 두 기술 모두 최근 방문했던 노드를 신속하게 접근할 수 있게 해주며, 스플레이라는 특수한 작업을 수행하는 이진 검색 트리의 장점이 잘 드러나는 사례라 할 수 있다.

스플레이 작업

스플레이 작업에는 특정 노드를 루트 노드의 위치로 옮기기 위해 세 개의 메소드가 사용된다. 이들 메소드는 스플레이 작업을 수행함과 동시에, 다른 모든 노드가 스플레이 노드의 경로를 따라 루트 노드와 최대한 가까이 놓일 수 있도록 균형을 잡는 작업을 수행한다. 이번 절에서는 부모 노드 p, 조부모 노드 g를 지닌 스플레이 노드 x를 가지고 이들 세 가지 유형의 스플레이 작업이 어떻게 수행되는지 알아본다.

지그 회전

지그zig 회전은 노드 X가 루트 노드의 자식 노드일 때 일어나며, 이때 X의 부모 노드 P는 트리의 루트가 된다. 이때는 X에서 P방향의 모서리를 기준으로 회전이 이뤄진다.

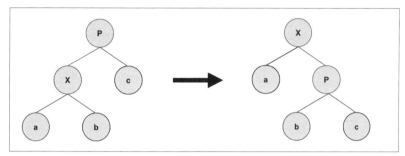

▲ B 트리의 지그 회전

지그지그 또는 재그재그 회전

지그지그 또는 재그재그 회전은 P가 루트 노드가 아니고, X와 P 모두 우측 자식 또는 좌측 자식에 속할 때 일어난다. 트리는 P에서 G 모서리 방향으로 회전한 뒤 X에서 P 모서리 방향으로 다시 한 번 회전한다. 지그지그는 두 번 연속으로 우측 방향으로 회전하는 것, 그리고 재그재그는 두 번 연속으로 좌측 방향으로 회전하는 하는 것을 의미한다.

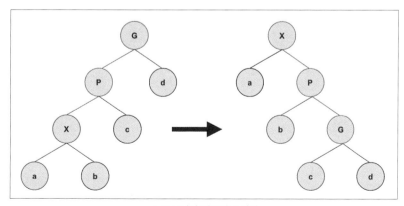

▲ B 트리의 지그지그 회전

지그재그 회전

지그재그 회전은 P가 루트 노드가 아니고, X는 좌측 자식, P는 우측 자식이거나 그 반대의 경우에 일어난다. 먼저, 트리를 P와 X 모서리 방향으로 회전한 뒤, 그 결과로 생긴 G와 X 모서리 방향으로 다시 한 번 회전한다.

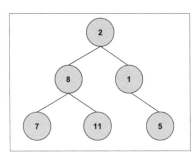

▲ B 트리의 지그재그 회전

정리

5장에서는 이미 여러분이 알고 있는 데이터 구조에 기본적인 요소가 추가된 새로운 데이터 구조, 즉 트리 데이터 구조에 대해 알아보고 기본 트리 구조 외에, 이진 검색 트리, B 트리, 스플레이 트리 등 다양한 유형의 트리를 프로젝트에서 활용하는 방법에 대해서도 알아봤다. 또한 6장에서 자세히 살펴보게 될 레드블랙 트리의 개요에 대해서도 소개했다.

이제 우리는 트리의 작동 방식, 유용성, 특정 문제 상황에서 어떤 트리 구조가 적합한지에 대해 알게 됐고, 가장 보편적으로 사용되는 트리 데이터 구조인 이진 검색 트리의 구현 방식에 대해서도 알게 됐다.

또한, 스위프트에서 데이터를 관리하기 위한 기본적인 방법인 데이터 삽입, 검색, 삭제 작업에 대해서도 잘 살펴봤다.

5장의 마지막 내용으로, 특수한 상황에서 활용되는 B 트리, 스플레이 트리의 일반적인 특성에 대해서도 알아봤다. 6장에서는 고급 트리 구조에 대해 좀 더 깊이 있게 알아본다.

6 고급 검색 메소드

5장에서는 트리 데이터 구조의 개요와 트리 데이터 구조의 종류에 대해 살펴봤다. 6장에서는 이진 검색 트리의 응용, 또는 고급 트리 모델이라 할 수 있는 레드블랙 트리와 AVL 트리에 대해 알아본다. 또한, 고급 트리 모델을 살펴보면서 기존의 검색 메소드에서 발전된, 고급 검색 메소드의 구현 방법에 대해서도 살펴본다.

6장에서 다루는 주요 내용은 다음과 같다.

- 레드블랙 트리
- AVL 트리
- 트라이^{Trie} 트리(레이딕스^{Radix} 트리)
- 서브 스트링 검색 알고리즘

레드블랙 트리

레드블랙 트리는 이진 검색 트리와 유사하며, 이진 검색 트리의 모든 노드에 컬러 color라는 새로운 파라미터를 추가한다는 점만 다르다.

노드의 컬러는 레드 또는 블랙 중 하나가 되므로, 레드블랙 트리 노드에는 키값, 컬러, 부모에 대한 참조값, 좌측 자식과 우측 자식에 대한 참조값이 포함돼야 한다.

레드블랙 트리는 다음과 같은 컬러 조건을 충족해야 한다.

1. 모든 노드는 레드 또는 블랙 컬러 중 하나가 된다.
2. 루트는 블랙이다.
3. 모든 NULL/nil 잎은 블랙이다.
4. 모든 레드 노드의 자식은 블랙 노드가 된다.
5. 트리 내 모든 노드에 대해, 노드에서 자손 잎으로 이어지는 경로에는 동일한 수의 블랙 노드가 포함된다.

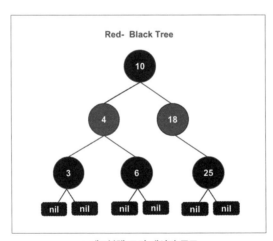

▲ 레드블랙 트리 데이터 구조

위 그림에서 컬러 조건은 다섯 가지에 이르므로, 레드블랙 트리는 트리 높이가 같은 상황에서 데이터와 관련된 주요 작업인 검색, 삽입, 삭제 등에서 최악의 성능 시나리오를 보장한다. 그래서 기본적인 이진 검색 트리와 달리, 레드블랙 트리는 최악의 시나리오 상황을 미리 파악해야 하는 실시간 데이터 처리 작업 및 관련 애플리케이션 구현에 자주 활용된다.

레드블랙 트리는 다음과 같은 시간과 공간의 복잡성을 지닌다.

- **검색 시간**: 평균 및 최악의 상황에서의 시간 = $O(log(n))$
- **삽입 시간**: 평균 및 최악의 상황에서의 시간 = $O(log(n))$
- **삭제 시간**: 평균 및 최악의 상황에서의 시간 = $O(log(n))$
- **작업 공간**: 평균 및 최악의 상황에서의 공간 = $O(n)$

여기서 n은 트리 내 노드의 수를 나타낸다.

레드블랙 트리 노드의 구현

이상으로, 레드블랙 트리의 특성에 대해 알아봤다. 이번 절에서는 레드블랙 트리의 기본 클래스를 작성한다.

이제, 이진 검색 트리의 경우보다 조금은 더 복잡한 레드블랙 트리의 삽입 시나리오에 대해 알아본다. 이때, 삽입 작업이 복잡한 이유는 트리에 새로운 노드를 삽입한 후 다섯 가지 컬러 조건을 그대로 유지해야 하기 때문이다.

먼저, 첫 번째 버전의 RedBlackTreeNode 클래스와 컬러 조합 작업을 도와줄 RedBlackTreeColor 열거형을 작성한다.

엑스코드에서 File > New > Playground 메뉴를 선택한 뒤 B05101_6_RedBlackTree를 연다. 소스 파일 폴더에 RedBlackTreeNode.swift라는 이름의 새 파일을 추가하고, 다음 코드를 작성한다.

```
// 노드에 적용 가능한 컬러를 열거형으로 정의
public enum RedBlackTreeColor : Int {
    case red = 0
    case black = 1
}

public class RedBlackTreeNode<T:Comparable> {
    // 키값과 자식-부모 변수
    public var value:T
    public var leftChild:RedBlackTreeNode?
    public var rightChild:RedBlackTreeNode?
    public weak var parent:RedBlackTreeNode?
    // 컬러 변수
    public var color:RedBlackTreeColor
    // 초기화
    public convenience init(value: T) {
        self.init(value: value, left: nil, right: nil, parent:nil,
        color: RedBlackTreeColor.black)
    }

    public init(value:T, left:RedBlackTreeNode?,
    right:RedBlackTreeNode?, parent:RedBlackTreeNode?,
    color:RedBlackTreeColor) {
        self.value = value
        self.color = color
        self.leftChild = left
        self.rightChild = right
        self.parent = parent
    }
}
```

먼저, RedBlackTreeColor 열거형을 통해 노드에 레드와 블랙, 두 가지 컬러를 적용할 수 있도록 했다.

레드블랙 트리에서 노드를 관리하기 위한 기본적인 클래스인 RedBlackTreeNode를 정의했는데, 여기에는 키값, 자식 참조값, 부모 참조값, 그리고 컬러 속성이 포함돼 있다.

레드블랙 트리를 초기화할 때 init 메소드를 사용하며, (두 번째 컬러 조건에 따라) 루트 노드의 기본 설정 컬러는 블랙이다.

이제, 두 개의 도우미 메소드를 추가해서 이후 발생하게 될 복잡한 상황을 처리할 수 있도록 한다. 이들 메소드는 특정 노드의 (아직은 존재하지 않는) 삼촌 노드, 혹은 조부 노드에 접근할 수 있도록 도와준다. 여기서 노드의 삼촌이라 함은 부모 노드의 형제 노드를 의미하고, 노드의 조부라 함은 부모의 부모 노드를 의미한다. 아래 도우미 메소드를 RedBlackTreeNode 클래스에 추가한다.

```
// MARK: 도우미 메소드
// 노드의 조부 노드를 반환하거나, 해당 노드가 없을 경우 nil을 반환함
public func grandParentNode() -> RedBlackTreeNode? {
    guard let grandParentNode = self.parent?.parent else {
        return nil
    }
    return grandParentNode
}


// 노드의 삼촌 노드를 반환하거나, 해당 노드가 없을 경우 nil을 반환함
// 삼촌 노드는 부모 노드의 형제를 의미함
public func uncleNode() -> RedBlackTreeNode? {
    guard let grandParent = self.grandParentNode() else {
        return nil
    }
    if parent === grandParent.leftChild {
        return grandParent.rightChild
    }else {
        return grandParent.leftChild
    }
}


// 트리의 상단에서 하단에 이르는 모든 레이어를
// 그에 포함된 노드의 값과 컬러를 포함해서 출력
public static func printTree(nodes:[RedBlackTreeNode]) {
    var children:[RedBlackTreeNode] = Array()
    for node:RedBlackTreeNode in nodes {
        print("\(node.value)" + " " + "\(node.color)")
        if let leftChild = node.leftChild {
```

```
            children.append(leftChild)
        }
        if let rightChild = node.rightChild {
            children.append(rightChild)
        }
    }
    if children.count > 0 {
        printTree(nodes: children)
    }
}
```

회전

이번 절에서는 레드블랙 트리가 균형을 잡는 (혹은 노드가 이동하는 가운데 컬러 조건을 유지할 수 있는) 방법인 트리의 회전에 대해 알아보자.

트리 회전은 트리에 포함된 노드를 이동시키는 방법으로, (모든 자식 노드에 균일하게 적용됨과 동시에) 해당 노드의 높이를 다른 위치로 변경할 수 있다. 이번 절에서는 잠시 후 살펴볼 삽입 작업에 활용할 수 있도록 우측 회전과 좌측 회전, 두 가지 시나리오를 검토할 것이다.

우측 회전

다음과 같은 시나리오에서 우측 회전을 시행한다.

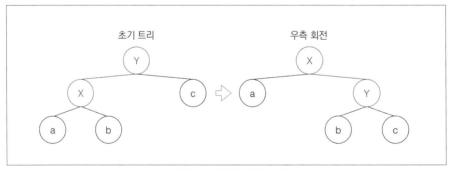

▲ 레드블랙 트리에서 우측 회전

다음 단계에 따라 우측 회전을 시행한다.

1. 노드 X는 회전 후 새로운 트리의 루트 노드가 되기 위해 위로 올라간다(그림의 우측). 노드 X의 부모인 노드 Y는 우측 자식 요소가 된다(Y의 값이 더 크므로 우측 서브트리에 있어야 한다).

2. 노드 Y의 부모 노드가 있는 경우 노드 X의 부모 요소가 된다.

3. 노드 X의 우측 자식 노드는 새로운 자식 요소인 노드 Y의 좌측 자식이 된다.

위 내용을 스위프트 코드로 구현해보자. `RedBlackTreeNode` 클래스에 `rotateRight()` 메소드를 추가한다.

```swift
//MARK: 트리 회전
// 우측 회전
public func rotateRight() {
    guard let parent = parent else {
        return
    }

    // 1. 나중의 사용을 위해 임시 참조값을 저장함
    let grandParent = parent.parent
    let newRightChildsLeftChild = self.rightChild
    var wasLeftChild = false
    if parent === grandParent?.leftChild {
        wasLeftChild = true
    }

    // 2. 기존의 부모 노드가 새 우측 자식 노드가 됨
    self.rightChild = parent
    self.rightChild?.parent = self

    // 3. 기존의 조부 노드가 새 부모 노드가 됨
    self.parent = grandParent
    if wasLeftChild {
        grandParent?.leftChild = self
    }else {
        grandParent?.rightChild = self
    }
```

```
    // 4. 기존의 우측 자식 노드가 새로운 우측 자식의 좌측 자식 노드가 됨
    self.rightChild?.leftChild = newRightChildsLeftChild
    self.rightChild?.leftChild?.parent = self.rightChild
}
```

코드의 주석문을 정리해보면 우측 회전의 주요 절차는 다음과 같다.

1. 초깃값 설정에서 나중의 사용을 위해 참조값을 저장해 둔다.

2. 노드 X의 부모였던 노드 Y는 이제 노드 X의 우측 자식 요소가 된다.

3. 노드 Y의 기존의 부모 요소가 있다면, 이를 노드 X의 새로운 부모 요소로 삼는다.

4. 노드 X의 우측 자식 요소를 노드 Y의 좌측 자식 요소로 삼는다.

좌측 회전

트리의 좌측 회전은 우측 회전과 반대되는 버전이라 할 수 있다. 다음과 같은 시나리오에서 좌측 회전을 시행한다.

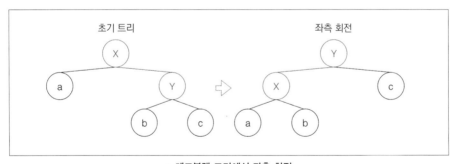

▲ 레드블랙 트리에서 좌측 회전

다음 단계에 따라 좌측 회전을 시행한다.

1. 회전 후 노드 X는 새로운 트리의 좌측 자식 노드가 된다(그림 우측). 노드 X의 우측 자식 요소였던 노드 Y는 노드 X의 부모가 된다(노드 Y의 값이 더 크므로 노드 X는 노드 Y의 좌측 서브트리에 위치한다).

2. 노드 X가 부모 요소를 지닌 경우 노드 Y의 부모가 된다.

3. 노드 Y의 좌측 자식 요소는 그 자식 노드인 X의 우측 자식 요소가 된다.

위 내용을 스위프트 코드로 구현해보자. `RedBlackTreeNode` 클래스에 `rotateLeft()` 메소드를 추가한다.

```
// 우측 회전
public func rotateLeft() {
    guard let parent = parent else {
        return
    }

    // 1.나중의 사용을 위해 임시 참조값을 저장함
    let grandParent = parent.parent
    let newLeftChildsRightChild = self.leftChild
    var wasLeftChild = false
    if parent === grandParent?.leftChild {
        wasLeftChild = true
    }

    // 2. 기존의 부모 노드가 새 좌측 자식 노드가 됨
    self.leftChild = parent
    self.leftChild?.parent = self

    // 3. 기존의 조부 노드가 새로운 부모 노드가 됨
    self.parent = grandParent
    if wasLeftChild {
        grandParent?.leftChild = self
    }else {
        grandParent?.rightChild = self
    }

    // 4. 기존의 좌측 자식 요소는 새로운 좌측 자식의 우측 자식 노드가 됨
    self.leftChild?.rightChild = newLeftChildsRightChild
    self.leftChild?.rightChild?.parent = self.leftChild
}
```

코드의 주석문을 정리해보면 좌측 회전의 주요 절차는 다음과 같다.

1. 초깃값 설정에서 나중의 사용을 위해 참조값을 저장해 둔다.
2. 노드 Y의 부모였던 노드 X는 이제 노드 Y의 좌측 자식 요소가 된다.
3. 노드 X의 기존의 부모 요소가 있다면, 이를 노드 Y의 새로운 부모 요소로 삼는다.
4. 노드 Y의 좌측 자식 요소를 노드 X의 우측 자식 요소로 삼는다.

삽입

지금까지 레드블랙 트리의 노드와 트리를 관리하기 위해 도우미 클래스를 포함한 기본 클래스를 구현하는 방법과 컬러를 관리하기 위한 열거형 구현 방법에 대해 알아봤다. 또한 좌측, 그리고 우측 회전 메소드의 구현 방법도 알아봤다. 이번 절에서는 삽입 작업에 대해 살펴본다.

앞서 소개한 다섯 가지 컬러 조건을 충족해야 하기 때문에, 레드블랙 트리에서의 삽입 작업은 꽤 복잡한 편이다. 삽입 작업은 컬러 조건에 따라 다른 시나리오가 적용되며, 어떤 경우에도 컬러 조건에 부합한 상태에서 삽입 작업이 진행되도록 해야 한다.

작업 과정을 좀 더 단순화하기 위해, 다음과 같은 두 가지 단계로 삽입 작업을 진행한다.

1. 기본 컬러를 레드로 설정한 상태에서 이진 검색 트리의 방식으로 노드를 삽입한다.
2. 첫 번째 단계가 진행되면서 컬러 조건중 일부가 깨졌다면, 트리 컬러 구조와 노드를 수정해서 깨진 조건을 바로 잡는다.

RedBlackTreeNode 클래스에 다음과 같이 삽입 메소드를 추가한다.

```
// MARK: 삽입
// 삽입 메소드
public func insertNodeFromRoot(value:T) {
    // 이진 검색 트리의 속성을 유지하기 위해
```

```
    // 루트 노드에서 insertNode 작업을 수행해야 함
    if let _ = self.parent {
        // 부모 노드가 있다면, 그 노드는 루트 노가 아님
        print("You can only add new nodes from the root
        node of the tree");
        return
    }
    self.addNode(value: value)
}

private func addNode(value:T) {
    if value < self.value {
    // 해당 값이 루트의 값보다 작은 경우,
    // 좌측 서브트리에 노드를 삽입
    // 좌측 서브트리가 존재한다면 해당 위치에 삽입하고,
    // 그렇지 않은 경우, 새로운 노드 생성 후 좌측 자식 요소로 추가
    if let leftChild = leftChild {
        leftChild.addNode(value: value)
    } else {
        let newNode = RedBlackTreeNode(value: value)
        newNode.parent = self
        newNode.color = RedBlackTreeColor.red
        leftChild = newNode
        //Review tree color structure
        insertionReviewStep1 (node: newNode)
    }
    } else {
    // 해당 값이 루트의 값보다 큰 경우,
    // 우측 서브트리에 노드를 삽입
    // 우측 서브트리가 존재한다면 해당 위치에 삽입하고,
    // 그렇지 않은 경우, 새로운 노드 생성후 우측 자식 요소로 추가
    if let rightChild = rightChild {
        rightChild.addNode(value: value)
    } else {
        let newNode = RedBlackTreeNode(value: value)
        newNode.parent = self
        newNode.color = RedBlackTreeColor.red
        rightChild = newNode
        // 트리 컬러 구조를 확인
        insertionReviewStep1(node: newNode)
        }
    }
    }
}
```

트리 컬러 구조의 확인 작업은 다섯 가지 시나리오를 따른다. 먼저, 컬러 구조 확인을 위한 첫 번째 메소드인 insertionReviewStep1에 대해 알아보자.

1. 추가하려는 노드가 트리의 첫 번째 노드인 경우, 해당 요소는 루트 노드가 된다. 레드블랙 트리의 루트 노드는 이미 알고있는 것처럼 블랙이어야 한다. 이번 메소드는 그런 상황을 확신한 상태에서 사용하며 코드는 다음과 같다.

```
// 1. 루트 노드는 블랙임
private func insertionReviewStep1(node:RedBlackTreeNode) {
    if let _ = node.parent {
        insertionReviewStep2(node: node)
    } else {
        node.color = .black
    }
}
```

2. 두 번째 단계에서, 추가하려는 노드의 부모 컬러가 레드 혹은 블랙인지 확인한다. 만일 블랙이라면, 아무 문제 없이 노드를 추가할 수 있다(컬러 조건에 따라, 올바른 레드블랙 트리라면 부모는 블랙, 잎은 레드이면 된다). 다음과 같이 메소드를 추가한다.

```
// 2. 부모 노드가 블랙인가?
private func insertionReviewStep2(node:RedBlackTreeNode) {
    if node.parent?.color == .black {
        return
    }
    insertionReviewStep3(node: node)
}
```

3. 세 번째 단계에서, 추가하려는 노드의 부모와 삼촌이 레드인지 확인한다. 만일 레드라면 이들 요소의 컬러를 블랙으로 바꾸고 조부의 컬러는 레드로 바꾼다. 이렇게 하면 해당 부분은 레드블랙 트리의 규칙에 부합하게 된다. 하지만, (루트 노드일지도 모르는) 조부 노드를 레드로 바꾸면, 루트는 블랙이어야 한다는 두 번째 규칙을 어기게 된다. 이를 바로잡기 위해 조부 요소를 있는 그대로 놔둔 채, 해당 노드를 삽입하고 첫 번째 단계와 동일한 과정을 거친다.

다음 그림에서 새로 삽입한 노드가 n이라고 했을 때, P는 부모, U는 삼촌, G는 조부가 된다.

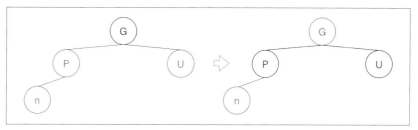

▲ 레드블랙 트리에서의 노드 삽입 세 번째 단계

다음과 같이 메소드를 추가한다.

```
// 3. 부모와 삼촌이 레드인가?
private func insertionReviewStep3(node:RedBlackTreeNode) {
    if let uncle = node.uncleNode() {
        if uncle.color == .red {
            node.parent?.color = .black
            uncle.color = .black
            if let grandParent = node.grandParentNode() {
                grandParent.color = .red
            insertionReviewStep1(node: grandParent)
            }
            return
        }
    }
    insertionReviewStep4(node: node)
}
```

4. 네 번째 단계에 이르면 남은 가능성은 부모는 레드, 삼촌은 블랙일 수 있다는 것이다. 이번에는 조부 G의 좌측 자식 요소인 부모 P의 우측 자식 노드가 n이 되도록 한다(그 반대의 경우도 동일하다).

P를 기준으로 좌측 회전했을 때 어떤 일이 벌어지는지 살펴보자.

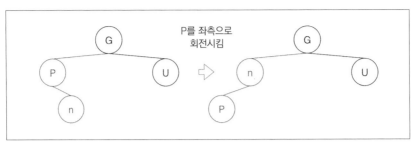

▲ 레드블랙 트리에서의 노드 삽입 네 번째 단계

회전을 한 다음 n과 P의 역할을 바꾼다. 이제 n은 P의 부모가 된다. 그래서 다음 단계를 시행하면 n과 P의 라벨이 바뀌게 된다. 다음과 같이 메소드를 추가한다.

```
// 4. 부모는 레드, 삼촌은 블랙인 경우. 해당 노드는
// 우측 자식의 좌측 자식 또는 좌측 자식의 우측 자식 노드임
private func insertionReviewStep4(node:RedBlackTreeNode) {
    var node = node
    guard let grandParent = node.grandParentNode() else {
        return
    }
    if node === node.parent?.rightChild &&
    node.parent === grandParent.leftChild {
        node.parent?.rotateLeft()
        node = node.leftChild!
    } else if node === node.parent?.leftChild &&
    node.parent === grandParent.rightChild {
        node.parent?.rotateRight()
        node = node.rightChild!
    }
    insertionReviewStep5(node: node)
}
```

5. 마지막 단계에 이르면 다음과 같은 모습이 된다.

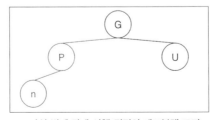

▲ 다섯 번째 단계 시행 직전의 레드블랙 트리

노드 n과 부모 노드 P 모두 레드이고, 이들은 각각 부모 요소의 좌측 자식 요소가 된다(만일 이들 요소가 우측 자식인 경우 반대의 회전 작업을 시행한다).

G를 우측으로 회전시키고 P와 G의 컬러를 교환하면 다음과 같은 모습이 된다.

▲ 레드블랙 트리에서의 노드 삽입 다섯 번째 단계

드디어 모든 컬러 조건에 부합하는 레드블랙 트리가 완성됐다. 다음과 같이 메소드를 추가한다.

```
// 5. 부모는 레드, 삼촌은 블랙. 노드는 좌측 자식의
// 좌측 자식 노드 또는 우측 자식의 우측 자식 노드가 된다.
private func insertionReviewStep5(node:RedBlackTreeNode) {
    guard let grandParent = node.grandParentNode() else {
        return
    }
    node.parent?.color = .black
    grandParent.color = .red
    if node === node.parent?.leftChild {
        grandParent.rotateRight()
    } else {
        grandParent.rotateLeft()
    }
}
```

이상으로, 컬러 조건에 부합하는 레드블랙 트리를 만들었다. 다섯 단계를 거치면서, 노드를 삽입하고 레드블랙 트리 고유의 속성을 유지할 수 있게 됐다. 이번 작업의 결과를 확인하기 위해 새로운 루트와 노드를 추가해보자. playground 파일에 아래와 같은 코드를 삽입한 뒤 실행한다.

```
let rootNode = RedBlackTreeNode.init(value: 10)
rootNode.insertNodeFromRoot(value: 12)
rootNode.insertNodeFromRoot(value: 5)
rootNode.insertNodeFromRoot(value: 3)
rootNode.insertNodeFromRoot(value: 8)
rootNode.insertNodeFromRoot(value: 30)
rootNode.insertNodeFromRoot(value: 11)
rootNode.insertNodeFromRoot(value: 32)
rootNode.insertNodeFromRoot(value: 4)
rootNode.insertNodeFromRoot(value: 2)

RedBlackTreeNode.printTree(nodes: [rootNode])
```

지금까지 기본적인 레드블랙 트리를 구현했다. 특히 고급 트리 구현에서 활용하기 위해 시나리오에 따른 트리의 회전 메소드도 구현해 봤다. 다음 절에서는 최초의 자가 균형 트리인 AVL 트리에 대해 알아본다.

AVL 트리

조지 아델슨 벨스키Georgy Adelson-Velski, 그리고 예브게니 랜디스Evgenii Landis의 이름 첫 글자에서 따온 AVL 트리는 최초의 자체 균형 이진 검색 트리다.

AVL 트리의 가장 두드러진 특징은 서브트리 노드의 높이가 N일때, 동일한 노드의 또 다른 서브트리의 높이는 [N-1, N+1] 범위 내에 있어야만 한다는 것이다. 이는 좌우의 자식 요소의 높이가 항상 달라야 함을 의미한다.

예를 들어, 우측 서브트리의 높이가 3이라면, 좌측 서브트리의 높이는 2~4여야만 한다는 것이다. 이때 두 서브트리의 높이차를 균형 요소 또는 밸런스 팩터Balance factor라 한다.

Balance factor = Height(RightSubtree) − Height(LeftSubtree)

220

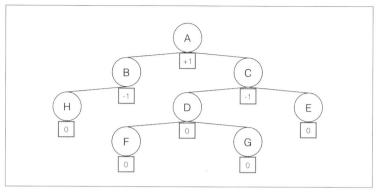

▲ 각 노드마다 균형 요소를 지니고 있는 AVL 트리

위 이미지에서, AVL 트리의 균형 요소는 모든 노드에 대해 [-1, 1]의 범위에 있고, 잎들은 각각 0의 균형 요소를 지닌다.

● 균형 요소가 < 0인 경우, 해당 노드는 좌측이 무겁다고 하고

● 균형 요소가 = 0인 경우, 해당 노드는 균형이 잡혔다고 하고

● 균형 요소가 > 0인 경우, 해당 노드는 우측이 무겁다고 한다.

우측 서브트리가 이러한 조건을 만족하지 않는 경우 균형 바로잡기 동작rebalance operation이 실행된다.

AVL 트리 특유의 견고한 구조 덕분에 아래와 같은 성능 특성을 지닌다.

● **검색**Search: 평균 및 최악의 복잡성 하에서 시간 = $O(log(n))$

● **삽입**Insertion: 평균 및 최악의 복잡성 하에서 시간 = $O(log(n))$

● **삭제**Deletion: 평균 및 최악의 복잡성 하에서 시간 = $O(log(n))$

● **공간**Space: 평균 및 최악의 복잡성 = $O(n)$

n은 트리의 노드 수를 의미한다.

검색과 같은 읽기 작업은 레드블랙 트리보다 빠른데, 이는 AVL 트리가 좀 더 균형이 맞는 구조이기 때문이다. 하지만, 삽입과 삭제 작업은 레드블랙 트리보다 느리

며, 이는 AVL 트리가 [-1, 1]이라는 균형 조건에 따라 데이터 구조의 균형을 잡는 작업을 함께 수행해야 하기 때문이다.

AVL 트리 노드의 구현

AVL 트리의 노드를 표현할 수 있는 새로운 클래스를 만들자. 앞서 설명한 바와 같이, AVL 트리는 균형 요소라는 개념을 사용하므로, 각각의 노드마다 바로 이 균형 요소를 속성값으로 추가해야 한다.

엑스코드에서 File ➤ New ➤ Playground 파일을 생성하고, B05101_6_AVLTree라 이름 붙인다. Sources 폴더에 AVLTreeNode라는 이름의 새로운 스위프트 클래스를 추가하고 다음과 같은 코드를 작성한다.

```
public class AVLTreeNode<T:Comparable> {
    // 키값과 자식-부모 변수
    public var value:T
    public var leftChild:AVLTreeNode?
    public var rightChild:AVLTreeNode?
    public weak var parent:AVLTreeNode?
    public var balanceFactor:Int = 0
    // 초기화
    public convenience init(value: T) {
        self.init(value: value, left: nil, right: nil, parent:nil)
    }

    public init(value:T, left:AVLTreeNode?, right:AVLTreeNode?,
    parent:AVLTreeNode?) {
        self.value = value
        self.leftChild = left
        self.rightChild = right
        self.parent = parent
        self.balanceFactor = 0
    }
}
```

위 코드에서, 노드의 기본 구조는 앞서 살펴본 이진 검색 트리와 매우 유사함을 알 수 있다. 단지 balanceFactor:Int라는 새로운 프로퍼티를 통해 균형 요소를 저장한 부분만 다르다. 기본적으로 균형 요소값은 0과 같으며, 이는 트리에 새로운 AVL 노드를 추가할 때 해당 트리에 서브트리가 없는 경우 높이는 처음부터 0이기 때문이다.

AVL 트리의 기본 작업에 대해 설명하기 전에, 앞서 살펴봤던 트리 회전 기술에 대해 생각해보자. 앞서 레드블랙 트리를 설명하면서 트리 회전은 데이터 구조 또는 트리의 균형 바로잡기에 활용될 수 있다고 설명했는데, 이는 다음과 같이 표현할 수 있다.

> "트리 회전은 (다른 모든 자식 요소의 속성을 균등하게 유지하면서) 특정 노드의 높이를 변경하기 위해 트리의 노드를 다른 위치로 이동시킬 수 있는 기법이다."

AVL 트리 회전

AVL 트리의 회전 역시 레드블랙 트리와 매우 유사하지만, 각 노드가 AVL 트리 특유의 프로퍼티인 balanceFactor를 지닌다는 점이 다르며, 회전이 일어나면 이 값 역시 바뀌게 된다.

AVL 트리 회전은 다음 두 단계에 따라 이뤄진다.

1. 스스로 회전한다.
2. 회전 과정에 포함된 노드의 balanceFactor를 업데이트한다.

회전 동작에는 다음과 같은 네 가지 타입이 있다.

- 좌측 단순 회전Simple rotation left
- 우측 단순 회전Simple rotation right
- 좌우 이중 회전Double rotation—left-right
- 우좌 이중 회전Double rotation—right-left

이제 AVL 트리의 회전 동작을 구현해보자.

좌측 단순 회전

다음 조건이 충족되면 좌측 단순 회전을 시행한다.

- 노드 X가 노드 Y의 부모

- 노드 Y가 노드 X의 우측 자식

- 노드 Y는 좌측이 무겁지 않음(따라서 높이는 0보다 작지 않음)

- 노드 X의 균형 요소는 +2임

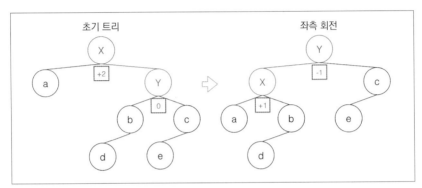

▲ AVL 트리의 좌측 단순 회전의 전과 후 모습

회전 과정은 레드블랙 트리와 매우 유사하며, 균형 요소를 업데이트해서 추가하는 점만 다르다.

AVLTreeNode 클래스에 다음 rotateLeft() 메소드를 추가한다.

```
// 단순 좌측 회전 메소드 구현
public func rotateLeft() -> AVLTreeNode {
    guard let parent = parent else {
        return self
    }

    // 1 단계: 회전
    // 0. 나중에 사용할 수 있도록 임시 참조값을 저장
    let grandParent = parent.parent
    let newLeftChildsRightChild = self.leftChild
    var wasLeftChild = false
```

```
if parent === grandParent?.leftChild {
   wasLeftChild = true
}

//1. 기존의 부모 노드가 새로운 좌측 자식 노드가 됨
self.leftChild = parent
self.leftChild?.parent = self

//2. 기존의 조부 노드가 새로운 부모 노드가 됨
self.parent = grandParent
if wasLeftChild {
   grandParent?.leftChild = self
} else {
   grandParent?.rightChild = self
}

//3. 기존의 좌측 자식 노드가 새로운 좌측 자식의 우측 자식 노드가 됨
self.leftChild?.rightChild = newLeftChildsRightChild
self.leftChild?.rightChild?.parent = self.leftChild


// 2 단계: 높이 업데이트
if self.balanceFactor == 0 {
   self.balanceFactor = -1
   self.leftChild?.balanceFactor = 1
} else {
   self.balanceFactor = 0
   self.leftChild?.balanceFactor = 0
}
   return self
}
```

이상으로, 1단계인 회전 동작과 2단계인 균형 요소 업데이트 작업을 통해 단순 좌측 회전이 진행되는 방법에 대해 알아봤다.

단순 우측 회전

단순 좌측 회전의 반대 경우로, 우측 회전 메소드를 사용한다.

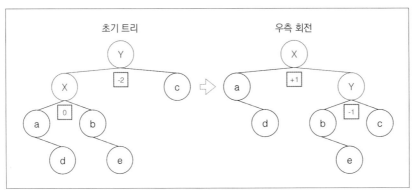

▲ AVL 트리의 우측 단순 회전의 전과 후 모습

AVLTreeNode 클래스에 rotateRight() 메소드를 추가한다.

```
// 단순 우측 회전 메소드 구현
public func rotateRight() -> AVLTreeNode {
    guard let parent = parent else {
        return self
    }

    // 1 단계: 회전
    // 0. 나중에 사용할 수 있도록 임시 참조값을 저장
    let grandParent = parent.parent
    let newRightChildsLeftChild = self.rightChild
    var wasLeftChild = false
    if parent === grandParent?.leftChild {
        wasLeftChild = true
    }

    //1. 기존의 부모 노드가 새로운 우측 자식 노드가 됨
    self.rightChild = parent
    self.rightChild?.parent = self

    //2. 기존의 조부 노드가 새로운 부모 노드가 됨
    self.parent = grandParent
```

```
if wasLeftChild {
    grandParent?.leftChild = self
}else {
    grandParent?.rightChild = self
}

//3. 기존의 우측 자식 노드가 새로운 우측 자식의 좌측 자식 노드가 됨
self.rightChild?.leftChild = newRightChildsLeftChild
self.rightChild?.leftChild?.parent = self.rightChild


// 2 단계: 높이 업데이트
if self.balanceFactor == 0 {
    self.balanceFactor = 1
    self.leftChild?.balanceFactor = -1
} else {
    self.balanceFactor = 0
    self.leftChild?.balanceFactor = 0
}
    return self
}
```

이번 단순 우측 회전은 단순 좌측 회전의 반대 경우에 시행한다.

우좌 이중 회전

앞서 단순 좌측 회전에 대해 알아봤는데, 이를 위해서는 다음 조건이 충족돼야 한다.

- 노드 X가 노드 Y의 부모

- 노드 Y가 노드 X의 우측 자식

- 노드 Y는 좌측이 무겁지 않음(따라서 높이는 0보다 작지 않음)

- 노드 X의 균형 요소는 +2임

하지만, 만일 노드 Y의 좌측이 무거운 경우에는 어떻게 해야 하는가? 바로 이때 우좌 이중 회전을 시행한다.

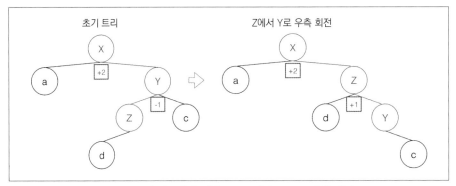

▲ AVL 트리 이중 회전 1단계: 노드 Z에서 노드 Y로 우측 회전

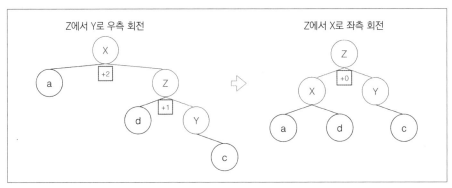

▲ AVL 트리 이중 회전 2단계: 노드 Z에서 노드 X로 좌측 회전

위 그림에서 보는 바와 같이 총 2단계로 회전을 시행하며, 마지막 단계에서 모든 균형 요소는 범위 [-1, 1]의 적정값을 지니게 된다.

이제 AVL 트리 이중 회전 메소드를 직접 구현해보자. AVLTreeNode 클래스에 rotateRightLeft() 메소드를 추가한다.

```
// 우-좌 이중 회전 메소드의 구현
public func rotateRightLeft() -> AVLTreeNode {
    // 1: 이중 회전
    _ = self.rotateRight()
    _ = self.rotateLeft()

    // 2: 균형 요소 업데이트
    if (self.balanceFactor > 0) {
```

```
            self.leftChild?.balanceFactor = -1;
            self.rightChild?.balanceFactor = 0;
        }
        else if (self.balanceFactor == 0) {
            self.leftChild?.balanceFactor = 0;
            self.rightChild?.balanceFactor = 0;
        }
        else {
            self.leftChild?.balanceFactor = 0;
            self.rightChild?.balanceFactor = 1;
        }
        self.balanceFactor = 0;
        return self
}
```

우좌 이중 회전 메소드는 1단계 회전, 2단계 균형 요소 업데이트를 시행함을 알 수 있다.

좌우 이중 회전

좌우 이중 회전은 우좌 이중 회전의 반대 경우에 시행한다.

이번엔 조건을 충족하지 못하는 AVL 트리의 상황을 가정하고 이중 회전을 통해 조건을 충족하도록 해보자. 다음과 같이 AVLTreeNode 클래스에 도우미 메소드를 추가해서 초기 설정이 올바르지 않은 AVL 트리를 생성한다.

```
// 삽입 메소드 구현
public func insertNodeFromRoot(value:T) {

    // 이진 검색 트리 속성을 유지하기 위해 루트
    // 노드에서 insertNode 메소드를 실행해야 함
    if let _ = self.parent {

        // 만일 부모가 있다면 루트 노드가 아님
        print("You can only add new nodes from the root node of the tree");
        return
    }
    self.addNode(value: value)
}
```

```swift
private func addNode(value:T) {
    if value < self.value {
        // 삽입할 노드의 값은 루트 노드 값보다 작은 경우,
        // 좌측 서브트리에 삽입해야 함

        // 좌측 서브트리에 삽입하되, 만일 좌측 서브트리가 존재하지
        // 않으면 새로운 노드를 생성하고 좌측 자식 노드로 삼음
        if let leftChild = leftChild {
            leftChild.addNode(value: value)
        } else {
            let newNode = AVLTreeNode(value: value)
            newNode.parent = self
            leftChild = newNode
        }
    } else {
        // 삽입할 노드의 값은 루트 노드 값보다 큰 경우,
        // 우측 서브트리에 삽입해야 함

        // 우측 서브트리에 삽입하되, 우측 서브트리가 존재하지 않으면
        // 새로운 노드를 생성하고 우측 자식 노드로 삼음
        if let rightChild = rightChild {
            rightChild.addNode(value: value)
        } else {
            let newNode = AVLTreeNode(value: value)
            newNode.parent = self
            rightChild = newNode
        }
    }
}

// 트리의 상단부터 하단에 이르는 모든 레이어의 노드 값과 균형 요소를 출력
public static func printTree(nodes:[AVLTreeNode]) {
    var children:[AVLTreeNode] = Array()
    for node:AVLTreeNode in nodes {
        print("\(node.value)" + " " + "\(node.balanceFactor)")
        if let leftChild = node.leftChild {
            children.append(leftChild)
        }
        if let rightChild = node.rightChild {
            children.append(rightChild)
        }
    }
```

```
    if children.count > 0 {
        printTree(nodes: children)
    }
}
```

playground 파일에 아래 코드를 추가한다.

```
//: 불균형 AVLTree의 생성
var avlRootNode = AVLTreeNode.init(value: 100)
avlRootNode.insertNodeFromRoot(value: 50)
avlRootNode.insertNodeFromRoot(value: 200)
avlRootNode.insertNodeFromRoot(value: 150)
avlRootNode.insertNodeFromRoot(value: 125)
avlRootNode.insertNodeFromRoot(value: 250)

avlRootNode.balanceFactor = 2
avlRootNode.rightChild?.balanceFactor = -1
avlRootNode.rightChild?.rightChild?.balanceFactor = 0
avlRootNode.rightChild?.leftChild?.balanceFactor = -1
avlRootNode.rightChild?.leftChild?.leftChild?.balanceFactor = 0
avlRootNode.leftChild?.balanceFactor = 0

print("Invalid AVL tree")
AVLTreeNode.printTree(nodes: [avlRootNode])
//: 불균형 상태를 해소하기 위해 회전을 시행
if let newRoot = avlRootNode.rightChild?.leftChild?.rotateRightLeft() {
    avlRootNode = newRoot
}

//: 트리의 각 레이어를 출력
print("Valid AVL tree")
AVLTreeNode.printTree(nodes: [avlRootNode])
```

결과를 통해 알 수 있듯이 회전 프로세스가 성공적으로 작동하고 균형 요소는
[-1,1] 사이의 범위에 있으면서 트리의 균형을 잘 유지한다.

이상으로, (두 개의 단순 회전과 두 개의 이중 회전 기법을 통해) AVL 트리의 균형을 바로
잡는 방법에 대해 알게 됐다. 다음은 AVL 트리에서의 검색과 삽입 작업에 대해 알
아본다.

검색

AVL 트리에서의 검색 작업은 이진 검색 트리처럼 간단하며, 기법상 특정 노드에서의 검색 방식에는 차이가 없다.

삽입

하지만 삽입 작업은 이진 검색 트리에 비해 훨씬 복잡하다. AVL 트리는 균형 요소라는 엄격한 규칙을 따르며, 삽입 작업 과정에서 이러한 균형 상태가 깨질 수 있기 때문이다. 올바른 서브트리에 새로운 노드를 삽입한 뒤엔, 그 조상 노드의 균형 요소가 모두 유지되고 있는지 확인해야 하며, 이러한 작업을 재검토 또는 리트레이싱retracing이라고 한다. 만일 적절하지 못한 ([-1 , 1] 범위를 벗어난) 값을 지닌 균형 요소가 있다면, 회전을 통해 이를 바로잡아야 한다.

AVL 트리에서의 삽입 및 재검토 작업의 진행 방식은 다음과 같다.

- 모든 균형 요소가 [-1, 1] 범위에 있는 AVL 트리에 새로운 노드 Z를 삽입한다.

- 삽입된 노드 Z를 노드 X의 서브트리에 추가하려 한다.

- 트리의 하단에서부터 서브트리에 이르기까지 균형 요소를 확인한다. 적절하지 못한 값이 있는 경우, 회전을 통해 이를 바로잡는다. 다음, 균형 요소가 0이 되거나, 혹은 루트 노드에 다다를 때까지 트리 상단으로 이동한다.

트라이 트리

지금까지, 이진 트리, 이진 검색 트리, 레드블랙 트리, AVL 트리 등 다양한 트리 구조에 대해 알아봤다. 이들 트리 모두 특정 노드의 콘텐트(값이나 키 등)는 이전 노드의 콘텐트와 아무런 관련이 없었으며, 하나의 노드만으로 그 속에 포함된 값이나 숫자로 의미를 전달했다.

하지만 현실 세계에서는 하나의 노드가 아닌, 공통 분모를 지닌 일련의 데이터 노드를 저장해야 하는 경우가 대부분이다. 예를 들어, 전화번호부에 알파벳 순으로 나오는 연관 단어의 접두사, 접미사를 생각해보자.

바로 이때 트라이^{Trie} 트리가 활용된다. 트라이 트리는 순위 데이터 구조로서 모서리^{edge}는 키를 지니고 자손 노드는 이전 값의 일부분을 공유한다. 다음 그림을 살펴보자.

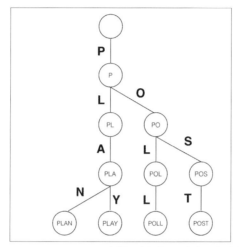

▲ plan, play, poll, post 단어를 저장하는 트라이 트리 사례

위 그림에서 보는 바와 같이, 트리의 각 모서리는 키의 일부분을 포함하고 있으며, 상단에서 하단의 특정 노드로 모서리를 추가할 때마다 완벽한 키 조합을 생성하게 된다.

일부 구현 예제는 각 서브트리 끝 부분에서 nil 잎을 이용해서 더 이상의 노드가 없음을 나타내기도 한다(이를 통해 완벽한 키 조합을 완성할 수 있다). 다른 구현 예제는 잎에서는 물론, 내부 노드에서 nil을 전달해서 키 조합의 완성 시기를 알려주기도 한다. 트라이 트리는 다양한 유형이 있으며, 이 책에서는 그 중 하나인 레이딕스 ^{Radix} 트리에 대해 설명한다.

트라이 트리는 다음과 같은 특성을 지닌다.

- 트라이 트리 구조에서 검색의 최악의 시간 복잡성은 $O(n)$이다(이때 n은 키의 최대 길이다). 이렇게 알게 된 최악의 성능 시나리오에 대한 정보는 애플리케이션 개발에 도움을 준다.
- 트라이 트리의 높이 또한 n이다.
- 트리는 해시 테이블과 비교했을 때, 해시 함수를 필요로 하지 않으며, 이 때문에 키 충돌 역시 발생하지 않는다.
- 값은 순위에 따라 나열되므로, 알파벳 순과 같이 편리한 방식으로 값을 표시할 수 있다.
- 루트 노드는 항상 빈 상태다.

트라이 트리는 자동완성 함수, 텍스트 예측 입력, 단어 게임 등 다양한 분야에서 오래 전부터 활용돼 왔다. 이들 애플리케이션은 대규모 데이터(단어 등)를 찾고 활용하는 데 있어 요긴하게 사용된다. 트라이 트리를 이용해서 소문자로 된 단어를 찾되, 마침표가 없고 특수 문자도 없는 단어를 찾도록 하는 등 시간 소모, 메모리 소모를 줄일 수 있는 알고리즘이기도 하다.

다음 절에서는 트라이 트리 중 하나인 레이딕스 트리에 대해 알아본다.

레이딕스 트리

트라이 트리는 각각의 모서리에 하나의 문자 또는 하나의 값을 담고 있지만, 트라이 트리의 압축 버전이라고 할 수 있는 레이딕스^{Radix} 트리는 각각의 모서리에 하나 이상의 문자 또는 (단어 검색에 사용할 경우) 단어 전부를 담을 수 있다.

그래서 레이딕스 트리는 트라이 트리의 매우 효율적인 버전이라고 할 수 있으며, 메모리 소모와 트리를 저장할 공간을 크게 줄일 수 있다. 다음 그림을 살펴보자.

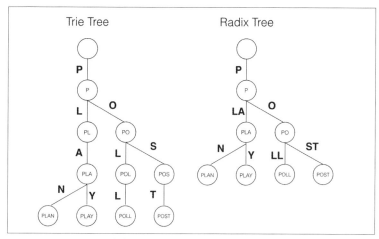

▲ 트라이 트리(좌)와 레이딕스 트리(우)에 동일한 입력값을 넣었을 때

위 그림을 보면 PLAN, PLAY, POLL, POST라는 동일한 데이터를 처리하는 과정에서, 트라이 트리와 레이딕스 트리의 차이가 잘 드러남을 알 수 있다. 두 방식의 차이점은 다음과 같다.

- 레이딕스 트리는 좀 더 적은 수의 노드를 사용한다. 레이딕스 트리의 사용 목적 중 하나는 메모리 사용량의 감소에 있으며, 이는 각각의 키에 좀 더 많은 정보를 담고, 모서리의 수를 줄임으로써 가능해 진다.

- 위와 같이 모서리에 하나의 문자를 압축해서 넣는 작업은 노드가 하나의 자식 요소만을 지녔을 때 가능하다. 위 그림에서 트라이 트리의 모서리는 [L → A], [L → L], 그리고 [S → T]로 이어졌다는 사실을 기억하자. 이런 경우에도 하나의 노드/모서리에 문자를 압축할 수 있다.

- 레이딕스 트리를 만드는 일은 보통의 트라이 트리를 만드는 것보다 좀 더 어렵다.

레이딕스 트리 애플리케이션의 대표적인 사례로 IP 루팅 시스템을 들 수 있다. IP 주소는 키의 동일한 부분을 공유하는 값이 대부분이며, 끝자리 숫자 몇 개만 다른 경우가 많다. 이런 경우, 레이딕스 트리를 이용해서 불필요한 데이터 처리 업무를 줄일 수 있다. 다음 예제를 생각해보자.

우리가 데이터 구조를 저장하기 위한 다수의 IP 주소를 가지고 있다고 가정해보자. IP 주소는 연속된 수의 모음으로, (인터넷 혹은 프라이빗) 네트워크상에 존재하는 특정 기기를 나타낸다. IP 주소는 0에서 255까지의 수를 마침표로 구분한 네 개의 숫자 묶음으로 이뤄져 있다. 동일 네트워크상의 IP 주소는 해당 그룹의 숫자 묶음 중 상당 부분을 공유한다(공유 부분은 마스크에 따라 달라지지만, 자세한 설명은 생략한다).

이번 예제에서는 두 개의 디바이스와 두 개의 로컬 네트워크가 있는 상황을 가정한다.

- 로컬 네트워크 XXX의 프리픽스(네트워크 노드의 공통부분)는 192.168.1.Z이고, 다음 노드를 지닌다.
- 디바이스 A: 192.168.1.100
- 디바이스 B: 192.168.1.200
- 로컬 네트워크 YYY의 프리픽스 (네트워크 노드의 공통부분)는 192.168.2.Z이고, 다음 노드를 지닌다.
- 디바이스 A: 192.168.2.100
- 디바이스 B: 192.168.2.200
- 특정 기기의 IP 주소가 로컬 네트워크 XXX에서 나온 것인지, 아니면 YYY에서 나온 것인지 알아보기 위한 레이딕스 트리는 다음과 같다.

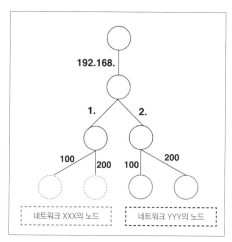

▲ IP 주소를 찾아내기 위한 Radix 트리 애플리케이션

위 그림을 보면 현실적으로 꽤 복잡할 수 있는 로컬 네트워크 XXX 또는 로컬 네트워크 YYY의 노드를 손쉽게 파악할 수 있다. 실제 로컬 네트워크는 수천 개의 노드를 지니고 있으며, 레이딕스 트리를 이용해서 키를 압축하면 불과 몇 개의 노드만으로 분석 및 처리가 가능하게 된다.

다양한 서브스트링 검색 알고리즘

소프트웨어 프로그래밍에서, 대규모 텍스트 데이터에서 특유의 패턴을 찾아야 하는 상황이 자주 발생한다. 이번 절에서는 이와 같은 상황에서 활용할 수 있는 텍스트 검색 알고리즘에 대해 알아본다.

텍스트 검색 알고리즘을 만들기에 앞서, 그 전제가 되는 몇 가지 조건을 설정한다.

- 텍스트 또는 문자열은 배열 T[1..n]으로 정의한다. 이때 n은 문자열에 포함된 문자의 수를 나타낸다.

- 우리가 검색하려는 패턴은 배열 P[1..m]으로 정의한다. 이때 m은 문자열에 포함된 문자의 수이며, $m <= n$이다.

- 배열 T에 문자열의 패턴인 배열 P가 존재한다면, 우리는 이를 배열 T에서 s만큼 이동^{shift}이라 표현한다. 패턴 배열 P는 배열 T의 s+1인 위치에서 찾을 수 있다. 즉, [1 < s < m-n]이라는 조건과 T[s+1 .. s+m] = P[1 .. m]이라는 조건이 성립한다.

위 개념을 좀 더 쉽게 이해하기 위해 다음 그림을 확인하자.

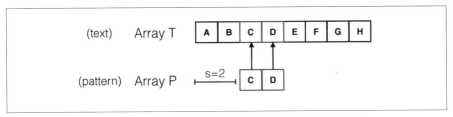

▲ 텍스트, 패턴, 이동의 예

모든 문자열 매칭 알고리즘의 목표는 배열 T에서 서로 다른 s의 위치값을 찾아내는 것이라 할 수 있다.

서브스트링 검색 알고리즘 사례
이번 절에서는 텍스트에 포함된 하위 문자열 혹은 서브스트링^{subtrings}을 검색하기 위한 두 개의 알고리즘에 대해 알아본다.

나이브(브루트 포스) 알고리즘
브루트 포스$^{brute\ force}$는 서브스트링 알고리즘 가운데 가장 이해하기 쉬운 알고리즘 중 하나다. 브루트 포스는 배열 T의 모든 위치를 순환하면서 각각의 위치와 패턴 P를 비교한다.

구현 방법 역시 매우 간단하지만, 성능 시간의 복잡성은 최악의 경우 $(n-m+1)\ m$에 이를 수 있다.

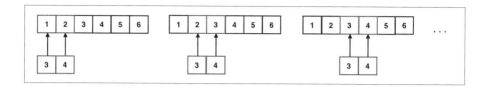

각 단계에서 m개의 대조군이 필요하며, 이번 예제에서는 3과 4 두 개의 비교 대상이 존재한다. 따라서, 확인해야 할 위치는 (n-m+1)개이며, 시간 복잡성은 (n-m+1) m이 된다.

브루트 포스를 구현한 아래 코드를 살펴보자. 엑스코드에서 File ➤ New ➤ Playground 메뉴를 통해 새 파일을 생성하고, B05101_6_StringSearch라 이름 붙인다. Sources 폴더에 StringSearch.swift라는 이름의 파일을 추가하고, 아래 코드를 작성한다.

```
public class StringSearch {
    // 문자열 배열을 활용한 브루트 포스 구현
    public static func bruteForce(search pattern:[Character],
    in text:[Character]) {
        // m과 n을 추출함
        let m = pattern.count - 1
        let n = text.count - 1
        // 텍스트에서 패턴을 검색
        for index in 0...n - m {
            let substringToMatch = text[index...index+m]
            print(substringToMatch)
            if substringToMatch == pattern[0...m] {
                print("Pattern found")
            }
        }
    }
}
```

이번 메소드는 문자열 배열에서 나이브 검색 기법을 사용한다. 문자열에 동일한 메소드가 적용되는지 확인하자.

위 메소드는 다음과 같은 코드로 테스트할 수 있다. 아래 명령어를 playground 파일에 추가한다.

```
StringSearch.bruteForce(search: ["3","4"], in: ["1","2","3","4","5","6"])
```

콘솔 로그를 확인하면, 문자열 배열의 위치마다 이동하면서 아래와 같은 결과값을 반환하는 것을 확인할 수 있다.

```
["1", "2"]
["2", "3"]
["3", "4"]
Pattern found
["4", "5"]
["5", "6"]
```

다음 절에서는 브루트 포스와는 다른 방식을 사용하면서 좀 더 복잡한 알고리즘에 대해 알아본다.

라빈카프 알고리즘

라빈카프Rabin-Karp 알고리즘은 나머지 연산 모듈로modulo의 동치 이론에 기초한 문자열 검색 알고리즘이다.

라빈카프 알고리즘은 다음 절차에 따라 작성한다.

1. 문자열을 숫자열로 변환한다. 예를 들어, 패턴 P가 문자열 31415인 경우, 이를 숫자 데이터 31415로 처리하는 것이다. 이를 (패턴의 길이인) m 자릿수의 검색 대상 문자열 T에 적용한다.

2. 우리가 찾으려는 패턴의 모듈을 modulo 13이라 했을 때 13으로 나눈 나머지를 계산한다. 31415의 mod 13은 7이며(31415 mod 13 = 7), 이 값을 저장해두었다가 배열 T의 숫자를 modulo 13과 비교해서 일치 여부를 판별한다.

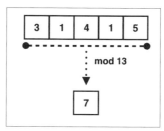

▲ 이번 패턴의 mod 13 값은 7이며, 나중에 mod 13과 동일한 자릿수의 그룹을 찾는다.

3. 이제 순환문을 통해 배열 T에서 우리가 찾는 패턴인 mod 13 값과 동일한 숫자 그룹을 반복해서 조회한다.

4. 어떤 숫자 그룹의 mod 13 값이 7과 같으면, 찾으려는 대상일 가능성이 있으며, mod 13이 같더라도 세부적인 자릿수가 다를 수 있으므로, 해당 숫자 그룹의 모든 자릿수를 하나씩 비교해 나간다. 이렇게 해서 동일한 숫자 그룹을 찾게 되면, 다시 숫자 그룹과 패턴의 일치 여부를 모든 자릿수와 비교한다.

5. mod 13 값이 같지 않다면, 네 번째 단계로 다시 돌아간다.

6. mod 13 값이 같다면, 포인터를 우측으로 한 칸씩 이동시킨다. 모든 자릿수를 비교한 뒤 다음 단계로 넘어간다. 배열 (좌측 상단의) 높은 자릿수를 밀어내고 (우측의) 낮은 자릿수를 이동시킨다. 새로운 숫자 그룹의 mod 13 값은 다음과 같이 계산한다.

이번 예제에서 31415 다음 자리의 숫자는 2다.

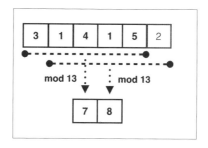

31415의 mod 13은 7이고, 다음 그룹인 14152의 mod 13은 8이다. 이때 다음 그룹은 한 칸 오른쪽으로 이동해서 새로운 자릿수를 만든다.

즉, 초깃값은 31415라는 숫자 그룹이 담긴 포인터이며, 이 숫자 그룹에 패턴 인식기인 mod 13을 적용하면 7이 된다. 다음, 숫자 그룹이 담긴 포인터를 오른 쪽으로 옮기면서 좌측 첫번째에 위치한 수인 3을 밀어내고, 우측 마지막 수인 2를 포함시킨다. 새로운 mod 13을 계산하려면 다음과 같은 절차를 따른다.

$14152 = (31415 - 3*10000) *10 + 2$ (mod 13 operations)

$14152 = (7 - 3*3) *10 + 2$ (mod 13)

$14152 = 8$ (mod 13)

위 메소드를 rabinKarpNumbers라 명명하고, 라빈카프 알고리즘을 구현하기 위한 StringSearch 클래스에 추가한다. 이번 메소드는 숫자로 채워진 텍스트에서 특정한 패턴 숫자 조합을 찾는다.

```swift
public static func rabinKarpNumbers(search pattern:String, in text:String,
modulo:Int, base:Int) {
    // 1. 초기화
    // Put the pattern and the text into arrays of strings ->
    // So "123" will be ["1","2","3"]
    let patternArray = pattern.characters.map { String($0) }
    let textArray = text.characters.map { String($0) }
    let n = textArray.count
    let m = patternArray.count
    let h = (base ^^ (m-1)) % modulo
    var patternModulo = 0
    var lastTextModulo = 0

    // 2. 패턴 modulo와 텍스트의 첫 번째 자릿수의 modulo를 계산한다.
    // (이후 modulo 산술 연산 프로퍼티로 다음 자릿수도 계산한다.)
    for i in 0...m-1 {
        guard let nextPatternDigit = Int(patternArray[i]),
        let nextTextDigit = Int(textArray[i]) else {
            print("Error")
            return
```

```
    }
    patternModulo = (base * patternModulo + nextPatternDigit) % modulo
    lastTextModulo = (base * lastTextModulo + nextTextDigit) % modulo
}
```

```
// 3. 동등 여부를 확인하고, 다음 자릿수의 modulo를 계산한다.
for s in 0...n - m - 1 {
    // 패턴 모듈로를 이용해서 마지막 modulo를 계산한다.
    if patternModulo == lastTextModulo {
        // 동등한 모듈로를 찾았다. 이제 이들 숫자 조합의 모든 자릿수도 같은지 확인한다.
        // 자릿수가 일부 달라도 모듈로는 같을 수 있으므로 확인 작업이 필요하다.
        let substringToMatch =
            textArray[s...s + m - 1].joined(separator: "")
        if pattern == substringToMatch {
            print("Pattern occurs at shift: " + "\(s)")
        } else {
            print("Same modulo but not same pattern: " + "\(s)")
        }
    }

    // 다음 숫자 그룹의 모듈로를 계산한다.
    if s < n - m {
        guard let highOrderDigit = Int(textArray[s]),
        let lowOrderDigit = Int(textArray[s + m]) else {
        print("Error")
        return
    }

    // 다음 모듈로를 계산하려면 숫자 그룹 왼쪽에 위치한 높은 단위의
    // 모듈로를 빼고, 다음 단계에서 낮은 단위의 모듈로를 더한다.

    //1. 높은 단위 자릿수의 모듈로를 뺀다.
    var substractedHighOrderDigit = (base*(lastTextModulo -
    highOrderDigit * h)) % modulo
    if substractedHighOrderDigit < 0 {
        // 모듈로가 음수인 경우, 이를 양수로 바꾼다.
        // (스위프트의 % 연산자는 나머지 연산자이지
        // modulo 연산자는 아니기 때문이다.)
```

```
            substractedHighOrderDigit = substractedHighOrderDigit +
            modulo
        }

        //2. 새로운 낮은 단위 자릿수를 더한다.
        var next = (substractedHighOrderDigit + lowOrderDigit) %
            modulo;
        if (next < 0) {
            // 모듈로가 음수인 경우, 이를 양수로 바꾼다.
            // (스위프트의 % 연산자는 나머지 연산자이지
            // modulo 연산자는 아니기 때문이다.)
            next = (next + modulo);
        }
        lastTextModulo = next
    }
  }
}
```

제곱 연산을 사용하기 위해 infix 연산자를 추가한다. StringSearch 클래스에 다음 코드를 추가한다.

```
import Foundation

precedencegroup PowerPrecedence { higherThan: MultiplicationPrecedence }
infix operator ^^ : PowerPrecedence
func ^^ (radix: Int, power: Int) -> Int {
   return Int(pow(Double(radix), Double(power)))
}
```

이제 playground 파일에 아래 코드를 입력하고 새로 만든 검색 메소드를 실행해보자(이번 검색 메소드는 순수한 텍스트 문자열이 아닌, 숫자로 구성된 문자열을 위한 것이다).

```
let text = "2359023141526739921"
   let pattern = "31415"
   let modulo = 13
   let base = 10
   StringSearch.rabinKarpNumbers(search: pattern, in: text, modulo:
modulo, base: base)
```

라빈카프 알고리즘은 브루트 포스 알고리즘에 비해 구현 과정이 꽤 까다로운 편이다.

이번 알고리즘에는 새로운 데이터 처리 기법인 지연 처리 기법이 적용됐으며, 패턴을 발견하기 위한 검색을 실행하기 전, modulo 13이라는 과정을 거쳤다. 하지만 일부 알고리즘의 경우, 결과를 검색하기 훨씬 전에 이와 같은 작업을 수행하며, 이와 같은 지연 시간을 데이터 처리 시간 또는 프로세싱 시간preprocessing time이라고 한다.

다음은 알고리즘별 실행 시간과 문자열 검색 알고리즘의 복잡성을 나타낸다.

알고리즘	처리 시간	매칭 시간
Brute force	0	$O((n - m + 1) m)$
Rabin–Karp	$\Theta(m)$	$O((n - m + 1) m)$
Finite automaton	$O(m \lvert \Sigma \rvert)$	$\Theta(n)$
Knuth–Morris–Pratt	$\Theta(m)$	$\Theta(n)$

이번에 살펴본 알고리즘보다 구현이 복잡한 Finite automaton, 그리고 Knuth-Morris-Pratt의 성능은 탁월한 수준이다. 이번 절에서는 문자열 검색 알고리즘의 기초와 활용에 대해 설명했으며, 이들 외 좀 더 복잡하면서 성능이 우수한 알고리즘은 스터디하면서 직접 구현해보기 바란다.

정리

6장에서는 고급 데이터 구조인 레드블랙 트리, AVL 트리, 트라이 트리 등에 대해 알아봤다. 또한, 이들 트리 구조의 활용에 필요한 기본 작업인 단일 회전, 이중 회전에 대해서도 알아보고, 이들 트리 구조를 어떤 상황에서, 어떤 목적으로 사용해야 하는 지에 대해서도 살펴봤다.

6장의 마지막 부분에서는 서브스트링 검색 알고리즘의 보편적이면서도 기본적인 개념에 대해 소개했다. 이제 더욱 복잡한 문자열 검색 알고리즘을 직접 구현할 수 있는 이론적 토대를 갖추게 됐다.

7장에서는 그래프 알고리즘과 이를 구현하기 위한 데이터 구조에 대해 알아본다.

7
그래프 알고리즘

그래프 알고리즘과 그래프 이론은 꽤 오래 전에 등장했지만, 최근 다양한 상황에서 널리 애용되는 데이터 분석 기법으로 각광받고 있다. 그래프가 포함된 다양한 알고리즘은 현대 애플리케이션 개발 프로젝트에서 빠질 수 없는 요소가 됐다. 소셜 네트워크가 여러분에게 (내 친구의 또 다른 친구 등 어떤 형태로든 사용자와 연결된) 새로운 친구를 추천하거나, GPS 서비스에서 현재 사용자의 위치와 목적지를 고려해서 최적의 경로를 추천하는 일은 현대를 사는 우리에게는 상식으로 자리잡았다. 그리고 이와 같은 문제를 그래프 알고리즘 기법으로 풀 수 있으며, 7장에서는 그 구현 방법에 대해 알아본다.

7장에서 다루는 주요 내용은 다음과 같다.

- 그래프 이론의 개요
- 그래프의 데이터 구조
- 깊이 우선 검색Depth first search

- 폭 우선 검색Breadth first search

- 스패닝 트리Spanning tree

- 최단 경로Shortest path

- SwiftGraph

그래프 이론

그래프는 다음 요소로 구성된다.

- 꼭지점들vertices의 모음

- 모서리들edges의 모음

그래프 이론에서 꼭지점vertex은 정보 개체entity를 나타내는 단일 노드a single node를 의미하며, 해결하려는 문제에 따라 달라질 수 있다. 모서리edge는 두 개 꼭지점의 연결선을 의미한다. 다음 그림을 살펴보자.

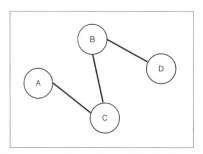

▲ 네 개의 꼭지점과 세 개의 모서리로 이뤄진 간단한 그래프의 모습

그래프는 실생활에서 어떻게 쓰이고 있을까? 우리가 일상적으로 사용하는 소셜 네트워크 앱을 하나 떠올리고, 이들 앱이 네트워크에서 사람들을 어떻게 연결하고 있을지 생각해보자. 소셜 네트워크에 연결된 사람들을 그래프로 표현한다면, 꼭지점은 개별 사용자의 프로필을, 모서리는 이들 사용자의 연결 여부를 나타낸다고 볼 수 있다.

세상에는 그래프의 형태로 표현할 수 있는 무수한 상황, 혹은 시나리오가 있으며, 특정 시나리오에 포함된 다양한 속성을 나타내기 위한 그래프 이론이 존재한다. 이번 절에서는 그 중 가장 대표적인 몇 가지를 살펴본다.

보편적으로 활용되는 그래프의 유형

그래프를 이용해서 문제를 해결하고자 한다면, 각각의 시나리오에 적합한 그래프를 선택하는 일이 무척 중요하다. 널리 사용되는 그래프의 유형은 다음과 같다.

무방향성 그래프

무방향성 그래프Undirected graph는 꼭지점을 연결하는 모서리가 양방향성인bi-directional 그래프를 가리킨다. 즉, 꼭지점 A와 꼭지점 B를 연결하는 모서리를 통해 A에서 B로, B에서 A로 이동할 수 있음을 나타낸다. 무방향성 그래프의 대표적인 사례는 한 무리의 친구를 표현하는 방식이다. 친구 관계는 서로가 서로에게 친구의 의미를 지니는, 양방향 관계다.

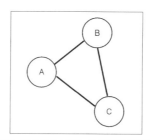

▲ 무방향성 그래프. 각각의 모서리는 꼭지점을 양방향으로 연결한다.

방향성 그래프

방향성 그래프Directed graph는 꼭지점을 한 방향으로만 연결한다. A → B 또는 A ← B와 같이 방향성을 나타내기 위해 모서리 끝 부분에 화살표를 추가한다. 방향성 그래프의 대표적인 사례는 어떤 도시를 왕복 여행하는 것을 표현한 것이며, 처음 A 장소에서 B 장소로, B 장소에서 C 장소로, 그리고 다시 C 장소에서 A 장소로 돌아오는 개념을 아래와 같이 표현할 수 있다.

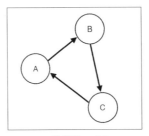

▲ 방향성 그래프

각각의 모서리는 연결된 꼭지점을 하나의 방향으로 연결한다. 위 경우 이동할 수 있는 방법은 오직 A에서 B, B에서 C, 그리고 C에서 A뿐이며, 다른 방향의 길은 존재하지 않는다.

가중치 그래프

가중치 그래프weighted graph는 각각의 모서리에 추가적인 정보 또는 서로 다른 값이 매겨진 그래프 유형이다. 보통의 경우, 추가적인 정보는 가중치 또는 두 꼭지점을 잇는 경로의 비용 등을 나타낸다. 가령, A → B → C → A로 이동하는 경로를 통과할 때 걸리는 시간이라는 개념을 생각해보자. 경로마다 걸리는 시간을 다음 그림과 같이 표시할 수 있으며, 각각의 경로를 지날 때 걸리는 시간과 모든 경로를 지났을 때의 시간 총합이 7이라는 사실을 손쉽게 파악할 수 있다.

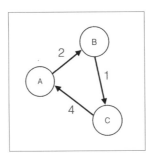

▲ 가중치 그래프

각 모서리는 출발지 꼭지점에서 목적지 꼭지점으로 이동하는 데 드는 시간 또는 비용을 나타낼 수 있다.

이상으로 실생활에서 널리 사용되는 그래프 이론에 대해 살펴봤으며, 다음 절에서 이들 그래프를 데이터 구조로 구현하는 방법에 대해 알아본다.

그래프의 표현 방식

그래프는 사람이 어떤 개념 또는 현상을 논리적으로 이해할 수 있는 훌륭한 방법 이지만, 컴퓨터 또는 컴파일러에게 원과 선분의 관계를 설명하는 일은 쉽지 않으 며, 컴퓨터에 꼭지점과 모서리로 구성된 데이터 구조를 저장하기 위한 몇 가지 방 법이 활용되고 있다. 그 중 대표적인 표현 방식을 살펴보자.

객체지향 접근법: 구조체와 클래스 활용

그래프를 나타내기 위해 객체지향 프로그래밍 기법에 활용되는 구조체와 클래스 를 사용하는 방법이다.

예를 들어, 꼭지점 개체를 나타내기 위해 (이름, 가중치, 또는 여타의 속성 등) 몇 개의 값으로 구성된 프로퍼티를 지닌 구조체를 정의하거나, (종단점, 연결된 꼭지점에 대한 참조값 등) 모서리 개체를 나타내기 위해 또 다른 구조체를 정의할 수 있다. 그리고 필요에 따라 (모서리 구조체의 가중치 등) 프로퍼티를 얼마든지 늘릴 수 있다.

이 방법은 $O(m+n)$의 공간을 차지하는데, 이때 m은 꼭지점의 수, n은 모서리의 수 를 나타낸다. 일반적인 처리 작업을 마치기 위해서는 선형 데이터 구조의 처리 시 간과 같은 $O(m)$의 시간이 소요되며, 이는 데이터 처리를 위해 모든 구조체와 클래 스 목록을 일일이 확인해야 하기 때문이다.

이웃 목록

이웃 목록^{Adjacency list}은 모든 꼭지점을 포함하며, 각각의 이웃 목록에는 그에 연결 된 꼭지점 목록이 포함된다. 다음과 같은 그래프를 살펴보자.

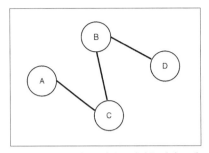

▲ 네 개의 꼭지점과 세 개의 모서리를 지닌 그래프

위 그래프의 이웃 목록은 다음과 같다.

- A: [C]

- B: [C, D]

- C: [A, B]

- D: [B]

위 방법을 이용하면 하나의 꼭지점이 다른 것과 서로 연결돼 있는지 여부를 즉각적으로 알 수 있으며, 모든 요소가 아닌, 해당 목록만 확인하면 된다.

위 이웃 목록에서 두 개의 꼭지점과 연결된, 목록에서 두 번 등장하는 모서리를 살펴보자. 예를 들어, A ↔ C를 서로 연결하는 모서리가 있을 경우 A 목록에 [C]가 들어있고, C 목록에도 [A..]가 들어있게 된다. 이들 요소를 저장하기 위해서는 $O(m+n)$의 공간이 필요하다.

이웃 매트릭스

이웃 매트릭스Adjacency matrix는 특정 모서리의 존재 여부를 확인하는 데 특히 유용하지만, 이웃 목록에 비해 좀 더 많은 저장 공간을 차지한다.

꼭지점을 열과 행으로 하는 매트릭스 또는 행렬을 만든다. 두 개의 꼭지점을 연결하는 모서리가 있다면, 행렬쌍의 값으로 1을 입력하고, 그렇지 않다면 0을 입력한다.

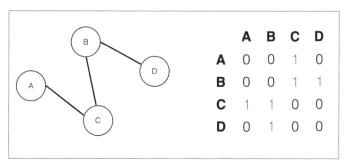

▲ 그래프와 그에 대응하는 이웃 매트릭스

근접 매트릭스

근접 매트릭스Incidence matrix에서는 행이 꼭지점을 나타내고, 열이 모서리를 나타 낸다. 두 개의 꼭지점이 모서리로 연결돼 있는 열에 1을 입력하므로, 각각의 열에 는 1이 두 개, 0이 한 개 있게 된다.

근접 매트릭스에서 각 행을 읽어보면, 어느 모서리와 꼭지점이 연결돼 있는지 즉 각 알 수 있다.

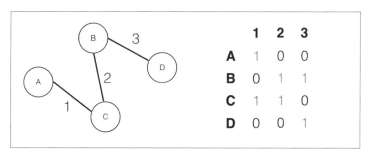

▲ 그래프와 그에 대응하는 근접 매트릭스

이 외에도 그래프를 컴퓨터에서 활용하는 다양한 표현 방식이 있다. 이제부터는 그래프를 스위프트 데이터 구조로 표현하기 위한 다양한 방법에 대해 알아본다.

데이터 구조

이번 절에서는 구조체, 제너릭, 프로토콜을 이용해서 꼭지점과 모서리 개체를 구현한다. 가장 먼저, 기본 요소(꼭지점, 모서리)를 만들고, 이들 요소를 활용할 수 있는 데이터 구조(이웃 목록과 그래프)를 완성할 것이다.

꼭지점

꼭지점을 표현하기 위해 새로운 구조체를 생성한다. 엑스코드에서 새 playground 파일을 생성하고 B05101_7_AdjacencyList라 이름 붙인다. Sources 폴더에 새 스위프트 파일을 생성하고 Vertex.swift라 이름 붙인 뒤 다음 코드를 입력한다.

```
public struct Vertex<T:Equatable>:Equatable {
    public var data:T
    public let index:Int
}
```

위 코드에서 Vertex 구조체를 정의하고, 제너릭 타입 T를 사용할 것임을 밝혔다. 이번 제너릭 T는 Equatable 프로토콜에 부합하며, Equatable은 여러 요소를 비교할 때 유용하게 쓸 수 있다.

꼭지점을 정확하게 묘사하기 위해서는 어떤 데이터를 저장해야 할까? 위 코드에서 우리는 두 개의 프로퍼티를 정의했다. 제너릭 타입 T인 데이터, 그리고 index다. index는 잠시 후 코드 구현에서 사용한다.

하지만 위 코드를 실행하면 컴파일 에러가 발생하며, Equatable 프로토콜을 활용하기 위한 함수를 구현해야 한다. 다음 메소드를 구조체 코드 하단에 입력한다.

```
public func == <T: Equatable> (lhs: Vertex<T>, rhs: Vertex<T>) -> Bool {
    guard lhs.data == rhs.data else {
        return false
    }
    return true
}
```

이처럼 프로토콜에 부합하는 메소드를 추가하면 두 개의 꼭지점을 손쉽게 비교할 수 있게 되며, == 기호만으로 비교 작업을 처리할 수 있다. 이제 두 개의 꼭지점의 동등 여부를 확인하기 위해 (Equatable에 부합하는) 해당 데이터의 프로퍼티만 비교하면 된다.

모서리

다음으로, Sources 폴더에 새로운 파일을 만들고 Edge라 명명한다. Edge.swift 파일에 다음 코드를 입력한다.

```
public struct Edge<T:Equatable>:Equatable {
    public let from:Vertex<T>
    public let to:Vertex<T>
}

public func == <T: Equatable> (lhs: Edge<T>, rhs: Edge<T>) -> Bool {
    guard lhs.from == rhs.from else {
        return false
    }
    guard lhs.to == rhs.to else {
        return false
    }
    return true
}
```

Edge 구조체 역시 Vertex와 마찬가지로 제너릭 타입을 사용하고 Equatable 프로토콜에 부합해야 한다(제너릭 타입 또한 Equatable 프로토콜에 부합해야 한다!).

Edge에는 두 개의 프로퍼티가 저장되며, 이들 모두 제너릭 타입 T인 Vertex다. 이들 프로퍼티는 모서리로 연결된 꼭지점을 나타낸다.

이상으로 그래프 구현에 필요한 Vertex와 Edge 개체를 생성했다. 이제는 이들을 활용할 수 있는 그래프를 만들 텐데, 이에 대한 내용은 7장 초반에 간단히 살펴봤다. 다음 절에서는 이웃 목록을 구현한다.

이웃 목록

Sources 폴더에 새 파일을 생성한 뒤 AdjacencyList.swift라 이름 붙인다. 이 파일에는 VertexEdgesList라는 도우미 구조체를 작성할 것이다. AdjacencyList.swift에 다음 코드를 입력한다.

```
public struct VertexEdgesList<T:Equatable & Hashable> {
    // 각각의 VertexEdgesList에는 해당 꼭지점과 그에 연결된 또 다른
    // 꼭지점의 정보를 담고 있는 모서리 배열 데이터가 포함된다.
    public let vertex:Vertex<T>
    public var edges:[Edge<T>] = []
    public init(vertex: Vertex<T>) {
        self.vertex = vertex
    }

    public mutating func addEdge(edge: Edge<T>) {
        // Check if the edge exists
        if self.edges.count > 0 {
            let equalEdges = self.edges.filter() {
                existingEdge in
                return existingEdge == edge
            }
            if equalEdges.count > 0 {
                return
            }
        }
        self.edges.append(edge)
    }
}
```

이웃 목록은 일련의 꼭지점 목록으로 구성된 그래프를 나타내며, 각각의 목록에는 해당 꼭지점에 연결된 또 다른 꼭지점에 대한 정보가 포함돼 있어야 한다. 따라서, 먼저 각각의 꼭지점을 저장할 수 있는 구조체를 만들고 (모서리라는 형식으로) 다른 꼭지점과 연결된 목록 정보를 함께 담을 수 있도록 했다.

이제 이 구조체를 이용해서 이웃 목록 그래프를 생성한다. VertexEdgesList의 정의는 다음과 같다.

```
public struct AdjacencyListGraph<T:Equatable & Hashable> {
   public var adjacencyLists:[VertexEdgesList<T>] = []
   public var vertices:[Vertex<T>] {
      get {
         var vertices = [Vertex<T>]()
         for list in adjacencyLists {
            vertices.append(list.vertex)
         }
         return vertices
      }
   }

   public var edges:[Edge<T>] {
      get {
         var edges = Set<Edge<T>>()
         for list in adjacencyLists {
            for edge in list.edges {
             edges.insert(edge)
            }
         }
         return Array(edges)
      }
   }
 public init(){}
}
```

이웃 목록 배열을 포함한 새로운 구조체를 생성했다. 여기서 두 개의 프로퍼티를 통해 그래프의 모든 꼭지점 정보와 모서리 정보를 가져오도록 했다.

하지만 위 코드를 실행하면 컴파일 에러가 나타난다. 이는 모든 모서리 정보를 저장하게 될 public var edges에서, Set을 이용해서 각각의 모서리를 저장하고 중복 저장되는 것을 피해야 하기 때문이다. 이를 위해 Edge 구조체가 Hashable 프로토콜에 부합하도록 하고, 각각의 모서리가 각자의 유일한 해시값을 지니도록 해야 한다. 이 내용은 Edge 구조체, Vertex 구조체에 익스텐션을 추가하는 형태로 추가한다.

Edge 구조체의 첫 번째 코드 라인을 다음과 같이 변경한다.

```
public struct Edge<T:Equatable & Hashable>:Equatable {
```

그리고 다음과 같이 익스텐션을 추가한다.

```
extension Edge: Hashable {
    public var hashValue: Int {
        get {
            let stringHash = "\(from.index)->\(to.index)"
            return stringHash.hashValue
        }
    }
}
```

Hashable 프로토콜에 부합하도록 하려면 hashValue 변수를 구현해야 하며, 이 변수로 유일한 값을 부여해야 된다. 이를 위해 위 코드에서 from.index와 to.index 문자열 해시를 생성한 뒤 이를 hashValue에 전달하도록 했다.

이제 Vertex 구조체 코드로 이동해서 첫 번째 코드 라인을 다음과 같이 변경한다.

```
public struct Vertex< T:Equatable & Hashable>:Equatable {
```

그리고 다음과 같이 익스텐션을 추가한다.

```
extension Vertex: Hashable {
public var hashValue: Int {
    get {
        return "\(index)".hashValue
    }
}
}
```

마지막으로, VertexEdgesList와 AdjacencyListGraph의 첫 번째 코드 라인도 제너릭 T가 Hashable에 부합하도록 아래와 같이 변경한다.

```
VertexEdgesList:
private struct VertexEdgesList<T:Equatable & Hashable> {
```

```
AdjacencyList:
public struct AdjacencyListGraph<T:Equatable & Hashable> {
```

이제 모든 파일이 정상적으로 컴파일된다.

이상으로, Vertex, Edge, AdjacencyList를 표현하기 위한 개체와 이웃 목록 배열로 표현할 그래프를 생성했다. 다음은 AdjacencyListGraph에 이웃 목록의 기능을 수행하기 위한 기능을 추가할 차례다. 먼저 AdjacencyListGraph에 addVertex 메소드를 추가한다.

그래프에 새로운 꼭지점을 추가하기 위한 addVertex 메소드는 다음과 같다.

```
public mutating func addVertex(data:T) -> Vertex<T> {
    // 꼭지점이 있는지 확인함
    for list in adjacencyLists {
        if list.vertex.data == data {
            return list.vertex
        }
    }

    // 꼭지점을 생성한 뒤 그래프를 업데이트하고 반환함
    let vertex:Vertex<T> = Vertex(data: data, index: adjacencyLists.count)
    let adjacencyList = VertexEdgesList(vertex: vertex)
    adjacencyLists.append(adjacencyList)
    return vertex
}
```

위 코드는 먼저 꼭지점이 있는지 확인하고, 만일 꼭지점이 없으면, 꼭지점을 생성한 뒤 그래프(새로운 이웃 목록 안)에 추가한다.

다음, 모서리를 추가하기 위한 addEdge 메소드를 정의한다.

```
public mutating func addEdge(from:Vertex<T>, to:Vertex<T>) -> Edge<T> {
    let edge = Edge(from: from, to: to)
    let list = adjacencyLists[from.index]
    // 모서리가 있는지 확인함
    if list.edges.count > 0 {
        for existingEdge in list.edges {
            if existingEdge == edge {
                return existingEdge
            }
        }
```

```
        adjacencyLists[from.index].edges.append(edge)
    } else {
        adjacencyLists[from.index].edges = [edge]
    }
    return edge
}
```

꼭지점 추가 메소드와 마찬가지로, 이번 모서리 추가 메소드 역시 이미 모서리가 만들어져 있는지 확인한다. 없다면 모서리를 생성한 뒤 이웃 목록을 업데이트한다.

꼭지점과 모서리를 생성한 뒤 이웃 목록 그래프에 그 결과를 출력해보자. playground 파일에 아래 코드를 입력한다.

```
// 이웃 목록 그래프 생성
var adjacencyList:AdjacencyListGraph<String> =
AdjacencyListGraph<String>()

// 꼭지점 추가
let vertexA = adjacencyList.addVertex(data: "A")
let vertexB = adjacencyList.addVertex(data: "B")
let vertexC = adjacencyList.addVertex(data: "C")
let vertexD = adjacencyList.addVertex(data: "D")

// 모서리 추가
let edgeAB = adjacencyList.addEdge(from: vertexA, to: vertexB)
let edgeBC = adjacencyList.addEdge(from: vertexB, to: vertexC)
let edgeCD = adjacencyList.addEdge(from: vertexC, to: vertexD)

// 이웃 목록 출력
print(adjacencyList)
```

출력된 결과를 확인해보면 꼭지점과 모서리가 올바르게 생성된 이웃 목록을 볼 수 있다.

지금까지 꼭지점과 모서리가 있는 그래프를 만들었다. 다음으로, 그래프의 꼭지점을 순회하기 위한 방문, 검색, 정렬 작업의 다양한 방식에 대해 살펴본다.

깊이 우선 검색

우리가 정보를 담고 있는 (트리 혹은 이진 트리 등과 같은) 그래프를 가지고 있다면, 특정 정보를 찾기 위해 꼭지점 또는 노드의 방문 연습을 하기에 매우 유용할 것이다.

깊이 우선 검색DFS. Depth First Search은 이를 위한 가장 유명한 기술 중 하나다. 이와 같은 유형의 트리 상단에서 하단으로 이어지는 노드 순회는 오직 한 가지 조건에서만 이뤄진다. 노드를 방문할 때는 첫 번째 (좌측) 자식을 방문하고, 다음으로 노드 자체를 방문하며, 다음 (우측) 자식을 방문한다. (그래프의 일종인) 이진 검색 트리 사례를 살펴보자. 앞서, 이진 검색 트리는 각각의 노드가 최대 두 개의 자식을 지닐 수 있는 순위 트리라 설명한 바 있다.

다음 이진 검색 트리를 살펴보자.

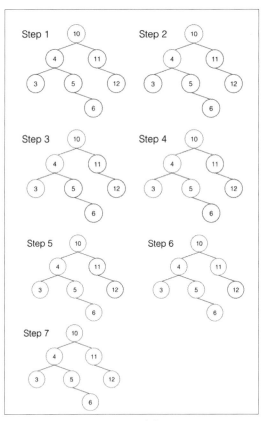

▲ DFS 사례

위 그림을 표현하기 위해 depthFirstSearch라는 메소드에 재귀적인 모조 코드 pseudocode를 작성한다.

```
public func depthFirstSearch(node:TreeNode) {
    depthFirstSearch(node.leftChild)
    print(node.value)
    depthFirstSearch(node.rightChild)
}
```

이번 이진 검색 트리의 첫 번째 단계는 노드 값 10인 루트에서 순회를 시작하는 것이다. 두 번째 단계로, (좌측에서 우측으로 이동해서) 노드 값 4인 첫 번째 자식을 방문한다. 이 노드에 자식이 있다면, 다시 (좌측에서 우측으로 이동해서) 첫 번째 자식을 방문한다. 따라서 세 번째 단계에서 값이 3인 노드를 방문한다.

이제, 좌측에 더 이상 방문할 자식이 없다면 해당 노드 값 (3)을 출력한다. 다음, 더 이상 방문할 자식 요소가 없으므로 아직 방문하지 않은 첫 번째 노드로 돌아간다. 네 번째 단계에서 꼭지점 4까지 올라간 뒤, 해당 값을 출력하고 그 우측 자식인 노드 5를 방문한다.

다음 단계에서 노드 5는 좌측 자식이 없으므로 자신의 노드 값인 5를 출력하고, 더욱 아래로 내려가서 값이 6인 노드를 방문한다. 해당 노드 값을 출력하고 방문하지 않은 꼭지점이 나올 때까지 다시 올라간다. DFS 기법으로 방문한 노드의 순서는 다음과 같다.

```
-> 3, 4, 5, 6, 10, 11, 12
```

결과를 확인했는가? 그래프 노드를 오름 순서로 방문했다. 그래프를 순위에 따라 방문하고 그 결과값을 가져오는 것이 DFS 기법의 활용 목적 중 하나다.

혹시 이번 책에서 이와 비슷한 정렬 기법에 대해 본 적이 있지 않은가? 5장에서 오름 차순 또는 내림 차순 순회, 그리고 이진 검색 트리 부분에서 이와 비슷한 내용을 소개한 바 있다. 당시 살펴본 스위프트 코드는 다음과 같다(이번 예제 코드는 복습을 위해 소개한 것일 뿐, 새로 작성할 필요가 없다).

▼ 이진 검색 트리 노드 구현

```
public class BinaryTreeNode<T:Comparable> {
    // Value와 자식 변수
    public var value:T
    public var leftChild:BinaryTreeNode?
    public var rightChild:BinaryTreeNode?
    public var parent:BinaryTreeNode?
    // 초기화
    public convenience init(value: T) {
        self.init(value: value, left: nil, right: nil, parent:nil)
    }

    public init(value:T, left:BinaryTreeNode?,
    right:BinaryTreeNode?,parent:BinaryTreeNode?) {
        self.value = value
        self.leftChild = left
        self.rightChild = right
        self.parent = parent
    }
}
```

위 코드에서 값을 포함하고 있는 노드와 좌측 자식과 우측 자식의 참조값,
그리고 부모 노드를 구현했다. 또한 두 개의 초기화 메소드를 구현했는데,
BinaryTreeNode가 클래스이기 때문에 init 메소드를 직접 생성해야 한다(이는 구
조체와의 차이점이기도 하다).

depthFirstSearch 클래스에 (순서에 따라 순회하는) 재귀적인 메소드를 추가해보자.

```
public class func depthFirstSearch(node:BinaryTreeNode?) {
    // Nil인 잎에 도달하면 재귀적인 호출을 중지함
    guard let node = node else {
        return
    }

    // leftChild로 메소드를 재귀적으로 호출한 뒤 해당 값을 출력하고
    // rigthChild로 메소드를 재귀적으로 호출한다.
    BinaryTreeNode.depthFirstSearch (node: node.leftChild)
    print(node.value)
    BinaryTreeNode.depthFirstSearch (node: node.rightChild)
}
```

DFS 기법으로 노드를 찾는 일 역시 앞서 살펴본 이진 검색 트리의 재귀적 메소드로 구현한 것과 별로 다르지 않음을 알 수 있다. 다음에 소개할 노드 검색 기법은 방문의 순서를 바꿀 수 있다는 특징이 있으며, DFS 기법만큼이나 유명하고 널리 사용되는 또 다른 기법이다. 바로 너비 우선 검색 기법이다.

너비 우선 검색

너비 우선 검색BFS, Breadth first search은 그래프의 아래로 깊이 (이웃의 이웃들 속으로) 들어가기 전에, 동일 레벨 (혹은 이웃) 노드를 방문하는 방법에 초점을 맞춘 순회 기법이다.

이번 기법의 또 다른 특징은 각각의 노드를 단 한 번만 방문한다는 것이다. 다음과 같은 그래프를 살펴보자.

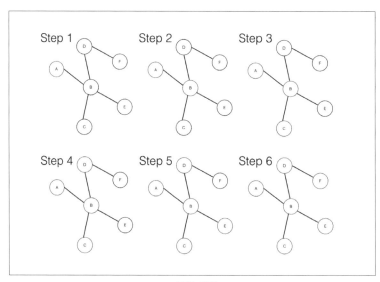

▲ BFS 사례

1단계에서 노드 A를 방문한다. 다음, A의 첫 번째 자식인 노드 B로 이동한다. 그리고 조부 노드 F를 방문하기 전에 B의 모든 자식인 C, D, E를 방문한다.

264

앞서 `AdjacencyList` 구조체를 정의하면서 `Vertex`, `Edge`를 구현했으며, 이번 예제에서는 클래스를 이용해서 그래프를 구현하고 BFS 기법을 적용하는 방법도 살펴본다.

스위프트 클래스를 이용해서 그래프 노드를 구현해보자. BFS 기법을 활용하려면 다음과 같은 정보를 포함한 데이터 구조가 필요하다.

● 노드를 식별하기 위한 값(예를 들어, A, B, C, D 등과 같은 노드 이름 등).

● 연결 노드의 목록(또는 맥락에 따라 연결될 수 있는 자식, 이웃 등).

● 특정 노드에 대한 방문 여부 표시. BFS는 각각의 노드를 단 한 번만 방문해야 한다는 점을 기억하자.

위 세 가지 조건을 염두에 두고 코드를 작성하기 시작하자. 엑스코드에서 새로운 playground 파일을 생성하고 B05101_7_BFS라 이름 붙인다. Sources 폴더에 새로운 스위프트 파일을 추가하고 BFSNode.swift라 이름 붙이고 다음과 같이 코드를 입력한다.

```
public class BFSNode<T> {
    // Value, 방문 상태, 참조값 변수 선언
    public var value:T
    public var neighbours:[BFSNode]
    public var visited:Bool

    // 초기화
    public init(value:T, neighbours:[BFSNode], visited:Bool) {
        self.value = value
        self.neighbours = neighbours
        self.visited = visited
    }

    // 예제를 위한 도우미 메소드
    public func addNeighbour(node: BFSNode) {
        self.neighbours.append(node)
        node.neighbours.append(self)
    }
}
```

이번 BFSNode 클래스는 BFS 순회를 위한 그래프 노드를 구현한 것으로, 노드에는 제너릭 타입의 값, 이웃과 연결된 배열, 노드의 방문 여부를 표시하기 위한 불리언 값이 포함돼 있다.

그리고 init 메소드와 노드를 연결하기 위한 addNeighbour 메소드를 추가했다.

이제 노드를 표현하기 위한 기본 클래스가 갖춰졌으며, BFS 순회 작업을 수행할 메소드를 구현할 차례다. 각각의 노드를 한 번만 방문하고, 방문한 노드의 이웃을 확인하기 위해 또 다른 데이터 구조를 만들 필요가 있다. 이번에 사용할 데이터 구조는 큐^{queue}이며, 먼저 입력된 값을 먼저 출력하는 FIFO 속성을 지닌다.

BFS 작업은 첫 번째 노드를 방문하는 것으로 시작한다. 그리고 이 노드의 모든 이웃 노드를 큐에 저장한 뒤, 하나씩 꺼내서 방문했음을 나타내는 표식을 추가한다. 그리고 이들 이웃 노드에 인접한 (아직 방문하지 않은) 이웃을 큐에 저장한다. 이런 방식으로, 모든 노드를 한 번씩만 우리가 원하는 순서대로 방문할 수 있다.

하지만 이번 예제의 요점만을 강조하기 위해, 스위프트로 큐를 구현하는 방법 대신 동일한 기능을 수행할 수 있는 보통의 배열을 이용해서 구현한다(큐 구현에 대한 상세한 내용은 3장에서 확인하기 바란다).

아래 코드를 BFSNode 클래스 내에 작성한다.

```swift
public static func breadthFirstSearch(first:BFSNode) {
    // 큐 초기화
    var queue:[BFSNode] = []
    // 루트 노드에서 시작
    queue.append(first)
    // 큐에서 노드 방문을 시작
    while queue.isEmpty == false {
        if let node = queue.first {
            // 현재 노드의 값을 출력하고 방문 표식 남기기
            print(node.value)
            node.visited = true
            // 큐에 아직 방문하지 않은 이웃을 추가
            for neighbour in node.neighbours {
```

```
            if neighbour.visited == false {
            queue.append(neighbour)
            }
        }
        // 이미 처리한 노드는 삭제하고,
        // 큐의 나머지 요소에 대한 처리 지속
        queue.removeFirst()
    }
  }
}
```

이번 예제 코드는 우리가 원하는 순서대로 각각의 노드를 방문하기 위해 큐 (배열)을 사용한다. 하나의 노드를 처리한 후, 그래프 하단으로 이동하기 전에 그 이웃에 있는 모든 노드를 큐에 집어넣고, 하나씩 방문해 나간다.

이번 BFS 순회의 구현 결과를 확인하기 위해 playground 파일에 아래 코드를 추가한다.

```
let nodeA = BFSNode(value: "A", neighbours: [], visited: false)
let nodeB = BFSNode(value: "B", neighbours: [], visited: false)
let nodeC = BFSNode(value: "C", neighbours: [], visited: false)
let nodeD = BFSNode(value: "D", neighbours: [], visited: false)
let nodeE = BFSNode(value: "E", neighbours: [], visited: false)
let nodeF = BFSNode(value: "F", neighbours: [], visited: false)

nodeA.addNeighbour(node: nodeB)
nodeC.addNeighbour(node: nodeB)
nodeD.addNeighbour(node: nodeB)
nodeE.addNeighbour(node: nodeB)
nodeF.addNeighbour(node: nodeD)
```

노드 A부터 BFS 메소드를 실행한다.

```
BFSNode.breadthFirstSearch(first: nodeA)
```

콘솔 로그에 출력된 내용은 다음과 같다.

```
A
B
C
```

D
E
F

위 결과를 보면 그래프에서 아래로 내려가기 전, 각 레벨의 자식 노드를 방문하는 BFS 순회 방식으로 방문하는 방법을 잘 알 수 있다.

m개의 노드를 큐에 저장하며, 모든 노드를 한 번씩만 방문해야 하므로 저장 공간과 시간 복잡성은 $O(m)$에 가까우며, 이때 m은 그래프에서 노드의 수를 나타낸다.

BFS와 DFS 기법은 그래프의 스패닝 트리를 발견하는 데 주로 이용된다. 다음 절에서는 스패닝 트리와 그래프 이론에서 이를 활용하기 위한 방법에 대해 알아본다.

스패닝 트리

그래프 G의 스패닝 트리^{Spanning tree} T는 일종의 서브그래프로서, G의 모든 꼭지점을 포함하는 트리다. 이 조건을 충족하기 위해 G는 반드시 모든 노드가 서로 연결돼 있어야 한다(즉, 모든 꼭지점은 다른 꼭지점과 적어도 한 번 이상 연결돼야 한다).

아래 그래프를 살펴보고 스패닝 트리의 다양한 형태에 대해 생각해보자.

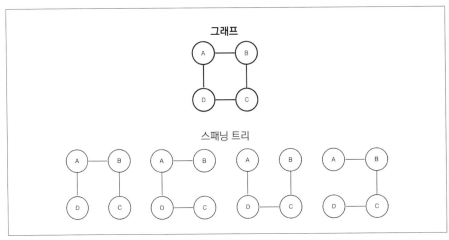

▲ 그래프와 스패닝 트리의 종류

위 그림에서 알 수 있듯, 하나의 그래프 G에서는 하나 이상의 다양한 스패닝 트리가 나타날 수 있다. 그래프 G가 트리라면 오직 하나의 스패닝 트리를 지닐 수 있으며, 자기 자신의 모습이 스패닝 트리가 된다.

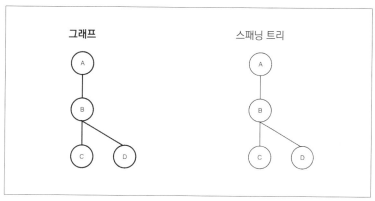

▲ 트리인 그래프와 자기 자신의 모습 그대로인 스패닝 트리

앞서 살펴봤던 BFS와 DFS 알고리즘을 기억하는가? 이들 알고리즘 역시 특정 그래프에 대한 스패닝 트리가 된다.

스패닝 트리 애플리케이션은 경로 찾기 알고리즘(다이크스트라와 A* 등), 음성인식, 순환을 피하기 위한 인터넷 라우팅 프로토콜 기술 등 다양한 방면에서 활용되고 있다. 이들 대부분은 어떤 형태로든 스패닝 트리를 사용하고 있으며, 다음 절에서 상세히 알아본다.

미니멈 스패닝 트리

우리가 어떤 문제를 해결하기 위해 그래프를 사용할 때, 꼭지점과 모서리 이외의 추가적인 정보를 처리해야 할 경우가 있다. 각각의 모서리는 비용, 가중치, 특정 유형의 길이 등을 나타낼 수 있는 것이다. 이런 경우, 모든 꼭지점을 순회한 뒤 도달하기 위한 최소 비용이라는 개념으로 접근해야 할 경우가 있다.

다음과 같은 미니멈 스패닝 트리MST 사례를 살펴보자. 각각의 모서리에 가중치가 있는 무방향성 그래프 G에서 여러 유형의 스패닝 트리가 만들어질 수 있는데,

MST는 그 중 전체 가중치가 가장 작은 스패닝 트리를 의미한다(이때 전체 가중치는 모든 모서리의 가중치의 합계가 된다).

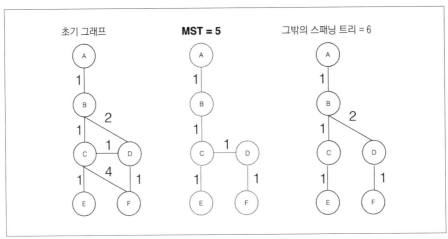

▲ 미니멈 스패닝 트리 사례

위 그림에서, 좌측 이미지는 무방향성으로 연결된 초기의 그래프 형태를 나타낸다. 중앙 이미지는 (모서리의) 가중치의 합이 5이자 최소인 스패닝 트리이며, 이번 예제의 MST가 된다. 우측 이미지 역시 동일한 그래프의 또 다른 스패닝 트리지만, 가중치 합이 6으로서 MST는 아니다.

그렇다면, 이와 같은 MST는 실제 생활에서는 어떻게 활용될까? 가장 대표적인 예로, 우리가 일상적으로 사용하는 GPS를 통해 목적지 A에서 D로 이동하면서 중간 기착지인 B와 C를 경유해야 하는 경로 찾기 문제를 생각해보자. A, B, C, D 지점을 체크포인트라고 표시하고, 이들 지점 또는 노드에 연결된 모서리를 체크포인트를 이동하는 데 소요되는 시간이라고 표시할 수 있다. 경로 찾기의 가장 일반적이 문제는 A에서 D로 이동하면서 B와 C를 경유할 때 최소 이동 시간을 파악하는 것이며, 이것이 바로 MST의 구현 이유다. MST는 그래프에 포함된 모든 꼭지점 사이를 이동할 수 있는 최소 비용의 경로를 알려준다.

다음 절에서는 스위프트 함수로 MST를 구현하려 할 때, 가장 적합한 알고리즘은 어떤 것인지 알아본다.

Prim 알고리즘

Prim 알고리즘은 1957년, 벨 연구소의 수학자이자 컴퓨터 과학자인 로버트 프림 Robert C. Prim이 창안한 것으로, 무방향성 연결 그래프를 이용해서 선형 시간 내에 MST를 계산하기 위해 만들어졌다.

그래프의 MST를 계산하기 위한 또 다른 알고리즘인 Kruskal 알고리즘, Borûvka 알고리즘은 초기 그래프로 무방향성 연결 그래프가 아닌 포레스트forest를 사용하며, 이번 예제에서는 Prim 알고리즘에 대해 알아본다.

실제 예제를 통해 Prim 알고리즘의 작동 원리에 대해 알아보자. 다음과 같은 형태의 꼭지점, 모서리, 그리고 가중치가 있는 그래프를 살펴보자.

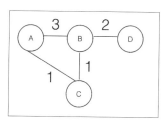

▲ 무방향성 연결 그래프의 초기 모습

MST 계산 절차는 다음과 같다.

1. 그래프에서 임의의 꼭지점을 출발 위치로 선택한다. 이번 예제에서는 편의상 꼭지점 A에서 출발한다. 꼭지점 A가 트리의 초기 위치가 된다.

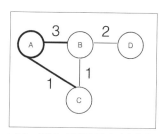

▲ Prim 1단계: 임의의 꼭지점에서 출발

2. 선택된 노드에 연결된 모서리에서 아직 방문하지 않았고, 가중치가 최소인 것을 선택한다. 이번 예제에서는 A에서 C로 이동하고, C에 방문 표식을 남긴 뒤 MST 속에 해당 모서리 정보를 저장한다.

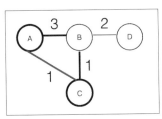

▲ Prim 1단계: 미방문 꼭지점으로 이동하는 최솟값의 모서리를 선택

3. 가장 최근 방문 표식이 있는 노드에서 출발한다. 이번 예제에서는 C가 된다. 이와 같은 절차를 그래프의 모든 꼭지점을 대상으로 시행한다.

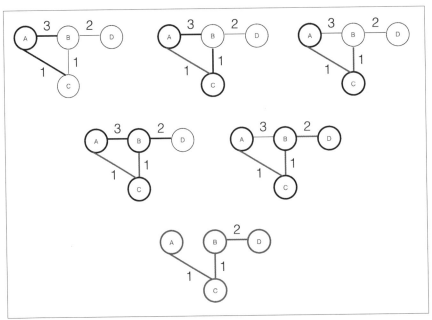

▲ Prim 3단계: 미방문 꼭지점으로 이동하는 최솟값의 모서리를 선택 반복

예제 코드 작성을 위해 엑스코드에서 새로운 playground 파일을 생성한 뒤 B05101_7_MST라 이름 붙인다. Sources 폴더에 MSTNode.swift라는 이름의 새 파일을 추가하고 아래 코드를 입력한다.

```swift
public class MSTNode<T:Equatable & Hashable> {
    // 제너릭 변수, 방문 상태 정보, 참조값 저장용 변수 선언
    public var value:T
    public var edges:[MSTEdge<T>]
    public var visited:Bool

    // 초기화
    public init(value:T, edges:[MSTEdge<T>], visited:Bool) {
        self.value = value
        self.edges = edges
        self.visited = visited
    }
}
```

위 코드에서 알 수 있듯이 새로운 내용은 전혀 없으며, 앞서 작성했던 BFSNode 클래스와 동일하다. 이번 클래스 역시 (ID, 라벨을 위한) 제너릭, 모서리 배열, 그리고 특정 노드의 방문 여부를 표시하기 위한 불리언 값에 대한 변수가 포함돼 있다.

Sources 폴더에 새 파일을 추가하고 MSTEdge.swift라 이름 붙인 뒤 다음 코드를 입력한다.

```swift
public class MSTEdge<T:Equatable & Hashable>:Equatable {
    public var from:MSTNode<T>
    public var to:MSTNode<T>
    public var weight:Double
    // 초기화
    public init(weight:Double, from:MSTNode<T>, to:MSTNode<T>) {
        self.weight = weight
        self.from = from
        self.to = to
        from.edges.append(self)
    }
}
```

```swift
public func == <T: Equatable> (lhs: MSTEdge<T>, rhs: MSTEdge<T>) -> Bool {
    guard lhs.from.value == rhs.from.value else {
        return false
    }
    guard lhs.to.value == rhs.to.value else {
        return false
    }
    return true
}

extension MSTEdge: Hashable {
    public var hashValue: Int {
        get {
            let stringHash = "\(from.value)->\(to.value)"
            return stringHash.hashValue
        }
    }
}
```

위 코드를 통해 그래프의 모서리, 모서리에 연결된 두 개 노드의 참조값, 그리고 모서리의 가중치를 저장하기 위한 제너릭값 등을 만들었다.

이제, 그래프를 구현하기 위한 클래스를 생성한다.

Sources 폴더에 새 파일을 생성하고 MSTGraph.swift라 이름 붙인 뒤 다음 코드를 입력한다.

```swift
public class MSTGraph<T:Hashable & Equatable> {
    public var nodes:[MSTNode<T>]
    public init(nodes:[MSTNode<T>]) {
        self.nodes = nodes
    }
}
```

위 코드를 통해 꼭지점과 모서리를 저장하고 구현을 마치는 즉시 MST를 출력할 수 있는 메소드를 호출할 수 있는 Graph 클래스를 생성했다.

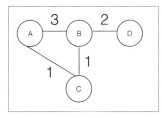

▲ 무방향성 연결 그래프의 초기 모습

playground 파일에 아래 내용을 입력한다.

```
let nodeA = MSTNode(value: "A", edges: [], visited: false)
let nodeB = MSTNode(value: "B", edges: [], visited: false)
let nodeC = MSTNode(value: "C", edges: [], visited: false)
let nodeD = MSTNode(value: "D", edges: [], visited: false)

let edgeAB = MSTEdge(weight: 3, from: nodeA, to: nodeB)
let edgeBA = MSTEdge(weight: 3, from: nodeB, to: nodeA)
let edgeAC = MSTEdge(weight: 1, from: nodeA, to: nodeC)
let edgeCA = MSTEdge(weight: 1, from: nodeC, to: nodeA)
let edgeBC = MSTEdge(weight: 1, from: nodeB, to: nodeC)
let edgeCB = MSTEdge(weight: 1, from: nodeC, to: nodeB)
let edgeBD = MSTEdge(weight: 2, from: nodeB, to: nodeD)
let edgeDB = MSTEdge(weight: 2, from: nodeD, to: nodeB)

let graph = MSTGraph(nodes: [nodeA,nodeB,nodeC,nodeD])
```

이제, Prim 알고리즘을 구현해보자. MSTGraph.swift 클래스에 다음 메소드를 추가한다.

```
public static func minimumSpanningTree(startNode:MSTNode<T>,
graph:MSTGraph<T>) {
    // 모서리 값을 처리하고 (아직은 방문하지 않은 노드의) 최솟값을
    // 선택하기 위해 방문 노드 관리용 배열을 사용한다.
    var visitedNodes:[MSTNode<T>] = []

    // 첫 번째 노드를 출력하고, 모서리 값을 처리하기 위해
    // visitedNodes 배열에 추가한다.
    print(startNode.value)
    visitedNodes.append(startNode)
    startNode.visited = true
```

```
    // 그래프의 모든 노드를 방문할 때까지 반복함
    while visitedNodes.count < graph.nodes.count {

        // 가장 먼저, (무한 반복을 피하기 위해)
        // 아직 방문하지 않은 모든 모서리를 추출
        var unvistedEdges:[MSTEdge<T>] = []
        _ = visitedNodes.map({ (node) -> () in
        let edges = node.edges.filter({ (edge) -> Bool in
        edge.to.visited == false
    })
unvistedEdges.append(contentsOf: edges)
})

        // 모서리 배열에서 가중치가 좀 더 작은 것을 선택 및
        // 출력하고 while 루프의 다음 순회 시에도 노드를 계속
        // 처리할 수 있도록 visitedNode 배열에 추가함
        if let minimumUnvisitedEdge = unvistedEdges.sorted(by: { (edgeA,
            edgeB) -> Bool in
            edgeA.weight < edgeB.weight}).first {
                print("\(minimumUnvisitedEdge.from.value) <--------> \
                (minimumUnvisitedEdge.to.value)")
                minimumUnvisitedEdge.to.visited = true
                visitedNodes.append(minimumUnvisitedEdge.to)
            }
        }
}
```

주석문에서 설명한 바를 정리해 보면 MST의 실행 절차는 다음과 같다.

1. 첫 번째 노드에서 출발한다. 이 노드를 출력한 뒤 visitedNodes 노드 배열에 추가한다.

2. visitedNodes 노드 배열에서 모든 미방문 노드를 추출한다. 그리고 unvisitedEdges라는 미방문 모서리 배열을 반환 받는다.

3. 마지막으로, 미방문 노드를 가리키는 모서리 배열 unvisitedEdges에서 최소 가중치인 모서리를 가져와서 minimumUnvisitedEdge에 저장한다. 이를 출력하고 다음 최소 모서리값을 처리하기 위해 이동할 노드(unvisitedEdges.to)를 방문 노드 배열에 추가한다.

이제 미니멈 스패닝 트리를 위한 메소드 또한 만들었다. playground 파일 하단에 다음 코드를 추가한다.

```
MSTGraph.minimumSpanningTree(startNode: nodeA, graph: graph)
```

콘솔에 출력된 내용은 다음과 같다.

```
A
A <--------> C
C <--------> B
B <--------> D
```

위 출력 결과를 보면, 이번 그래프의 MST는 A → C → B → D임을 알 수 있다. 잠시 후 이번 결과와 비교할 수 있는 또 다른 사례를 살펴볼 것이다.

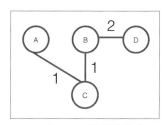

▲ MST 알고리즘 실행 결과

알고리즘이 정확하게 구현됐다! 이번 예제에서 모서리의 가중치를 바꿔서 MST도 그에 따라 바뀌는지 살펴보자(단, 양방향 모두 변경해야 한다). 예를 들어, B ↔ C 구간의 모서리 값을 100으로 바꾸면 어떻게 될까? 당연히 MST 역시 그에 따라 바뀌게 될 것이다.

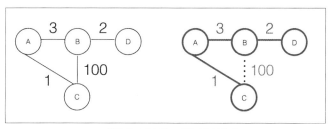

▲ 새로운 MST 알고리즘 실행 결과

기존의 playground 파일의 내용을 변경해서 새로운 그래프를 만들고 메소드를
실행해보자. 기존 코드 대신 아래 내용을 입력한다.

```
let nodeA = MSTNode(value: "A", edges: [], visited: false)
let nodeB = MSTNode(value: "B", edges: [], visited: false)
let nodeC = MSTNode(value: "C", edges: [], visited: false)
let nodeD = MSTNode(value: "D", edges: [], visited: false)

let edgeAB = MSTEdge(weight: 3, from: nodeA, to: nodeB)
let edgeBA = MSTEdge(weight: 3, from: nodeB, to: nodeA)
let edgeAC = MSTEdge(weight: 1, from: nodeA, to: nodeC)
let edgeCA = MSTEdge(weight: 1, from: nodeC, to: nodeA)
let edgeBC = MSTEdge(weight: 100, from: nodeB, to: nodeC)
let edgeCB = MSTEdge(weight: 100, from: nodeC, to: nodeB)
let edgeBD = MSTEdge(weight: 2, from: nodeB, to: nodeD)
let edgeDB = MSTEdge(weight: 2, from: nodeD, to: nodeB)

let graph = MSTGraph(nodes: [nodeA,nodeB,nodeC,nodeD])

MSTGraph.minimumSpanningTree(startNode: nodeA, graph: graph)
```

콘솔에 출력된 내용은 다음과 같다.

```
A
A <--------> C
A <--------> B
B <--------> D
```

이번에도 올바른 경로가 나왔다. 우리가 만든 MST 알고리즘이 잘 작동함을 알 수
있다.

이번 절에서는 최소 경로를 파악하기 위해 그래프의 모든 꼭지점을 포함시키는 메
소드를 작성했다. 이와 달리, 두 개의 노드에서 최단 경로를 알 수 있는 방법도 있
을까? 다음 절에서 이에 대해 알아본다.

최단 경로

그래프 이론에서 최단 경로Shortest path 알고리즘은 출발지에서 목적지까지 이동하기 위한 최소 비용의 노드 이동 경로를 찾는 알고리즘이다. 이 알고리즘은 꽤 오래전부터 맵 루팅Map Routing 애플리케이션에서 사용돼 왔으며, 전체 경로의 가중치를 최소화하는 방법으로 지점 A에서 지점 B로 이동하기 위한 가장 빠른 길을 찾도록 도와준다.

무방향성 그래프, 방향성 그래프, 혼합 그래프 등 유형에 따라 서로 다른 최단 경로 알고리즘이 적용되는데, 이번 절에서는 그 중 하나인 다이크스트라Dijkstra 알고리즘에 대해 알아본다. 다이크스트라는 음수가 없는, 가중치 적용 방향성 그래프다.

다이크스트라 알고리즘

튜닝상을 수상한 네덜란드 출신의 컴퓨터 과학자 에츠허르 다이크스트라Edsger W. Dijkstra는 1956~1959년에 최단 경로 문제를 해결하기 위한 그래프 알고리즘을 창안했다.

그의 알고리즘은 두 개 노드 사이의 최단 경로를 찾는 것이지만, 이를 응용해서 출발 지점에서 그래프 내의 모든 노드에 도달하기 위한 최단 경로를 찾을 수 있다. 그리고 이를 바로 최단 경로 트리shortest path tree라 부른다. 스위프트로 최단 경로 트리를 구현해보자. 이번에 사용할 예제는 다음 그림과 같다. 우리의 목표는 노드 A에서 E로 이동하기 위한 최단 경로를 찾는 것이다.

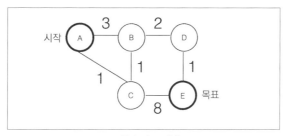

▲ 최단 경로 예제

구현 절차는 다음과 같다.

1. 알고리즘은 먼저, 첫 번째 노드를 현재 노드로 표시한다. 그리고 나머지 모든 노드를 미방문 세트에 저장한다. 노드를 저장하면서 임시 거리, 무한 또는 최댓값^{maximum} 또한 초기화한다.

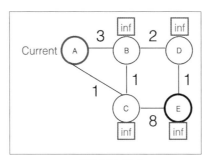

▲ 최단 경로 1단계

2. 다음, 현재 노드의 모든 미방문 이웃에 대해 임시 거리를 계산해서 현재 노드와 다른 모든 이웃 노드와의 경로에 따른 거리의 합, 모서리 가중치의 합을 파악한다. 그리고 그 결과값이 현재 노드의 거리보다 작으면, 현재 노드의 거리를 새로운 값으로 대체한다(최단 경로를 찾음).

현재 노드에 최단 경로의 일부라는 표식을 남긴다.

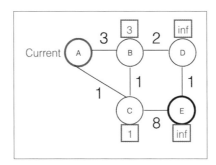

▲ 최단 경로 2단계

3. 현재 노드를 미방문 노드 세트에서 제거한다.

4. 목적 노드에 방문 표식이 남겨졌다면, 알고리즘을 종료한다.

5. 목적 노드에 방문 표식이 남겨지지 않았다면, 현재 노드를 임시 최단 거리의 미방문 노드 세트에 추가하고 2단계를 반복한다.

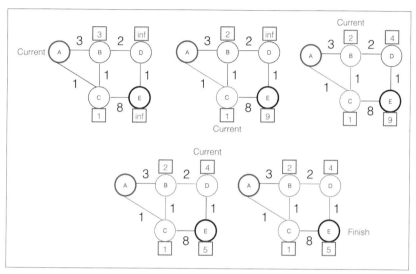

▲ 최단 경로 5단계와 알고리즘 실행 결과

이제 스위프트로 최단 경로 알고리즘을 구현해보자. 새로운 playground 파일을 생성하고 B05101_7_Dijkstra.playground라 이름 붙인다. Sources 폴더에 DijkstraNode.swift, DijkstraEdge.swift, 그리고 DijkstraGraph.swift 파일을 생성한다.

DijkstraNode.swift 파일에 아래 코드를 입력한다.

```
public class DijkstraNode<T:Equatable & Hashable>:Equatable {
    // 제너릭값, 방문 상태, 참조값 변수 선언
    public var value:T
    public var edges:[DijkstraEdge<T>]
    public var visited:Bool
    // 출발 지점에서 현재 노드에 이르는 최단거리
    public var distance:Int = Int.max
```

```swift
    // 최단 경로에 이르는 기존의 노드
    public var previous:DijkstraNode<T>?
    // 초기화
    public init(value:T, edges:[DijkstraEdge<T>], visited:Bool) {
        self.value = value
        self.edges = edges
        self.visited = visited
    }
}

public func == <T: Equatable> (lhs: DijkstraNode<T>, rhs: DijkstraNode<T>)
-> Bool {
    guard lhs.value == rhs.value else {
        return false
    }
    return true
}

extension DijkstraNode: Hashable {
    public var hashValue: Int {
        get {
            return value.hashValue
        }
    }
}
```

다이크스트라 알고리즘에서는 미방문 노드를 저장하기 위해 Set를 사용한다. 이를 위해서는 먼저 노드에 Hashable, 그리고 Equatable 프로토콜을 적용한다.

각 노드에 이르는 임시 거리를 계산하기 위해 distance라 부르는 새로운 프로퍼티를 추가한다. 위 코드에서는 Int.max로 distance 변수를 초기화하는데, 이는 다이크스트라 알고리즘에서 사용하는 무한값에 가까운 의미를 지닌다.

또한, 각 노드에 이르는 경로를 각 노드의 최단 경로로 저장해야 하므로, previous라는 새로운 프로퍼티를 추가한다.

DijkstraEdge.swift 파일에 아래 코드를 입력한다.

```swift
public class DijkstraEdge<T:Equatable & Hashable>:Equatable {
    public var from:DijkstraNode<T>
    public var to:DijkstraNode<T>
    public var weight:Double
    // 초기화
    public init(weight:Double, from:DijkstraNode<T>, to:DijkstraNode<T>) {
        self.weight = weight
        self.from = from
        self.to = to
        from.edges.append(self)
    }
}


public func == <T: Equatable> (lhs: DijkstraEdge<T>, rhs: DijkstraEdge<T>)
-> Bool {
    guard lhs.from.value == rhs.from.value else {
        return false
    }
    guard lhs.to.value == rhs.to.value else {
        return false
    }
    return true
}


extension DijkstraEdge: Hashable {
    public var hashValue: Int {
        get {
            let stringHash = "\(from.value)->\(to.value)"
            return stringHash.hashValue
        }
    }
}
```

위 코드가 낯이 익을 것이다. 바로 MSTEdge.swift와 동일한 내용이기 때문이다. 기존 파일과 달라진 점은 없지만, 코드 구현 과정을 좀 더 명확하게 설명하기 위해 새로운 클래스를 생성했다.

마지막으로, DijkstraGraph.swift 파일에 아래 코드를 입력한다.

```swift
public class DijkstraGraph<T:Hashable & Equatable> {
    public var nodes:[DijkstraNode<T>]
    public init(nodes:[DijkstraNode<T>]) {
        self.nodes = nodes
    }

    public static func dijkstraPath(startNode:DijkstraNode<T>,
    graph:DijkstraGraph<T>, finishNode:DijkstraNode<T>) {
        // 모든 미방문 노드를 저장하기 위한 세트를 생성
        var unvisitedNodes = Set<DijkstraNode<T>>(graph.nodes)

        // 방문 표식을 남기고 임시 거리로 0을 입력
        startNode.distance = 0

        // 현재 노드를 할당
        var currentNode:DijkstraNode<T> = startNode

        // 마지막 노드를 방문할 때까지 반복함
        while (finishNode.visited == false) {

            // 각각의 미방문 이웃에 대해, 현재 노드와의 거리를 계산
            for edge in currentNode.edges.filter({ (edge) -> Bool in
            return edge.to.visited == false }) {

                // 현재 노드와 그 이웃 노드의 임시 거리를 계산
                let temporaryDistance = currentNode.distance +
                Int(edge.weight)

                // 임시 거리가 현재 이웃과의 거리보다 작으면,
                // 임시 거리로 업데이트함
                if edge.to.distance > temporaryDistance {
                    edge.to.distance = temporaryDistance
                    edge.to.previous = currentNode
                }
            }

            // 노드에 방문 표식을 남김
            currentNode.visited = true
```

```
            // 미방문 노드 세트에서 현재 노드를 삭제
            unvisitedNodes.remove(currentNode)
            if let newCurrent = unvisitedNodes.sorted(by: {
            (nodeA, nodeB) -> Bool in
            nodeA.distance < nodeB.distance
            }).first {
                currentNode = newCurrent
            } else {
                break
            }
        }
        DijkstraGraph.printShortestPath(node: finishNode)
    }

    public static func printShortestPath(node:DijkstraNode<T>) {
        if let previous = node.previous {
            DijkstraGraph.printShortestPath(node: previous)
        } else {
            print("Shortest path:")
        }
            print("->\(node.value)", terminator:"")
    }
}
```

위 코드를 통해 다이크스트라 알고리즘과 최단 경로를 출력할 도우미 메소드를 선언했다.

이번 `dijsktraPath` 메소드는 다음과 같은 절차에 따라 앞서 설명했던 최단 경로를 찾는다.

1. 미방문 노드 세트를 생성(노드를 초기화하면서 무한값을 거리로 설정함)

2. 현재 노드를 초기 노드로 설정한다.

3. 각각의 미방문 이웃에 다다르기 위한 최단 거리를 업데이트한다. 업데이트를 마치면, 기존의 노드 또한 업데이트해서 현재 노드에 이르기 위한 최단 경로를 추적하고, 현재의 노드에 방문 표식을 남긴다.

4. 거리값이 가장 낮은 다음 노드로 이동한 뒤, 마지막 노드를 방문할 때까지 3번 과정을 반복한다.

5. 마지막 노드에서 시작하는 최단 경로를 출력한다.

이번 구현 내용을 확인하기 위해 playground 파일에 아래 코드를 입력하고 실행한다.

```
let nodeA = DijkstraNode(value: "A", edges: [], visited: false)
let nodeB = DijkstraNode(value: "B", edges: [], visited: false)
let nodeC = DijkstraNode(value: "C", edges: [], visited: false)
let nodeD = DijkstraNode(value: "D", edges: [], visited: false)
let nodeE = DijkstraNode(value: "E", edges: [], visited: false)

let edgeAB = DijkstraEdge(weight: 3, from: nodeA, to: nodeB)
let edgeBA = DijkstraEdge(weight: 3, from: nodeB, to: nodeA)
let edgeAC = DijkstraEdge(weight: 1, from: nodeA, to: nodeC)
let edgeCA = DijkstraEdge(weight: 1, from: nodeC, to: nodeA)
let edgeBC = DijkstraEdge(weight: 1, from: nodeB, to: nodeC)
let edgeCB = DijkstraEdge(weight: 1, from: nodeC, to: nodeB)
let edgeBD = DijkstraEdge(weight: 2, from: nodeB, to: nodeD)
let edgeDB = DijkstraEdge(weight: 2, from: nodeD, to: nodeB)
let edgeDE = DijkstraEdge(weight: 1, from: nodeD, to: nodeE)
let edgeED = DijkstraEdge(weight: 1, from: nodeE, to: nodeD)
let edgeCE = DijkstraEdge(weight: 8, from: nodeC, to: nodeE)

let edgeEC = DijkstraEdge(weight: 8, from: nodeE, to: nodeC)
let graph = DijkstraGraph(nodes: [nodeA,nodeB,nodeC,nodeD,nodeE])
DijkstraGraph.dijkstraPath(startNode: nodeA, graph: graph, finishNode:
nodeE)
```

위 코드를 통해 찾아낸 그래프의 최단 경로는 다음과 같다.

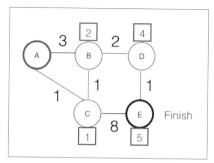

▲ 다이크스트라 최단 경로의 모습

콘솔에 출력된 내용은 다음과 같다.

```
Shortest path:
->A->C->B->D->E
```

이로써, 스위프트에서 그래프를 구현하는 방법에 대해 알아봤다. 하지만, 그래프 알고리즘을 구현하는 방법은 이 외에도 무수히 많으며, 다양한 오픈소스를 통해 그래프에 대한 지식을 넓혀나가기 바란다. 그 중 대표적인 것이 깃허브에 있는 SwiftGraph이며, 다음 절에서 간략히 소개한다.

SwiftGraph

데이비드 코펙David Kopec이 만든 SwiftGraph는 (코코아 프레임워크의 도움을 전혀 받지 않은) 순수한 스위프트 버전의 그래프 데이터 구조로, 스위프트를 지원하는 (iOS, 맥OS, 리눅스 등) 모든 플랫폼에서 사용 가능하며, 가중치weighted 그래프, 무가중치unweighted 그래프, 방향성directed 그래프, 그리고 무방향성undirected 그래프 등 각종 그래프를 제공한다. 또한 제너릭을 사용해서 꼭지점의 F 타입, 가중치 타입 등을 적용할 수 있게 했다.

또한 이와 관련된 방대한 개발자 문서를 포함하고 있으며, 유닛 테스트는 물론 BFS, DFS, 다이크스트라 알고리즘을 위한 유틸리티 함수도 제공한다. SwiftGraph는 다양한 오픈소스 프로젝트를 활용하고 있지만, 대규모 데이터세트 기반의 테스트 성능 검증은 충분히 이뤄지지 않은 상태다.

SwiftGraph와 여러분이 만든 그래프를 비교해보기 바란다.

정리

7장에서는 그래프 이론, 꼭지점, 모서리, 그리고 BFS, DFS 등 다양한 검색 방식에 대해 살펴봤다. 또한 스위프트의 구조체, 프로토콜, 클래스 등을 이용해서 그래프를 구현하는 방법도 알아봤다. 마지막으로, 스패닝 트리와 최단 경로의 구현 방법을 알아봤다.

8
알고리즘의 성능과 효율성

8장에서는 알고리즘의 성능과 효율성이라는 측면을 살펴볼 것이다. 앞 장에서 여러 개의 알고리즘 구현 방식을 살펴봤는데, 이 장에서는 알고리즘의 성능을 측정하는 이론적인, 실무적인 방법에 대해 알아본다. 특히 점근 분석과 빅오$^{Big-O}$ 기법으로 다양한 알고리즘을 비교하고 각각의 성능 특성에 맞게 분류한다.

8장에서 다루는 내용은 다음과 같다.

- 알고리즘의 효율성
- 효율성 측정하기
- 빅오 표기법
- 보편적으로 활용되는 기능의 순서
- 런타임 복잡성의 평가

알고리즘의 효율성

알고리즘을 이용해 문제를 해결해야 할 경우 가장 먼저 하게 되는 질문은, 과연 어떤 알고리즘이 특정 문제를 푸는 데 가장 적합하느냐 하는 것이다. 일반적으로 특정 문제를 해결하기 위한 다양한 선택권을 갖게 되지만, 그 중에서도 어떤 것이 가장 훌륭한지를 판단해야 하는 것이다.

좀 더 나은 문제 해결의 방법으로서 알고리즘의 효율성이라는 평가 기준을 생각해 볼 수 있으며, 다음과 같이 크게 두 가지 카테고리로 나눌 수 있다.

- **공간 분석**Space analysis: 알고리즘은 문제 해결이라는 목적을 달성하기 위해 서로 다른 데이터 구조와 임시 변수를 사용한다. 앞서 정렬 알고리즘과 배열, 스택, 큐, 트리, 세트 등 다양한 데이터 구조의 활용 방법에 대해 살펴봤다. 메모리 공간은 한정돼 있으므로, 알고리즘의 효율성 판단에 있어 (메모리) 공간 분석은 무척 중요하다 하겠다. 공간 분석은 메모리가 매우 중요한 자원이었던 과거에 특히 중요했으며, 메모리가 풍부해진 지금도 효율적인 공간 사용은 중요하다. 예를 들어, 모바일 애플리케이션에서 RAM 메모리는 여전히 매우 중요한 컴퓨팅 자원 중 하나다.

- **시간 분석**Time analysis: 어떤 알고리즘은 다른 것에 비해 신속하게 문제를 해결한다. 어떤 알고리즘은 입력 데이터가 소규모일 때 속도가 빠르지만, 입력 데이터가 커질수록 속도가 느려지기 시작한다. 시간 분석은 알고리즘이 일정한 규모의 입력 데이터에 대해 어느 정도 빠른지를 알아본다. 우리가 (저사양의 스마트폰, 태블릿, 심지어 스마트 냉장고 등에서) 사용하는 프로그램 중 슈퍼 컴퓨터에서 단독으로 실행되는 경우는 결코 없으므로, 알고리즘의 실행 시간은 매우 중요하다 할 수 있다. 사용자 경험은 모든 소프트웨어 설계의 핵심 요소이며, 사용자는 소프트웨어의 동작이 느려질 경우 바로 꺼버리는 경우가 허다하다. 따라서, 애플리케이션 개발에 특정 알고리즘을 적용하기 전에 해당 알고리즘의 시간 요구 사항에 대해 잘 파악하고 있어야 한다.

공간 분석과 시간 분석의 사례에 대해 알아보자. 알고리즘 A는 특정 입력 데이터를 처리하는 데 100KB의 메모리를 사용하고, 100ms의 시간이 걸린다. 반면, 알고리즘 B는 특정 입력 데이터를 처리하는 데 900KB의 메모리를 사용하고, 20ms의 시간이 걸린다. 어느 것이 더 낫다고 할 수 있을까? 이에 대한 판단은 상황에 따라 달라진다. 메모리 제약이 많은 상황인가? 그렇다면 알고리즘 A가 더 나은 선택이 될 수 있다. 처리 속도가 중요한 상황인가? 그렇다면 알고리즘 B가 더 적합하다.

그런데, 혹시 두 알고리즘의 시간 차이인 80ms가 전체 프로그램의 성능에 큰 영향을 미친다면? 혹은, 이번 프로세스가 백그라운드에서 실행되면서, 사용자 경험에는 전혀 영향을 미치지 않는다고 하면? 그렇다면 속도는 좀 느리더라도 좀 더 적은 메모리를 사용하는 방법을 택할 것이다. 결국, 우리는 절대적인 어떤 기준이나 숫자가 아닌, 주어진 상황에 따라 알고리즘을 선택하게 된다. 그럼에도 불구하고, 알고리즘의 효율성과 점근적 분석은 중요한 일이며, 이를 통해 알고리즘을 큰 틀에서 볼 수 있고, 좀 더 폭넓게 사용할 수 있다.

최상, 최악, 그리고 평균의 경우

알고리즘의 시간 복잡성과 공간 복잡성을 계산할 때, (시간과 공간에 따라) 서로 다른 결과값을 도출해 내는 상이한 입력값을 사용한다. 일련의 숫자를 정렬하는 알고리즘이 있다고 생각해보자. 특정 숫자를 정렬하기 위해 알고리즘이 사용하는 시간은 입력 데이터가 어떤 것이냐에 따라 크게 달라진다.

예를 들어, 입력값 [1,2,3,4,5,7,6]이라는 숫자 모음^{sequence}을 결과값 [1,2,3,4,5,6,7]의 순으로 정렬하는 경우보다, 입력값으로 [7,6,5,4,3,2,1]을 사용할 때, 훨씬 적은 자원이 소모된다. 이는 우리가 치환해야 할 숫자의 개수가 앞의 숫자 모음보다 적기 때문이다. 이는 다소 극단적인 사례이긴 하지만, 시간과 공간 복잡성을 설명하는 데는 유용하다. 이런 상황을 좀 더 간단히 설명하기 위해 최상, 최악, 그리고 평균인 상황을 고려한다.

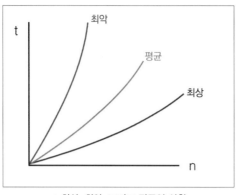

▲ 최상, 최악, 그리고 평균인 상황

이런 상황이 실제로 일어날만한 적절한 시나리오를 생각해보자. 가령, 배열 속에 포함된 특정 아이템을 찾는 알고리즘이 있다고 해보자.

- **최악의 상황**Worst-case: 특정 아이템을 찾지 못함. 따라서 알고리즘은 모든 요소를 확인해야 한다.

- **최상의 상황**Best-case: 특정 아이템을 한 번에 찾아낸다.

- **평균의 상황**Average-case: 배열 속에 든 특정 아이템을 찾을 확률은 모두 같다.

보통의 경우, 최악의 상황 시나리오를 가장 많이 검토해야 하며, 알고리즘의 시간적, 공간적 요구 사항의 한계점을 파악할 수 있기 때문이다. 따라서, 알고리즘을 선택한 뒤에는 최악의 상황 시나리오를 검토하게 된다. 또한, 입력 데이터가 정적인 상태에 놓인 경우가 아닌, 데이터가 점증하는 비율에 따라 비교하기도 한다.

최상/최악/평균인 상황을 계산하는 작업이 바로, 알고리즘의 효율성 측정 작업이라 할 수 있다. 이를 위해 점근적 분석asymptotic analysis을 하고 이를 빅오 표기법으로 나타낸다. 다음 절에서 살펴보자.

효율성 측정과 빅오 표기법

모든 알고리즘은 각자 나름의 시간 복잡성과 공간 복잡성을 지닌다. 이미 살펴본 바와 같이, 이들 두 변수는 고정된 것이 아니고, 입력 데이터에 따라 얼마든지 달라질 수 있다. 또한, 알고리즘의 성능 검증 시나리오인 최상, 최악, 그리고 평균의 복잡성에 대해서도 알아봤다. 이제 이론적인 내용을 좀 더 구체화해서, 알고리즘 성능 측정 방법인 점근적 분석과 빅오 표기법에 대해 알아보자.

점근적 분석

점근적 분석은 알고리즘의 효율성을 측정하고 기본 속성을 비교할 수 있는 가장 기본적인 방법이라 할 수 있다. 점근적 분석은 개발자들 사이에서 알고리즘의 실행 시간과 복잡성을 설명할 수 있는 대표적인 방법으로 활용되고 있다.

점근적 분석은 알고리즘이 특정 메모리 조건에서 어떻게 작동하는지, 그리고 처리해야 할 데이터의 양에 따라 어느 정도의 속도를 내는지 파악할 수 있는 고수준의 분석 기법이다. 다음 예를 살펴보자.

아래와 같이 배열에 있는 숫자를 하나씩 출력하는 간단한 알고리즘이 있다고 하자.

```
let array = [1,2,3,4,5]
for number in array {
    print(number)
}
```

위 알고리즘에서 각각의 명령을 처리하기 위해 기계가 소비하는 시간을 t라고 했을 때, 알고리즘이 해당 작업을 모두 마치기까지 걸린 시간은 얼마나 될까? 위 알고리즘에서 하나의 명령을 처리하기 위해서는 배열의 초기화와 순환문이 필요하다. 이번 예제에는 다섯 개의 숫자가 있으므로, 루프에서 $5*t$에 해당하는 명령 실행 시간이 소요되며, 배열 초기화에 다시 $1t$만큼의 시간이 소요된다. 결국, 이번 알고리즘은 $5t+t$만큼의 시간이 소요된다.

그런데, 만일 처리해야 할 배열 요소의 수가 100개가 된다면? 이때는 $100t+t$만큼의 시간이 소요될 것이다. 만일 배열 요소의 수가 10000개나 된다면? $10,000t+t$

만큼의 시간이 소요될 것이다. 우리는 이와 같은 시나리오를 (수학 공식으로) 일반화해서, 배열의 크기가 n일 때, 실행 시간은 $nt+t$ 또는 시간 단위는 $n+1$이라 표현할 수 있다.

n이 매우 큰 수인 경우, 낮은 순위의 아이템은 전체 실행 시간에 좀 더 적은 영향을 미치며, 좀 더 간편하게 처리할 수 있다. 우리는 이를 단순화해서 빅오 표기법이라 부른다. 다음과 같은 사례를 살펴보자.

- 실행 시간이 $3n+5$인 경우 → 빅오는 $O(n)$
- 실행 시간이 $n^2+10n+33$인 경우 → 빅오는 $O(n^2)$
- 실행 시간이 $100n^5+n^3+2$인 경우 → 빅오는 $O(n^5)$

빅오가 동일한 두 개의 알고리즘을 비교하는 경우, 그 세부 요소를 유심히 살펴봐야 한다. $O(n)$의 실행 시간이 소요되는 알고리즘 A와 $O(2n)$의 실행 시간이 소요되는 알고리즘 B가 있다고 했을 때, 단순히 알고리즘 B가 시간이 두 배 걸리므로 좋지 않다고 판단해서는 안 된다는 것이다.

이번 예제의 실행 시간이 $n+1$이므로, 빅오는 $O(n)$에 해당한다. 이미 살펴본 것처럼, 실행 시간은 입력 데이터의 양과 속성에 영향을 받으며, 아래와 같은 선형 관계에 있다.

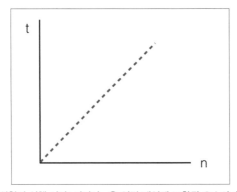

▲ 선형의 실행 시간: 여기서 n은 입력 배열에 포함된 요소의 수다.

점근적 분석에서, 이번 알고리즘의 실행 시간은 n인 빅오, 또는 좀 더 줄여서, $O(n)$의 시간이 소요된다고 말한다.

이제 공간 분석으로 넘어가 보자. 이번 알고리즘은 단 하나의 데이터 구조만을 사용한다. 바로 배열이다. 이를 위해 우리가 메모리 상에 확보해야 할 공간은 배열의 모든 요소를 저장할 수 있는 정도의 크기여야 한다. 배열에 n개의 요소가 들어있다면, 공간 또한 n개가 필요하다. 따라서, 이번 알고리즘을 위한 공간은 $O(n)$만큼의 선형 관계에 있다고 할 수 있다.

이러한 표현이 유용한 이유는 무엇일까? 우리는 이와 같은 단순화된 표현을 통해 알고리즘의 속성을 실행 시간과 필요 공간으로 좀 더 간단하게 설명할 수 있고, 이번 예제의 경우, 시간과 공간 모두 각각 $O(n)$이라 표현할 수 있기 때문이다.

이제 좀 더 세부적으로 들어가보자. 앞서 우리는 알고리즘 실행의 세 가지 시나리오가 있다고 설명했다. 바로 최상, 최악, 그리고 평균 복잡성이다. 그리고 그에 대응하는 세 가지의 빅오 표기법이 존재한다.

- **빅세타**^{Big-θ}: 정해진 기준선 내에서의 최악의 복잡성과 최상의 복잡성을 표현하는 데 사용한다.
- **빅오**^{Big-O}: 최악의 상황에 준하거나 그보다 작은 복잡성을 표현하는 데 사용한다.
- **빅오메가**^{Big-Ω}: 적어도 최상의 복잡성보다 더 나은 상황을 표현하는 데 사용한다.

이 중, 가장 널리 쓰이는 평가 기준은 빅오인데, 이는 빅오가 가장 높은 수준의 복잡성을 보여주며, 이를 통해 알고리즘의 시간/공간적 요구 사항의 한계점을 파악할 수 있기 때문이다. 이제부터는 보편적으로 사용되는 코드 블록의 복잡성을 설명하는 방법에 대해 알아보고, 앞으로 사용하게 될 다양한 빅오 함수의 세부 내용에 대해 알아본다.

복잡성 계산 방식

알고리즘에 사용된 명령문과 코드 블록의 구성 방식에 따라 복잡성 또한 변하게 된다. 프로그래밍에서 가장 널리 사용되는 코드 예제를 통해 복잡성이 어떻게 변화하는지 알아보자.

- 할당이나 변수 초기화와 같은 간단한 명령문은 함수나 기본적인 산술 알고리즘을 호출하기 위한 각각의 명령문당 $O(1)$의 복잡성을 지닌다. 따라서, k개의 간단한 명령문이 있다면 실행 시간은 $O(k)$가 된다. 다음은 $O(1)$의 복잡성에 해당하는 명령문이다.

```
let number = 5
let result = number + 4
var myString:String = "Hey"
```

- if...else 블록은 서로 다른 두 개의 코드 조각을 포함한다. 하나의 코드는 if의 조건하에서, 또 다른 조건은 else의 조건하에서 실행되는 것이다. 보통의 경우, if...else 블록 전체의 복잡성은 최악의 복잡성 가정을 따른다. 따라서, 예를 들어, if 블록이 $O(1)$, else 블록이 $O(n)$만큼의 복잡성을 지닌다고 할 때, if...else 블록 전체의 복잡성은 $O(n)$이 된다. 다음 예제 코드를 살펴보자.

```
let array:[Int] = [1,2,3,4]
if array[0] == 1 {
   //O(1)
   print(array[0])
   }else {
   //O(array.lenght)
   for number in array {
      print(number)
   }
}
```

- 간단한 명령을 포함하고 n번 반복되는 순환문에서, 순환문 내부에 있는 코드가 실행될 때의 복잡성이 $O(k)$이고, 순환문이 n번 반복된다고 할 때, 전체 순환문의 복잡성은 $n*O(k)$ 또는 $O(n*k)$가 된다.

```
// n = 4
let intArray:[Int] = [1,2,3,4]
for number in intArray {
    // O(n) = 4 x O(1) = O(4)
    print(number)
}
```

● 순환문 내부에 또 다른 순환문이 있는 중첩 순환문의 경우, 복잡성이 지수적으로^{exponentially} 증가한다. 즉, 간단한 순환문 각각의 복잡성이 $O(n)$ 일 때, 그 속에 또 다른 순환문을 추가하면 복잡성은 $O(n^2)$가 된다. 그 속에 다시 순환문을 추가하면 복잡성 역시 다시 그 비율로 증가한다. 즉, 세 번 중첩된 순환문의 복잡성은 $O(n^3)$, 네 번 중첩된 순환문의 복잡성은 $O(n^4)$의 패턴으로 커지게 된다.

```
let intsArray:[Int] = [1,2,3,4] //O(n) = 1
var total = 0 //O(n) = 1
for number in intsArray {
    //O(n) = 42 = 16
    for nestedNumber in intsArray {
        total = total + number * nestedNumber
    }
}
//O(n) = 16 + 1 + 1
```

다음 절에서 개별 예제 코드에 대한 복잡성과 이를 나타낸 그래프를 살펴보면, 알고리즘의 복잡성에 대한 개념이 좀 더 명확하게 정리될 것이다.

일반적인 함수의 복잡성 순서

두 알고리즘의 빅오를 비교할 때, 우리는 특정 입력 데이터의 증가에 대해 실행 시간과 저장 공간이 어떻게 증가하는지를 확인하게 된다. 그리고 일정 규모의 데이터가 입력됐을 때 알고리즘이 어떻게 반응하는지도 알 필요가 있다. 이제, 우리가 프로그래밍에서 일반적으로 사용하는 함수의 복잡성 순서를 오름차순으로 정리해보자.

O(1)

어떤 값이 입력되든지 실행 시간이 항상 일정하다고 했을 때, 알고리즘의 복잡성은 $O(1)$이 된다. 즉, 입력 데이터에 상관 없이 알고리즘의 저장 공간과 실행 시간이 동일하며, 그 대표적인 사례는 배열에 있는 요소를 인덱스값으로 접근하는 명령이다. 이때는 (고수준에서) 단 하나의 명령만 실행된다. 스택에서 요소를 가져오는 pop 함수 역시 $O(1)$에 해당하며, 삽입 정렬의 공간 복잡성 역시 단 하나의 메모리만 소모하므로 $O(1)$에 해당한다.

다음 예제 코드를 살펴보자.

```
public func firstElement(array:[Int]) -> Int?
{
    return array.first
}
```

이번 예제 코드는 매우 단순화된 함수로, 정수형 배열을 받고 (요소가 존재한다면) 첫 번째 요소를 반환한다. 이 코드는 실행시마다 $O(1)$의 시간이 소요된다. 이번 함수에는 배열 요소에 접근하기 위한 단 하나의 실행 명령문만 포함돼 있으므로 $O(1)$에 해당한다.

▲ 빅오 유형과 알고리즘 성능 사례 – O(1)

O(log(n))

$Log(n)$은 $O(1)$과 $O(n)$의 중간 수준이다. 앞서 살펴본 레드블랙 트리의 검색과 삽입 메소드가 $O(log(n))$의 복잡성을 지닌다. $O(log(n))$은 매우 높은 수준의 복잡성을 의미하며, 데이터세트 검색의 이론적 한계 수준이라 여겨진다.

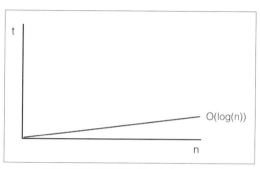

▲ 빅오 유형과 알고리즘 성능 사례 – O(log(n))

O(n)

$O(n)$은 선형 복잡성linear complexity으로도 부르며, 실행 시간 t가 입력 데이터의 양 n에 비례해서 증가함을 의미한다. 배열에서 최악의 경우의 검색, 삽입, 삭제 작업이 $O(n)$에 해당한다. 최악의 경우란, 하나의 아이템을 찾기 위해 배열 전체를 검색해야 함을 의미한다. 삽입 또는 삭제 작업을 할 경우, 검색 작업을 먼저 하게 되므로 세 가지 시나리오 모두 $O(n)$의 복잡성을 띠게 된다.

다음 예제 코드를 살펴보자.

```
for number in array {
  print(number)
  }
```

위 코드는 순환문을 통해 배열에 포함된 n개의 요소를 찾게 되므로 $O(n)$의 복잡성을 띤다.

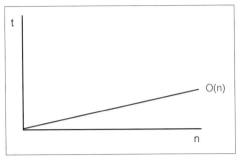

▲ 빅오 유형과 알고리즘 성능 사례 – O(n)

O(nlog(n))

$O(n)$보다 좋지 않은 경우다. 병합 정렬에서 (최악의 경우) 정렬 알고리즘의 복잡성
이 이에 해당한다.

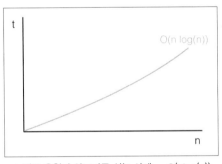

▲ 빅오 유형과 알고리즘 성능 사례 – O(nlog(n))

O(n^2)

2차 함수로도 부르며, 다른 대상과 비교할 때의 복잡성에 해당한다. 하지만 이 보
다 더 좋지 않은 경우로 $O(2^n)$이 있다.

중첩된 두 개의 순환문이 이와 같은 복잡성을 띠게 된다. 각각의 중첩된 순환문
개수마다 지수를 추가하며, 두 개의 중첩 순환문은 $O(n^2)$, 세 개의 중첩 순환문은
$O(n^3)$, 네 개의 중첩 순환문은 $O(n^4)$ 등의 순으로 증가한다.

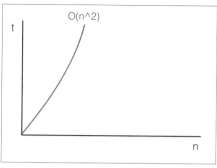

▲ 빅오 유형과 알고리즘 성능 사례 – O(n²)

O(2^n)

알고리즘이 각 단계별로 진행될 때마다 데이터 처리량이 두 배로 늘어나는 경우 $O(2^n)$의 복잡성을 띠게 된다. 이는 매우 좋지 않은 성능이라 할 수 있으며 이 정도의 복잡성이 나타나지 않도록 알고리즘을 설계해야 한다. 다음 예제 코드를 살펴보자.

```
public func fibonacci(number:Int) -> Int {
    if number <= 1 {
        return number
    }
    return fibonacci(number: number-2) + fibonacci(number: number-1)
}
```

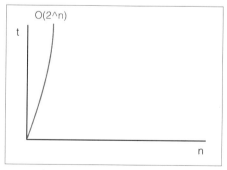

▲ 빅오 유형과 알고리즘 성능 사례 – O(2^n)

빅오 그래프 비교

앞서 살펴본 빅오 그래프를 한 자리에 모아놓고 관찰해보자.

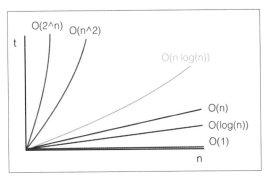

▲ 빅오 유형과 알고리즘 성능: red = bad, yellow = regular, blue = good

$O(2^n)$와 $O(n^2)$ 수준의 함수는 복잡성 측면에서 성능이 나쁜 것으로 간주된다. 그 외 나머지 그래프는 만족할만한 수준이며, 서로 다른 여러 개의 알고리즘 중 활용 목적과 사용 시나리오에 가장 적합한 것을 선택하면 된다. 다음 절에서 좀 더 실질적인 도움을 줄 수 있는 예제에 대해 알아본다.

런타임 복잡성의 평가

이제 알고리즘의 성능 평가에 대한 큰 그림이 보이기 시작했을 것이다. 이번 절에서는 일반적인 빅오 함수의 시간 성능 데이터를 보면서 입력 데이터의 규모에 따라 각각의 빅오 함수가 어떤 결과를 나타내는지 확인한다. 아래 표의 실행 시간은 하나의 간단한 명령어를 불과 1나노 초에 처리하는 컴퓨터에서 나온 것이다.

n / f(n)	log(n)	n	n log(n)	n^2	2^n	n!
10	0.003 μs	0.01 μs	0.033 μs	0.1 μs	1 μs	3.63 ms
20	0.004 μs	0.02 μs	0.086 μs	0.4 μs	1ms	77.1 years
30	0.005 μs	0.03 μs	0.147 μs	0.9 μs	1s	8.4×10^{15} years
40	0.005 μs	0.04 μs	0.213 μs	1.6 μs	18.3 min	
50	0.006 μs	0.05 μs	0.282 μs	2.5 μs	13 days.	
100	0.007 μs	0.1 μs	0.644 μs	10 μs	4×10^{13} years	
1,000	0.010 μs	1 μs	9.966 μs	1ms		
10,000	0.013 μs	10 μs	130 μs	100ms		
100,000	0.017 μs	0.10 ms	1.67 ms	10s		
1,000,000	0.020 μs	1ms	19.93 ms	16.7 min		
10,000,000	0.023 μs	0.01 s	0.23 s	1.16 days		
100,000,000	0.027 μs	0.1 s	2.66 s	115.7 days		
1,000,000,000	0.030 μs	1s	29.90 s	31.7 years		

▲ 빅오 유형과 알고리즘 성능: 입력 데이터의 양에 따른 실행 시간의 변화

위 표에서 회색 영역은 실제 애플리케이션 실행 상황과는 맞지 않는다는 의미다. 1초 이상의 실행 시간이 걸리는 모든 알고리즘은 여러분의 애플리케이션 실행 성능에 영향을 미친다고 봐도 무방하다. 따라서, 위 표를 통해 다음과 같은 결론을 내릴 수 있다.

- n의 크기가 매우 작은 경우($n < 10$) 대부분의 함수는 빠르게 작동한다.
- $log(n)$의 실행 시간이 걸리는 알고리즘은 입력 데이터가 급증해도 거의 느려지지 않는다.
- 선형 함수 또는 $n*log(n)$ 알고리즘은 대규모 데이터 입력 조건하에서 우수한 성능을 발휘한다.
- 이차 함수 (n^2) 알고리즘은 $n>10,000$ 조건을 넘어서면 급격히 느려진다.
- $n!$ 알고리즘은 n이 10만 넘어도 느려진다.

이제 여러분은 알고리즘 성능과 효율성에 대한 큰 그림을 파악한 것은 물론, 실제 데이터를 토대로 해서 빅오 순서에 따라 가장 적절한 알고리즘을 선택할 수 있게 됐다.

이제 우리가 만든 코드를 가지고 실행 시간을 비교해보자. 이를 위해 먼저 간단한 스위프트 구조체를 만들자. 엑스코드에서 새 playground 파일을 생성하고, Sources 폴더에 새로운 파일을 만든 뒤 Stopwatch.swift라 이름 붙인다. 코드는 다음과 같다.

```
import Foundation
public struct Stopwatch {
    public init() { }
    private var startTime: TimeInterval = 0.0;
    private var endTime: TimeInterval = 0.0;
    public mutating func start() {
        startTime = NSDate().timeIntervalSince1970;
    }

    public mutating func stop() -> TimeInterval {
        endTime = NSDate().timeIntervalSince1970;
        return endTime - startTime
    }
}
```

위 코드는 TimeInterval 타입의 startTime과 endTime이라는 두 개의 변수를 지닌 구조체를 선언한다. TimeInterval은 Double 타입으로서, 데이터 처리시 매우 정밀한 값을 반환한다.

Stopwatch 구조체는 init 메소드와 함께, 숫자 카운트를 시작하기 위한 start() 메소드, 그리고 카운트를 멈추고 TimeInterval 타입의 경과 시간을 반환하기 위한 stop() 메소드를 포함한다.

위 코드를 실행하는 것은 매우 간단하다. playground 파일에 Int 타입의 배열을 하나 생성하고 Stopwatch 구조체 내에 간단한 순환문을 추가해서 배열 아이템을 확인한다. playground 파일에 아래 코드를 입력한다.

```
// 초기화
var timer = Stopwatch()
// 알고리즘 측정
timer.start()
```

```
for counter:Int in 1...1000 {
 let a = counter
}
// 경과시간 출력
print("Elapsed time \(timer.stop())")
```

순환문에 포함된 카운터의 최대치를 변경하면 출력되는 경과 시간 또한 바뀌게 된
다. 이번에 사용된 순환문은 $O(n)$ 함수의 복잡성을 지니므로, 대규모 데이터도 받
아들일 수 있다. 하지만, 여러분의 컴퓨팅 환경에 따라서 playground 파일의 처
리 속도가 급격히 느려질 수 있으며, 수백만 혹은 수십억의 수준으로 값을 올리기
시작하면 위 표의 내용과는 다른 결과가 나올 수 있다. 마지막 9장에서 Stopwatch
예제를 다시 열어서 코드 블록 변경에 따라 실행 시간이 어떻게 바뀌는지 확인해
볼 것이다.

이번 예제를 통해 입력 데이터의 크기 변경에 따라 알고리즘의 실행이 어떻게 바
뀌는지, 그리고 소프트웨어의 성능이 어떻게 변화하는지 확인했다. 앞으로는 이번
예제 코드를 이용해서 알고리즘과 소프트웨어의 성능을 좀 더 쉽게 비교할 수 있
을 것이다.

이번 예제 외에도 스위프트에는 실행 시간을 측정하기 위해 아래와 같이 다양한
방법이 마련돼 있으며, 직접 확인해보기 바란다.

- NSDate (이번 예제에서 사용)

- CFAbsoluteTime

- ProcessInfo.systemUptime

- match_absolute_time

- clock()

- times()

정리

8장에서는 알고리즘의 효율성을 소개하고 이를 측정하는 방법에 대해 알아봤다. 이제 여러분은 빅오 표기법과 입력 데이터의 크기에 따라 알고리즘의 실행 시간과 저장 공간이 어떻게 변화하는지 확인할 수 있는 예제 코드 활용법도 알게 됐다. 다양한 빅오 순위 함수의 차이점은 물론, 명령문의 종류에 따라 어떤 함수가 적용되는지도 알게 됐다. 또한 다양한 함수를 이용해서 Swift 메소드의 성능 차이도 알아봤다. 다음, 마지막 9장에서는 상이한 개발 시나리오에서 가장 적절한 알고리즘을 선택하는 방법에 대해 알아본다.

9

내게 꼭 맞는
알고리즘 선택하기

9장에서는 현대 IT 프로그래밍 환경에서 언급되는 주요 문제와 애플리케이션에 대해 설명하고, 이들 문제, 혹은 니즈를 알고리즘과 데이터 구조를 이용해서 어떻게 풀어나가야 할지에 대해 알아본다. 8장을 거치면서 데이터 구조와 알고리즘의 기초는 물론, 응용 개념을 학습했으며, 이들 내용을 스위프트 코드로 구현하는 방법도 알아봤다. 이제부터는 실제 개발 환경에서 부딪치게 될 다양한 문제 상황, 또는 시나리오에 대해 설명하고, 이를 해결하기 위한 구체적인 방안에 대해 살펴본다.

여러분은 아마 소셜 네트워크 서비스를 이용하면서 입력할 수 있는 글자수가 한정된 폼에 URL 링크를 공유하려고 애쓴 적이 있을 것이다. 그리고 그럴 때 꽤 긴 URL을 짧게 바꿔주는 웹 애플리케이션을 써 본 적도 있을 것이다. URL 단축기는 URL 입력 공간과 메모리를 절약하기 위한 방편이기도 하지만, 사용자 입장에서는 너무 길어서 잘 알아볼 수 없는 텍스트를 적절한 길이로 줄임으로써 콘텐츠를 좀 더 입력할 수 있도록 해주는 편리한 도구다. URL 단축기도 이번 장에서 소개할 내용 중 하나이며, 잠시 후 URL 단축기 알고리즘의 구현 방법과 데이터 구조에 대해 알아본다.

세부 주제로 넘어가기 전에 이번 장에서 해결할 문제의 개요에 대해 파악해보자. 9장에서 구현할 내용은 다음과 같다.

- URL 단축 알고리즘URL shortener 만들기
- 안심 링크 확인 알고리즘secure link checker 만들기

이번에 다룰 두 가지 주제 모두 다음 구현 단계를 거친다.

1. 문제의 정의
2. 문제의 추상화, 개념화
3. 문제 해결을 위한 스위프트 코드 작성
4. 우리가 구현한 알고리즘이 문제를 의도했던 바대로 해결하는지 확인하고, 알고리즘에 대한 빅오 복잡성 계산

이번 장에서는 위 단계에 따라 문제 해결을 위한 알고리즘을 구현 및 확인하며, 이후 다른 현실적인 문제를 해결할 때도 이와 비슷한 방식으로 풀어나갈 수 있다.

URL 단축기

9장에서 가장 먼저 다룰 주제는 URL 단축기 라이브러리 구축이다. 그러기 위해서 먼저 URL 단축기가 무엇이고, 어떻게 작동하는지부터 알아보자.

긴 URL 문제

(IP 주소를 사용자가 읽고 이해하기 쉽게 만든) URL은 인터넷상에서 특정 웹 페이지 혹은 도메인을 가리키기 위한 유일한 주소다. URL은 가급적 www.google.com

또는 www.apple.com처럼 짧으면서도 간단해서 이해하기 쉬운 것이 좋다. 하지만 현대 인터넷은 우리의 상상을 뛰어넘을 정도로 거대하게 성장했으며, 짧고 읽기 쉬우면서도 유일무이한 URL을 찾는 일은 하늘의 별 따기만큼이나 힘든 일이 됐다.

또한, 복잡한 콘텐츠를 좀 더 체계적으로 드러내기 위해 웹사이트의 계층 구조를 반영한 URL 패턴을 정의하거나, 블로그 포스트에 슬러그를 추가하고, 때론 포스트에 날짜까지 추가하다 보면 URL은 한 눈에 파악하기 힘들 정도로 길어지게 마련이다. 그래서 현대 웹 페이지에서는 아래와 같이 길고 긴 URL을 흔히 볼 수 있다.

www.domain.com/category/subcategory/year/month/day/long-blog-post-slug-ortitle

위 URL은 소셜 네트워크에서 가장 많이 공유되는 콘텐츠 타입인 블로그 사이트에서 흔히 볼 수 있는 패턴이며, 이는 소셜 네트워크 서비스가 URL 단축기를 주로 사용하는 이유이기도 하다.

그래서 다수의 인터넷 서비스 기업은 정보를 공유하려는 사용자를 위해 긴 URL을 짧게 만들어주는 알고리즘을 만들어서 좀 더 작은 공간에 저장할 수 있도록 한다. 그리고 이러한 알고리즘이 바로 URL 단축기인 것이다.

URL 단축기의 기본 원리는 딕셔너리에 든 하나의 단어를 또 다른 단어로 변환하는 것이라 할 수 있다. 이는 한글을 영어로, 그리고 영어를 한글로 번역해 주는 사전과 비슷하다고 할 수 있으며, 안녕을 hi로, hi를 안녕으로 바꾸는 것과 큰 차이가 없다. 특히, 서로 뜻이 같은 두 개의 단어가 존재하는데, 단지 철자의 길이가 다른 경우를 생각해 볼 수 있을 것이다. URL 단축 시스템의 작동 원리 또한 동일하다. 예를 들어, http://www.domain.com/page1라는 URL을 같은 주소를 가리키는 http://d01.co/p1으로 바꿀 수 있고 그 역도 가능하다. 이와 같은 알고리즘을 구현하기 위해서는 다음과 같은 두 가지 시나리오에 대응해야 한다.

1. 짧고, 유일한 URL을 생성한다(혹은 거의 유일한 URL도 가능하며, 이에 대해서는 차후 다시 설명한다).

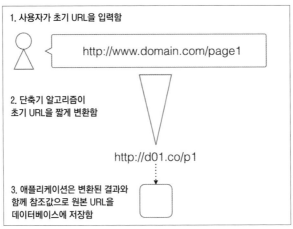

▲ 단축형 URL을 만드는 과정

2. 초기 URL을 참조값으로 가지고 있다가 색인/검색 작업 등을 요청하면 단축했던 URL을 다시 초기 URL로 복원시킨다.

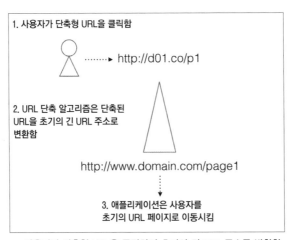

▲ 사용자가 단축형 URL을 클릭하면 초기의 긴 URL 주소를 반환함

위와 같은 이유 때문에 URL 단축 알고리즘은 양방향 변환을 할 수 있어야 한다. 먼저, 사용자가 초기 URL을 입력하면 URL 단축기는 이를 짧게 만든 뒤 저장한다. 다음, 사용자가 단축된 URL을 클릭하면 URL 단축기는 이를 초기의 URL로 복원해서 사용자가 원하는 실제 주소로 이동시킨다.

그렇다면, URL 단축기의 효용은 긴 단어에서 철자 몇 개를 줄이는 것이 전부일까? 그렇지 않다. URL 단축기에는 더 많은 효용이 있다.

사용자가 링크를 클릭하면, URL 단축기는 중개자intermediary와 같은 역할을 하게 되며, 사용자의 웹 브라우저로부터 지리적 위치, 관심사, 접속 시간, 링크 별 방문 횟수 등 다양한 데이터를 가져올 수 있다. 이와 같은 정보는 현대 웹 서비스 제공자에게 대단히 중요한 것으로, URL 단축기를 기반으로 한 부가 서비스도 만들 수 있다.

인터넷 서비스 제공자는 사용자가 자주 방문하는 페이지 링크와 콘텐트에 대한 정보를 알게 되며, 이들 정보를 수집해서 사용자 트렌드를 읽거나 예측적 분석을 할 수 있게 된다. 또한 회사 내 마케팅 부서의 입장에서는 전략을 세우기 위한 소중한 단서가 된다. 특히, 모바일 기기의 작은 화면에서는 긴 URL은 결코 좋은 사용자 경험 요소라 할 수 없으며, URL 단축기를 이용해서 모바일 사용자의 경험 수준을 향상시킬 수 있다.

지금까지, URL 단축기가 무엇인지, 어떤 목적으로 활용되는지, 그리고 이를 위해 어떤 문제를 해결해야 하는지에 대해 알아봤다. 다음 절에서는 본격적으로 URL 단축기 알고리즘을 구현해보자.

URL 단축기 구현 전략

이번 절에서는 URL 단축기를 만든다. 우리가 만들게 될 URL 단축기의 도메인은 http://shor.ty/로 하고, 짧게 줄여진 모든 URL은 이 도메인 다음에 추가한다. 예를 들어, 새로 만든 단축형 도메인은 http://shor.ty/Ax33과 같은 형식이 될 것이다.

전체적으로는, URL 단축 알고리즘을 4단계로 나눈 뒤, 세부 단계마다 한 번에 하나씩 코드로 구현한다. 이번 URL 단축 알고리즘 구현의 4단계는 다음 그림과 같다.

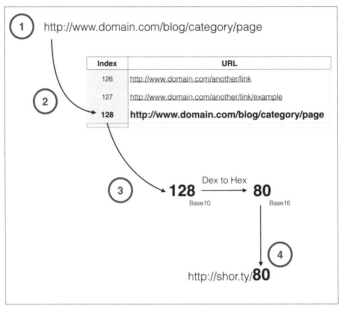

▲ URL 단축기 구현의 4단계

URL 단축 시스템을 완성하기 위한 4단계를 좀 더 구체적으로 설명하면 다음과 같다.

- **1단계**: 이번 시스템은 다음과 같은 긴 URL 문자열을 받는다.

  http://www.domain1.com/blog/category/page

- **2단계**: 이번 시스템에서는 긴 URL과 참조 인덱스값을 저장하기 위해 데이터 구조를 사용한다. 이와 유사한 실제 서비스는 URL을 저장하기 위해 데이터베이스 테이블을 사용하며, 자동으로 인덱스값이 증가되는 테이블을 통해 테이블에 새로운 데이터가 들어와도 문제 없이 처리할 수 있도록 대비한다. 이때 사용하는 유일무이한 참조값으로는 테이블-열 ID를 사용한다. 위 그림에서는 128이라는 인덱스 위치에 원본 URL이 할당된다. 위 테이블의 인덱스 값을 보

면 우리가 만들 단축 시스템이 얼마만큼의 URL 목록을 담을 수 있을지 짐작할 수 있다. 입력되는 URL이 많아진다면 인덱스값의 자릿수가 커지게 될 것이다.

- **3단계**: 이제, 시스템은 단축형 URL을 만들기 위해 인덱스 베이스를 10진수에서 16진수로 변경한다. 이를 이해하기 위해서는 10진법(base-10)과 16진법(base-16)의 차이에 대해 알아야 한다. 10진법에서는 수를 표현하기 위해 0에서 9까지, 10개의 숫자를 사용한다. 반면, 16진법에서는 0에서 9까지의 수와 함께 A, B, C, D, E, F를 사용해서 16개의 숫자와 문자를 사용하는데, 10진수를 16진수로 표현하면 같은 수를 좀 더 적은 숫자로 나타낼 수 있다.

  이번 예제에서는 10진수인 128을 16진수인 80으로 변환한다. 이를 통해 세 자릿수가 두 자릿수로 짧아진다.

  그리고 이렇게 변환된 값을 (80, longURL) 형식의 튜플로 만들어 배열에 저장한다.

- **4단계**: 마지막 단계에서는, 짧게 변환된 인덱스 값을 URL에 붙여서 http://shor.ty/80의 형식으로 만든다. 결국, http://www.domain1.com/blog/category/page라는 긴 URL이 http://shor.ty/80로 줄어들게 되고, 상당수의 캐릭터를 입력하는 번거로움도 덜게 된다.

짧게 변환된 URL을 원래 상태로 되돌리기 위해서는 배열에서 튜플의 첫 번째 요소인 80이라는 인덱스 값을 검색한 후, 튜플의 두 번째 요소인 longURL을 반환하면 된다.

스위프트로 구현하는 URL 단축기

이제, 스위프트 구조체를 정의하고, URL을 단축시키는 함수와 단축시킨 URL을 원래의 내용으로 복원하는 함수를 추가해서 URL 단축기를 구현해보자. 이번 예제에서는 URL 단축기를 두 가지 버전으로 만들며, 차후 이들 버전에 대한 성능을 비교해서 어느 것이 우리의 시나리오에 좀 더 잘 맞는지 판단해 볼 것이다.

구현 기법 1: 올바른 튜플 찾기

메소드 1을 구현하는 것으로 시작한다. 엑스코드에 새로운 playground 파일을 생성하고, B05101_9_URLShortener라 이름 붙인다. Sources 폴더에 새로운 스위프트 파일을 생성하고 URLShortener.swift라 이름 붙인 뒤 다음 코드를 입력한다.

```swift
import Foundation
public struct URLShortener {
    // 단축형 도메인 네임을 선언한다. 이 String 타입 변수 뒤에
    // 각각의 단축형 URL을 나타내기 위한 내용을 붙인다.
    let domainName:String

    // 구현 기법 1의 (path, long url) 튜플을 저장하기 위한 배열 선언
    // 구현 기법 2의 (index) 값을 저장하기 위한 배열 선언
    var urlArrayTuples:[(path:String,url:String)] = [] //METHOD1
    public var urlArray:[String] = [] //METHOD2

    //Public init
    public init(domainName:String) {
        self.domainName = domainName
    }

    //MARK: 단축 메소드와 복원 메소드
    //구현 기법 1
    //URL을 받기 위한 함수에서, (Base16으로 변환된) 배열의
    //인덱스를 튜플의 ID로 해서 (Base16ID, URL), 배열에 저장하고,
    //단축시킨 URL은 "domainName" + Base16ID의 형식으로 반환함
    public mutating func shorten(url:String) -> String {

        //새로운 URL의 위치를 배열의 마지막 요소로 저장하고
        //새로운 요소를 단축 URL의 맨 뒷 부분에 붙임
        let index = urlArrayTuples.count

        //Swift 내장 메소드를 활용해서 10진수를 16진수로 변환
        let pathBase16String = String(index, radix: 16)

        //경로가 될 새로운 튜플 (pathbase16ID, URL)을 생성하고 URL에 붙여넣음
        urlArrayTuples.append((pathBase16String , url))

        //경로정보를 붙인 단축형 URL은 domainName + 경로정보의 형식이 됨
```

```
        //-> http://short.ty/ + 1zxf31z
        return domainName + pathBase16String
    }


    //단축 URL을 전달받은 함수는 배열에서 해당 'path'값의
    //튜플을 찾고, 그 속에 포함된 원본 URL을 가져옴
    public func expand(url:String) -> String {
        let pathBase16String = url.components(separatedBy:"/").last!

        for tuple in urlArrayTuples {
            if (tuple.path == pathBase16String) {
                //URL 발견
                return tuple.url
            }
        }

        //URL 발견 못함
        return domainName + "error404.html"
    }
}
```

이상으로 URLShortener를 위한 새로운 구조체를 구현했다. 이번 구조체에는 도메인 네임을 저장하기 위한 domainName과 URL을 저장하기 위한 배열인 urlArrayTuples라는 두 개의 프로퍼티가 포함돼 있다. 또한, 구현 기법 2를 위한 배열이자, 잠시 후 살펴보게 될 urlArray를 위해 또 다른 배열도 사용하고, public init을 통해 도메인 네임을 특정 문자열에 할당한다.

func shorten은 긴 URL을 받아서 짧은 URL로 만들며, 여기에는 앞서 우리가 살펴봤던 다음과 같은 절차가 포함돼 있다.

1. 입력값으로 URL을 받는다.

2. 튜플에 붙일 마지막 인덱스를 가져온다.

3. 10진수인 인덱스를 16진수 문자열로 변환한 뒤, 단축 URL 맨 뒤에 붙일 경로로 사용하고 (path, longURL) 튜플 형식으로 배열에 저장한다.

4. domainName + path 형식으로 새로 만든 단축형 URL을 출력값으로 반환한다.

또 다른 메소드인 func expand는 func shorten과는 반대의 기능을 수행하며, 단축시킨 URL 정보를 이용해서 원본 URL을 찾는다. 단축형 URL의 경로 정보를 가져와서 urlArrayTuples에서 그와 동일한 경로 정보가 있는지 대조한 뒤, 튜플에서 경로 정보와 일치하는 URL(원래의 긴 URL)을 반환한다.

8장에서 알고리즘의 실행 시간을 측정하는 방법에 대해 학습했는데, 이번 예제 코드에서 그 내용을 확인해보자. 8장에서 구현했던 Stopwatch 구조체를 가져와서 이번 예제에 적용한다. URLShortener.swift 파일을 열고 URLShortener 구조체 하단에 다음 코드를 입력한다.

```
//MARK - 알고리즘의 실행 시간 측정
public struct Stopwatch {
    public init() { }
    private var startTime: TimeInterval = 0.0;
    private var endTime: TimeInterval = 0.0;

    public mutating func start() {
        startTime = NSDate().timeIntervalSince1970;
    }

    public mutating func stop() -> TimeInterval {
        endTime = NSDate().timeIntervalSince1970;
        return endTime - startTime
    }
}
```

이상으로 URL을 단축시키기 위한 모든 내용을 구현했다. 이제는 단축시킨 URL을 복원하는 코드를 작성해보자. B05101_9_URLShortener 파일을 열고, 새로운 URLShortener 구조체와 실행 시간 측정기를 추가한다.

```
import Foundation
// URL 단축기 생성
var myShortenMachine = URLShortener(domainName:"http://shor.ty/")
var crono = Stopwatch()

// 단축시키고자 하는 긴 URL 정보로 두 개의 배열과 메소드 중 하나를 채움
```

```
for i in 0...100000 {
    myShortenMachine.shorten(url:
    "http://www.test.com/blog/page/file/" + "\(i)")
    //myShortenMachine.shortenFast(url:
    "http://www.test.com/blog/page/file/" + "\(i)")
}

//특정 URL을 검색하고, 그에 소요되는 시간을 측정
//측정 결과는 나중에 비교해 볼 수 있도록 두 개의 배열에 저장함
var arrayMethod1:[TimeInterval] = []
var arrayMethod2:[TimeInterval] = []

//메소드 1: (path,URL) 배열에서 튜플을 검색
crono.start()
print(myShortenMachine.expand(url: "http://shor.ty/0"))
arrayMethod1.append((crono.stop()))
crono.start()
print(myShortenMachine.expand(url: "http://shor.ty/100"))
arrayMethod1.append(crono.stop())
crono.start()
print(myShortenMachine.expand(url: "http://shor.ty/500"))
arrayMethod1.append(crono.stop())
crono.start()
print(myShortenMachine.expand(url: "http://shor.ty/1000"))
arrayMethod1.append(crono.stop())
crono.start()
print(myShortenMachine.expand(url: "http://shor.ty/2000"))
arrayMethod1.append(crono.stop())
crono.start()
print(myShortenMachine.expand(url: "http://shor.ty/3000"))
arrayMethod1.append(crono.stop())
crono.start()
print(myShortenMachine.expand(url: "http://shor.ty/4000"))
arrayMethod1.append(crono.stop())
crono.start()
print(myShortenMachine.expand(url: "http://shor.ty/7000"))
arrayMethod1.append(crono.stop())
```

```
crono.start()
print(myShortenMachine.expand(url: "http://shor.ty/18500"))
arrayMethod1.append(crono.stop())

//메소드 1의 그래프 출력
arrayMethod1.map{$0}
```

위 코드에서, URL 단축기 구조체를 생성하고 100,000개의 긴 URL을 저장했다. 그리고 이를 일곱 개의 서로 다른 단축형 URL로 변환하는 데 걸리는 시간을 측정한다. 이들 URL 중 일부는 배열의 초반에 있는 경우도 있고, 또 다른 나머지는 배열의 후반에 있는 경우도 있는데, 이들 전반에 걸쳐 실행 속도를 측정하는 것이다. 알고리즘을 실행하고 코드 라인 우측 상단에 표시된 원형의 + 아이콘 버튼을 클릭하면 아래와 같은 그래프가 나타난다.

```
arrayMethod1.map{$0}
```

결과 화면은 다음과 같다.

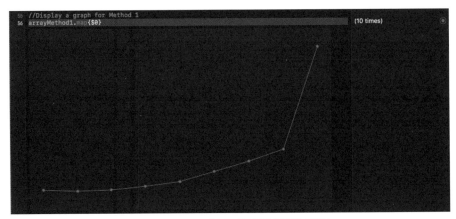

▲ URLShortener: 메소드 1의 시간 복잡성 그래프

위 그래프를 어디선가 본 것 같을 것이다. 바로 8장에서 이와 비슷한 그래프를 살펴봤으며, 이번 그래프는 URL의 단축 및 복원 알고리즘의 시간 복잡성을 나타낸다.

위 그래프의 형태는 무엇을 의미하는가? 빅오 함수 순서 그래프를 떠올려보자.

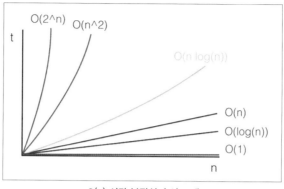

▲ O(n) 시간 복잡성 순서 그래프

위 두 그래프를 비교했을 때 다행스러운 점은, 우리가 만든 URLShortener에 오류가 없으며, URL의 단축과 복원 기능 역시 제대로 작동한다는 사실이다. 하지만, 우리가 만든 알고리즘의 그래프 형태가 $O(n^2)$과 $O(nlog(n))$ 사이에 있다는 사실은 그리 달갑지 않다.

우리가 만든 URL 단축기 알고리즘의 성능을 좀 더 개선하기 위해 func shorten과 func expand의 내용 일부중 어느 부분을 수정해야 할지 살펴보자.

- func shorten: 이 메소드는 $O(1)$의 시간 복잡성을 지닌 네 개의 단일 명령을 사용하며, 순환문, 중첩 순환문, 재귀적 호출은 사용하지 않았다. 결국, 이 메소드는 시간 복잡성에 그리 많은 영향을 미치지 않는다는 결론을 내릴 수 있다.

- func expand: 이 두 번째 메소드는 좀 다른 분위기다. URL에서 경로 정보를 추출한 뒤, urlArrayTuple에서 특정 튜플을 검색하기 위해 순환문을 사용한다. 그리고 최악의 상황에서는 urlArrayTuple.count를 단 한 번 검색하게 된다. 이번 예제의 URL 배열에는 100,000개의 튜플이 포함돼 있으므로, 입력 데이터가 쌓일수록 더욱 많은 실행 부하가 걸리게 되며, m이 우리가 찾는 경로의 길이이고, n이 튜플의 수라고 했을 때 $O(mn)$ 수준까지 시간 복잡성이 커지게 된다.

빅오 표기법을 통해 알고리즘에서 어떤 부분이 문제인지를 잘 알게 됐다. 이제 URLShortener의 내용을 일부 수정해서 알고리즘의 전반적인 성능을 향상시켜보자.

구현 기법 2: 인덱스값으로 올바른 배열 위치에 바로 접근하기

첫 번째 구현 기법에서는 단축 URL을 배열 속에 튜플로 저장한 뒤, 경로path 값과 일치하는 튜플을 검색하는 방식을 사용했다. 이때의 경로는 배열에 저장된 10진 수를 16진수 문자열로 변환한 것이었다. 그리고 이 경로값을 URL의 뒤에 붙여서 단축 URL을 완성했다.

자, 이제부터 우리가 할 일은 다음과 같다. 먼저, 사용자가 긴 URL을 입력하면, 이를 배열의 마지막 위치에 직접 넣고 그 위치값을 decimalIndex라 명명한다. decimalIndex은 경로값을 얻기 위해 (앞에서 했던 것처럼) 16진수 문자열을 계산한 것이다. 하지만, 지난 예제 코드에서는 배열에 키값으로 사용할 수 있는 16진수를 포함한 튜플을 저장해두지 않았다. 따라서, 이번 예제에서는 decimalIndex 위치에 직접 URL을 저장하는 방식을 사용한다.

이번 기법에서는 사용자가 원본 URL을 확인하기 위해 단축 URL을 입력하면, 우리는 다음 절차에 따라 원본 URL을 반환한다.

1. URL을 단축시킬 때 사용한 16진수 문자열로 구성된 URL 경로를 추출한다.
2. URL 경로를 10진수로 변환한다.
3. 이 10진수는 배열 내에서 원본 URL을 저장해 둔 정확한 위치를 나타내며, 이를 이용해서 원본 URL을 가져와서 사용자에게 반환한다.

구현 기법 2의 코드는 다음과 같다. URLShortener.swift 파일의 URLShortener 구조체에 다음 메소드를 추가한다.

```
//구현 기법 2
    //URL을 받기 위한 함수로서, 단축 URL 경로로 사용될 위치값을
    // (16진수로 변환한 후) 배열의 마지막 위치에 URL을 붙이고
    //단축 URL은 "domainName" + Base16ID의 형식으로 반환한다.
```

```swift
//이번 예제 코드에서는 단축 URL을 받을 때, URL에 포함된 경로값을
//Base10 숫자로 변환해서 배열에 원본 URL을 저장할 때 구체적인
//인덱스값을 추가함으로써 저장된 데이터를 따로 검색할 필요성을 제거한다.
public mutating func shortenFast(url:String) -> String {
    //배열의 마지막 요소가 될 새로운 URL의 위치값을 저장
    let index = urlArray.count

    //URL 저장: 배열 마지막 위치에 붙임
    urlArray.append(url)

    //Swift 내장 메소드를 활용해서 10진수를 16진수로 변환
    let indexBase16String = String(index, radix: 16)

    //URL을 저장한 인덱스값을 10진수에서 16진수로 변환하고
    //이를 (숫자는 물론 문자까지 포함할 수 있는) String 타입으로 전달
    //let indexBase16String =
    URLShortener.base10toBase16(number:index)

    //인덱스값을 결합한 단축 URL을 반환
    return domainName + indexBase16String
}


//단축 URL을 받아서 10진수로 정확한 인덱스값을 계산한 뒤,
//이를 위치값으로 해서 URL 배열에서 원본 URL을 직접 가져옴.
public func expandFast(url:String) -> String {
    let hexString = url.components(separatedBy: "/").last!

    //Base 16 String을 Base 10 Int로 변환하는 스위프트 내장 메소드
    let decimalIndex = Int(hexString, radix: 16)!

    //Base 16 String을 Base 10 Int로 변환
    //let decimalIndex = URLShortener.base16toBase10(hexString:hexString)
    if let url = urlArray[safe: decimalIndex] {
        return url
    }
    return domainName + "error404.html"
}
```

이제, 새로운 함수에서는 순환문을 사용하지 않게 됐다. 이번 알고리즘 변경을 통해 $O(1)$ 또는 $O(k)$ 수준의 시간 복잡성만을 나타내게 됐다. URL 복원 알고리즘을 수정한 결과, 기존 기법에서 $O(nm)$의 복잡성을 지닌 순환문 대신, $O(1)$의 복잡성을 지닌 배열 접근 명령을 사용할 수 있게 됐다.

안전한 배열 요소 인출을 위해 도우미 메소드를 추가한다. 파일의 마지막 부분에서 Stopwatch 구조체 바로 아래에 다음 extension Collection을 추가한다.

```
///지정 범위 내, 특정 인덱스 위치에 요소가 있을 경우,
///이를 반환하고, 그렇지 않을 경우 nil을 반환함
extension Collection {
    subscript (safe index: Index) -> Iterator.Element? {
        return index >= startIndex && index < endIndex ?
        self[index] : nil
    }
}
```

이제 남은 일은 알고리즘을 실행하고 정상적으로 작동하는지 확인하는 일뿐이다. playground 파일에서 (순환문 블록에 포함된) 다음 코드 라인의 주석 기호를 삭제한다.

```
myShortenMachine.shortenFast(url:
"http://www.test.com/blog/page/file/" + "\(i)")
```

그리고 파일 마지막 부분, 구현 기법 1 코드 블록 아래에 다음 코드를 추가한다.

```
//구현 기법 2: 배열 인덱스값으로 직접 접근하기
crono.start()
print(myShortenMachine.expandFast(url: "http://shor.ty/0"))
arrayMethod2.append((crono.stop()))
crono.start()
print(myShortenMachine.expandFast(url: "http://shor.ty/100"))
arrayMethod2.append(crono.stop())
crono.start()
print(myShortenMachine.expandFast(url: "http://shor.ty/500"))
arrayMethod2.append(crono.stop())
crono.start()
print(myShortenMachine.expandFast(url: "http://shor.ty/1000"))
```

```
arrayMethod2.append(crono.stop())
crono.start()
print(myShortenMachine.expandFast(url: "http://shor.ty/2000"))
arrayMethod2.append(crono.stop())
crono.start()
print(myShortenMachine.expandFast(url: "http://shor.ty/3000"))
arrayMethod2.append(crono.stop())
crono.start()
print(myShortenMachine.expandFast(url: "http://shor.ty/4000"))
arrayMethod2.append(crono.stop())
crono.start()
print(myShortenMachine.expandFast(url: "http://shor.ty/7000"))
arrayMethod2.append(crono.stop())
crono.start()
print(myShortenMachine.expandFast(url: "http://shor.ty/18500"))
arrayMethod2.append(crono.stop())

//구현 기법 2를 위한 그래프
arrayMethod2.map{$0}
```

이번 그래프 역시 구현 기법 1과 동일한 시나리오를 적용하되, 새로운 메소드를 사용한 결과다. 구현 기법 2의 실행 결과는 대략 아래와 같은 모습일 것이다.

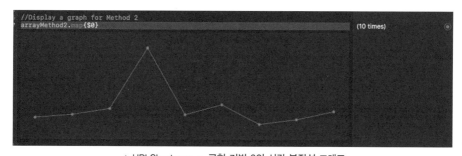

▲ URLShortener – 구현 기법 2의 시간 복잡성 그래프

위 그래프를 통해 알 수 있듯, 입력 데이터가 증가해도 전반적인 실행 시간은 거의 증가하지 않았다. 즉, 개선한 알고리즘은 시간 복잡성이 $O(1)$인 상수형 그래프의 모습을 나타낸다.

구현 기법 1과 구현 기법 2의 차이를 좀 더 구체적으로 알아보기 위해 실행 시간 차이를 표로 정리했다.

실행 시간	http://shor.ty/0	http://shor.ty/2000	http://shor.ty/7000	http://shor.ty/18500
기법 1 (s)	0,00155	0,001551	0,00813	0,03130
기법 2 (s)	0,000352	0,00037	0,000352	0,000323
차이 (ms)	0,1198	0,1181	0,7778	3,0977

▲ 구현 기법 1과 구현 기법 2의 실행 시간 차이

표의 마지막 줄에서, 동일한 요소에 접근하기 위한 시간 차이를 확인할 수 있다. 입력값이 커질수록 격차가 더욱 벌어지는 것을 알 수 있으며, 마지막 열에서는 3ms 이상의 차이가 나는 것을 알 수 있다. 입력되는 URL이 많아질수록 각 기법의 빅오의 격차는 더욱 커질 것이다.

그렇다면 공간 복잡성 측면은 어떤가? 이번 예제에서는 두 기법 모두 동일한 크기의 입력 공간을 사용하므로 공간 복잡성은 $O(n)$으로 같다.

이상으로, 9장의 첫 번째 문제인 URL 단축 알고리즘을 성공적으로 구현했고, 시간 및 공간 복잡성이 각각 $O(k)$와 $O(n)$ 수준임을 확인했다. 다음 절에서는 대규모 데이터의 검색 알고리즘 구현 방식에 대해 알아본다.

대규모 데이터의 검색

이번 절에서는 URL 단축기를 좀 더 강력하게 만들어줄 기능을 추가한다. 이번에 만들 내용은 대규모 데이터 테이블에서의 검색 기능을 제공하는 것인데, 자칫 성능이 좋지 못할 경우 시스템 반응 속도가 느려지게 된다. 우리가 구현할 기능과 문제 해결법에 대해 알아보자.

대규모 블랙리스트 문제

앞서 우리가 만든 URL 단축기는 우리가 의도한대로 잘 작동했다. 이번에 추가할 기능은 URL 단축기의 프리미엄 서비스로서, 사용자가 단축 URL인 http://shor.ty/4324를 클릭하면, 그 즉시 브라우저에 http://www.blog.com/category/page/1 페이지를 표시하는 것이다.

그리고 이와 같은 서비스를 안전하게 제공하려면, 먼저, 인터넷 서비스 사업자가 제공하는 1백만 개가 넘는 블랙리스트 URL 테이블을 가져와서 검색 및 대조해야 한다. 단축 URL을 원본 URL로 변환할 때, 해당 URL이 블랙리스트에 등록된 스팸 혹은 악성 URL은 아닌지 검토하는 것이다. 이를 위해 다음과 같은 과정을 거친다.

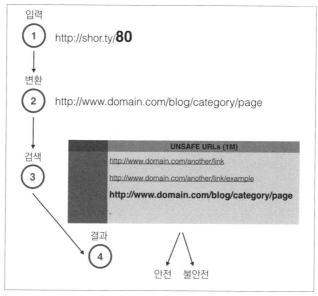

▲ 구현 기법 1: 안전, 불안전 링크의 검색

대규모 블랙리스트 검색 문제의 해법

위 그림과 같이, 우리가 원하는 기능을 몇 개의 작은 조각으로 나눈 뒤, 다음과 같이 단계별로 구현한다.

1. 단축 URL을 가져온다.

2. 원본 URL로 변환한다(변환 방법은 이미 알고 있음).

3. 원본 URL이 안전하지 않은 링크는 아닌지 블랙리스트 테이블에서 검색한다.

4. 검색 및 대조 결과를 사용자에게 제시한다(안심 또는 위험 경고 등).

스위프트로 구현하는 대규모 블랙리스트 검색 알고리즘

위 4단계를 스위프트 코드로 구현해보자. URLShortener.swift 파일을 열고 URLShortener 구조체 내부에 다음 코드를 추가한다.

구현 기법 1: 기본적인 대규모 블랙리스트 검색

먼저, 구조체에 다음 프로퍼티를 추가한다.

```
//안심 Bloom 필터 기능
public var unsafeUrlsArray:[String] = []
```

위 배열에 1백만 개의 블랙리스트 URL 목록을 추가할 것이다. 그리고 블랙리스트 목록이 채워지고 나면 (모든 URL을 포함한) urlArray에 저장된 동일한 내용을 복사한다.

구조체에 다음 메소드를 추가한다.

```
//단축 URL을 받고, 10진수로 정확한 인덱스 위치를
//계산한 뒤 배열에서 그에 해당하는 원본 URL을 직접 가져옴.
//다음, 원본 URL의 안전 여부를 확인함.
    public func expandSecure(url:String) -> String {
        let hexString = url.components(separatedBy: "/").last!

        //Base 16 String을 Base 10 Int로 변환하는 스위프트 내장 메소드
        let decimalIndex = Int(hexString, radix: 16)!
```

```
//내장 메소드: Base 16 String을 Base 10 Int로 변환
//let decimalIndex = URLShortener.base16toBase10(hexString:hexString)
if let url = urlArray[safe: decimalIndex] {

    //원본 URL을 블랙리스트 배열 목록과 대조
    for unsafeUrl in unsafeUrlsArray {
        if url == unsafeUrl {
            return domainName + "unsafeAddress.html"
        }
    }
    return url
}
return domainName + "error404.html"
}
```

이번 메소드는 앞서 살펴봤던 expandFast 함수와 유사하지만, 마지막 부분에서
unsafeArray를 검색해서 URL의 안전성 여부를 확인하는 부분이 다르다. 원본
URL이 unsafeArray에 있다는 것은 해당 URL이 안전한 링크가 아니라는 뜻이므
로 이를 대체할 또 다른 링크 (경고 페이지 등)로 연결한다.

이번 예제에서는 사용자의 요청에 따라 정확한 URL을 가져와서 안전성 여부를 확
인하는 데 얼마만큼의 시간이 걸리는지 알아볼 것이다.

File > New > Playground 메뉴를 선택하고, playground의 새 페이지 이름을
SecureFeature로 변경한다. 이번 예제 코드에서는 URLShortener에 1백만 개의
URL과 1백만 개의 (안전성이 의심되는 페이지 링크인) 블랙리스트를 추가한 뒤, 목록
의 특정 위치에서 우리가 원하는 URL을 가져오는 데 걸리는 시간을 측정한다. 새
playground 페이지에 아래 코드를 입력한다.

```
import Foundation
// URL 단축기 생성
var myShortenMachine = URLShortener(domainName:"http://shor.ty/")
var crono = Stopwatch()
// 블랙리스트 URL
//myShortenMachine.blackList(url:
//"http://www.test.com/blog/page/file/0")
```

```
//myShortenMachine.blackList(url:
//"http://www.test.com/blog/page/file/100000")
//myShortenMachine.blackList(url:
//"http://www.test.com/blog/page/file/1000000")

// URL 목록을 설정하고, 사례로 사용할 수 있도록
// 모든 목록을 블랙리스트 URL 목록에 추가한다.
for i in 0...1000000 {
    myShortenMachine.shortenFast(url:
    "http://www.test.com/blog/page/file/" + "\(i)")
}

myShortenMachine.unsafeUrlsArray =
 myShortenMachine.urlArray.map{$0}

// 특정 URL을 검색하고 실행 시간을 측정
var arrayMethod1:[TimeInterval] = []

// 블랙리스트 URL과 대조
crono.start()
print(myShortenMachine.expandSecure(url: "http://shor.ty/0"))
arrayMethod1.append(crono.stop())
crono.start()
print(myShortenMachine.expandSecure(url: "http://shor.ty/2000"))
arrayMethod1.append(crono.stop())
crono.start()
print(myShortenMachine.expandSecure(url: "http://shor.ty/7000"))
arrayMethod1.append(crono.stop())
crono.start()
print(myShortenMachine.expandSecure(url: "http://shor.ty/18500"))
arrayMethod1.append(crono.stop())
crono.start()
print(myShortenMachine.expandSecure(url: "http://shor.ty/F4240"))
arrayMethod1.append(crono.stop())
arrayMethod1.map{$0}
```

이제, arrayMethod1에 저장된 그래프를 확인해보자. map 함수의 결과 화면은 다음과 같다.

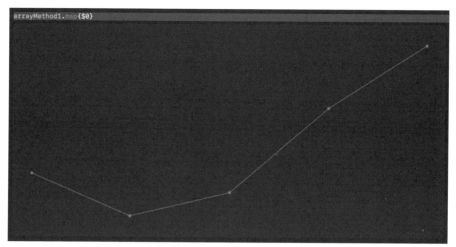

```
arrayMethod1.map{$0}
```

▲ 구현 기법 1: 블랙리스트 URL 검색 실행 시간 그래프

위 그래프의 데이터는 다음과 같다.

실행 시간	http://shor.ty/0	http://shor.ty/2000	http://shor.ty/7000	http://shor.ty/18500	http://shor.ty/F4240
구현 기법 1 (s)	0,0013489	0,00048184	0,00095915	0,002686	0,0039761

▲ 구현 기법 1: 블랙리스트 URL 검색 실행 시간 테이블

위 테이블을 보면, 이번 알고리즘은 $O(n^2)$에서 $O(nlog(n))$의 시간 복잡성을 지니며, 입력 데이터 규모가 커질수록 실행 시간이 급격하게 길어지는 것을 알 수 있다. 이와 같이 성능이 떨어지는 이유는 무엇일까? 그 원인 중 하나는 expandSecure 함수에서 찾아볼 수 있다. 블랙리스트 배열 내부에 안전하지 못한 URL을 검색하기 위해 다음과 같은 순환문을 추가했기 때문이다.

```
//원본 URL을 블랙리스트 배열 목록과 대조
for unsafeUrl in unsafeUrlsArray {
    if url == unsafeUrl {
        return domainName + "unsafeAddress.html"
    }
}
```

이번 순환문은 1백만 개의 블랙리스트 링크를 검색하기 위해 최악의 경우 1백만 번 반복하게 된다. 우리가 검색을 요청할 때마다 매번 그렇게 한다면 결코 좋은 성능을 기대할 수 없을 것이다. 그렇다면, 알고리즘을 어떻게 바꿔야 할까? 지난 예제에서는 순환문 대신 인덱스값을 이용해서 우리가 원하는 요소에 직접 접근하는 방식으로 알고리즘을 개선했는데, 이번 예제는 그럴 수가 없다. 원본 URL이 블랙리스트에 포함돼 있는지를 대조하기 전까지는 그 결과를 알 수 없기 때문이다. 이번에 사용한 브루트 포스 검색brute force search 방식보다 안전/불안전 여부를 확인할 수 있는 좀 더 좋은 방법은 없는 것일까? 블룸 필터Bloom filter 기법에서 그 해법을 찾아보자.

구현 기법 2: 블룸 필터 기법

블룸 필터Bloom filter는 확률 공간probabilistic space상에서 하나의 집합에 특정 요소가 포함돼 있는지 여부를 효율적으로 확인할 수 있는 방법을 제공한다.

블룸 필터는 거짓 긍정FP은 걸러내고 거짓 부정EN은 무시한다. 즉, 블룸 필터를 통해 하나의 집합에 특정 요소가 포함돼 있지 않음이 확실하다는 것과 하나의 집합에 특정 요소가 포함돼 있을 수 있다는 것을 알려준다. 단, 블룸 필터는 실제로 어떤 값을 저장하거나 할 수는 없다.

확률적 추론이 가능하고 효율적인 데이터 구조는 거짓 긍정을 찾아낼 수 있다. 블룸 필터의 메모리 활용 효율성을 높일수록, 더욱 높은 수준의 거짓 긍정 판단이 가능해 진다. 반면, 거짓 부정은 결코 만들어내지 못한다. 결과가 부정이라면, 분석 대상 집합에 특정 요소가 포함돼 있지 않음을 100% 확률로 결론 낼 수 있다.

블룸 필터는 0과 1로 구성된 비트 배열과 다수의 해시 알고리즘hash algorithms을 포함하며, 다음과 같이 작동한다.

- 초기 상태에서 블룸 필터의 모든 비트 배열 요소는 0으로 설정돼 있다.
- 블룸 필터에 새로운 요소가 삽입되거나 처리될 때, 해당 요소 하나 하나에 해시 알고리즘을 적용한다.

- 각각의 요소에 해시 알고리즘이 적용되면 해시 결과값이 나타나며, 이때의 수 범위는 [0 to bitArray.count]가 된다. 다음, [hash-result] 위치에 있는 bitArray[hash-result]의 값으로 1을 입력한다.

- 이 과정을 모든 배열 요소에 대해 반복하면 배열 내 올바른 비트의 값은 1이 된다.

- 특정 요소가 어떤 집합에 포함돼 있는지 여부를 확인하려면, 해시 알고리즘으로 개별 요소의 해시값을 대조해서, bitArray에 포함된 요소의 비트값이 1인 지를 확인하면 된다. 가령, 모든 요소의 비트값이 1이라면, 특정 요소가 포함돼 있을 가능성이 있다. 반면, 비트값이 1인 요소를 전혀 찾을 수 없다면, 특정 요소는 해당 집합에 포함되지 않은 것이 확실하다고 할 수 있다.

따라서, 적절한 수의 해시와 적절한 크기의 비트 배열로 구성된 블룸 필터만 있다면, 어떤 집합에 특정 요소가 포함돼 있는지 여부를 99%의 확률로 예측할 수 있게된다. 우리는 블룸 필터를 이용해서 원본 URL이 블랙리스트에 포함돼 있는지 여부를 판별할 수 있다. 블룸 필터 실행 결과, 블랙리스트에 포함돼 있지 않은 것으로 나타나면 해당 링크는 100%의 확률로 안전하다고 할 수 있다. 블룸 필터의 결과값이 긍정positive이고, 거짓 긍정false positive을 무시할 경우 (시간 낭비는 있겠지만, 100% 확률로 찾아낼 수 있으므로) 직접 검색할 수도 있다.

1. **처리 절차**: 가장 먼저, 블룸 필터에서 모든 블랙리스트 URL을 실행한 뒤, 모든 불안전 URL 목록을 비트 배열의 형태로 저장한다. 다음, 각각의 불안전 URL의 비트값은 1로 설정한다(불안전 URL 비트는 거짓 긍정을 의미하므로, 어떤 면에서는 적합한 설정값이라 할 수 있다).

2. 원본 URL로 복원할 단축 URL을 가져온다.

3. 단축 URL은 원래의 긴 URL로 변환된다.

4. 블룸 필터에서 원본 URL을 대조하면 블랙리스트 URL과의 일치 여부를 확인할 수 있다.

5. 블룸 필터의 결과가 부정^{negative}일 경우, 해당 URL은 결코 블랙리스트의 URL이 아니다.

6. 블룸 필터의 결과가 긍정^{positive}일 경우, 거짓 긍정 요소를 하나씩 대조해서 골라낸 후 결과값을 사용자에게 반환한다.

URLShortener에 블룸 필터를 추가로 구현해보자. Sources 폴더에 새 스위프트 파일을 추가하고 BloomFilter.swift라 이름 붙인 뒤 다음 코드를 입력한다.

```
public struct BloomFilter<T> {
    var arrayBits:[Bool] = Array(repeating: false, count: 17)
    var hashFunctions:[(T) -> Int]
    public init(hashFunctions:[(T) -> Int]) {
        self.hashFunctions = hashFunctions
    }

    //각각의 요소에 대해 필터를 포함한 해시 함수를 실행하고
    //그 결과값으로 Int 배열을 반환
    private func calculeHashes(element:T) -> [Int]{
        return hashFunctions.map() {
            hashFunc in abs(hashFunc(element) % arrayBits.count)
        }
    }

    //해시 함수의 결과값에 따라 arrayBits의 개별 요소를 1로 변환함
    public mutating func insert(element: T) {
        for hashValue in calculeHashes(element:element) {
            arrayBits[hashValue] = true
        }
    }

    //블루밍 필터로 특정 요소의 존재 여부 확인
    public func exists(element:T) -> Bool {
        let hashResults = calculeHashes(element: element)

        //각각의 필터 배열에 대한 해시값을 확인
        let results = hashResults.map() { hashValue in
```

```
        arrayBits[hashValue] }

        //NO는 100% 참을 나타내고, YES는 거짓 긍정이 될 수 있음
        let exists = results.reduce(true, { $0 && $1 })
        return exists
    }
}


//해시 함수 참조 사이트 http://www.cse.yorku.ca/~oz/hash.html
func djb2(x: String) -> Int {
    var hash = 5381
    for char in x.characters {
        hash = ((hash << 5) &+ hash) &+ char.hashValue
    }
    return Int(hash)
}


func sdbm(x: String) -> Int {
    var hash = 0
    for char in x.characters {
        hash = char.hashValue &+ (hash << 6) &+ (hash << 16) &-hash
    }
    return Int(hash)
}
```

위 코드에서 블룸 필터 구현을 위한 구조체를 만든 뒤 arrayBits의 비트값을 나타내기 위해 bool 배열과 다수의 hashFunctions를 저장하기 위한 프로퍼티를 추가한다. 여기에 사용된 init은 새로운 요소를 삽입하고, 특정 요소의 존재 여부를 확인한다.

이번 예제 코드는 djb2, sdbm 두 개의 표준 해시 알고리즘을 사용한다. 이번엔 URLShortener.swift 파일에 다음 코드를 입력한다.

먼저, URLShortenerstruct에 새로운 프로퍼티를 추가한다.

```
public var bloomFilter = BloomFilter<String>(hashFunctions:
[djb2, sdbm])
```

또 다른 프로퍼티 아래 다음 코드를 입력한다.

```
public var unsafeUrlsArray:[String] = []
```

다음, 특정 URL을 블랙리스트에 추가하는 새로운 함수를 정의한다.

```
//하나의 URL을 블랙리스트에 추가함
public mutating func blackList(url:String) {
    self.bloomFilter.insert(element: url)
}
```

특정 URL을 블룸 필터에 삽입하고, 블랙리스트 대상에 비트값으로 1을 입력한 뒤, 해당 요소의 존재 여부를 확인한다. 이를 위해 다음 메소드를 추가한다.

```
//특정 URL의 안전 여부를 확인한다. 블룸 필터에서 특정 URL이
//불안전 배열 목록에 들어있지 않다고 확인해주면,
//해당 URL은 100% 안전하다고 확신할 수 있게 된다.
//만일 블룸 필터에서 특정 URL이 불안전 배열 목록에 들어있다고 하면,
//즉, 거짓 긍정인 결과가 나타나면 해당 URL을 직접 대조하며 확인한다.

public func isSecure(url:String) -> Bool {
    let initialUrl = self.expandFast(url: url)
    let exists = self.bloomFilter.exists(element: initialUrl)
    if exists == true {
        //해당 URL이 블랙리스트 배열에 존재하지 않음을 확인
        for unsafeUrl in unsafeUrlsArray {
            if initialUrl == unsafeUrl {
                return false
            }
        }
        return true
    } else {
        return true
    }
}
```

이제, 새로 만든 함수를 시험해보기 위해 SecureFeature 플레이그라운드 페이지의 내용을 아래와 같이 바꾼다.

다음 세 개의 불안전 URL을 블룸 필터에서 실험해보기 위해 다음 코드 라인의 주석 기호를 제거한다.

```
myShortenMachine.blackList(url:
    "http://www.test.com/blog/page/file/0")
myShortenMachine.blackList(url:
    "http://www.test.com/blog/page/file/100000")
myShortenMachine.blackList(url:
    "http://www.test.com/blog/page/file/1000000")
```

이제, 페이지 하단에 다음과 같은 테스트 코드를 입력하고 map 함수를 통해 그래프가 출력되도록 한다.

```
//블룸 필터를 이용한 블랙리스트 검색 기능 실행
var arrayMethodBloom:[TimeInterval] = []
crono.start()
myShortenMachine.isSecure(url: "http://shor.ty/0")
arrayMethodBloom.append(crono.stop())
crono.start()
myShortenMachine.isSecure(url: "http://shor.ty/2000")
arrayMethodBloom.append(crono.stop())
crono.start()
myShortenMachine.isSecure(url: "http://shor.ty/7000")
arrayMethodBloom.append(crono.stop())
crono.start()
myShortenMachine.isSecure(url: "http://shor.ty/18500")
arrayMethodBloom.append(crono.stop())
crono.start()
myShortenMachine.isSecure(url: "http://shor.ty/F4240")
arrayMethodBloom.append(crono.stop())
crono.start()
myShortenMachine.isSecure(url: "http://shor.ty/FFFFF")
arrayMethodBloom.append(crono.stop())
arrayMethodBloom.map{$0}
```

플레이그라운드 파일을 실행하자. for 루프 속에 1백만 개의 요소가 있었다면 좀 더 많은 시간이 소요됐을 것이다. 실행이 끝나면 대략 다음과 같은 결과 그래프가 나타날 것이다.

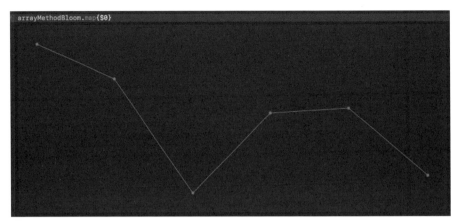

▲ 구현 기법 2: 블룸 필터 기법의 그래프

구현 기법 1과 2를 비교한 데이터 테이블은 다음과 같다.

실행 시간	http://shor.ty/0	http://shor.ty/2000	http://shor.ty/7000	http://shor.ty/18500	http://shor.ty/F4240
기법 1 (s)	0,0013489	0,00048184	0,00095915	0,002686	0,0039761
기법 2 Bloom (s)	0,0002639	0,0002479	0,00019502	0,00023198	0,0002341
차이 (ms)	0,1085	0,023394	0,076413	0,245402	0,3742

▲ 블룸 필터를 사용한 구현 기법 2와 기존의 방식을 사용한 구현 기법 1 비교 테이블

위 테이블을 통해 다음과 같은 사실을 알 수 있다.

- 브루트 포스 검색brute force search에 기반한 구현 기법 1은 $O(n^2)$에서 $O(nlog(n))$ 의 복잡성을 지니며, 대규모 입력 데이터 처리에는 그리 적합하지 않다.

- 블룸 필터에 기반한 구현 기법 2는 상수 함수인 $O(1)$의 복잡성을 지니며, 대규모 입력 데이터 환경에서도 현격하게 빠른 실행 시간을 보인다.

이번 예제를 통해 블룸 필터 기법을 이용하면 (1백만 개의 불안전 링크 목록과 같은) 대규모 입력 데이터가 알고리즘 실행 속도에 미치는 영향을 크게 줄일 수 있음을 알게 됐다. 물론, 각각의 URL에 블룸 필터 적용을 위한 비트값을 적용하느라 시간을 소비하기는 했지만, 각각의 URL을 전처리한 후에는 상수 시간 내에 검색 작업을 마칠 수 있었다. 공간 복잡성 측면에서, 비트 배열을 저장하기 위해 약간의 메모리를 사용해야 하지만, 그 값어치는 충분히 했다고 할 수 있다.

정리

9장에서는 다음과 같은 문제를 해결하기 위해 알고리즘과 데이터 구조를 활용하는 방법에 대해 알아봤다.

1. 문제 해결을 위한 고수준 접근법 도출
2. 스위프트 구현 방식의 기술 및 설명
3. 우리가 만든 알고리즘이 실제 환경에서도 제대로 작동하는지 확인하기 위한 빅오 복잡성의 계산
4. 병목 구간 측정 및 확인
5. 대체 방안을 통한 성능 향상 확인

또한, 대규모 데이터 환경에서도 성능 저하를 일으키지 않은 블룸 필터 기법과 알고리즘의 성능을 시각적으로 확인할 수 있는 그래프의 활용 방법도 알아봤다.

이번 장에서는 두 개의 문제를 소개하고, 빅오 분석과 알고리즘, 데이터 구조를 활용해서 이들 두 문제를 해결하기 위한 두 가지의 해법에 대해 알아본 뒤, 이들 해법의 성능을 대폭 향상시킬 수 있는 방법과 코드를 효율적으로 작성할 수 있는 방법에 대해서도 알아봤다. 이는 이번 장의 목표이자 이 책 전체의 목표이기도 했다. 여러분 모두에게 박수를 보낸다.

맺음말

1장부터 9장까지의 여정을 마친 지금, 여러분은 스위프트와 데이터 구조, 그리고 알고리즘에 대해 좀 더 잘 이해하게 되었으리라 생각한다. 이제부터는 데이터 구조와 알고리즘을 이용해서 현실 세계의 문제를 해결할 차례다. 알고리즘 작성이라는 중대한 임무를 맡게 되면, 가장 먼저 각각의 데이터 구조는 그들 나름의 장점과 단점을 지니고 있음을 떠올린 뒤, 각각의 알고리즘이 지닌 시간 복잡성, 공간 복잡성을 고려해서 해법을 개선해 나가야 할 것이다. 이제 기본적인 개념은 물론, 데이터 구조와 알고리즘을 이용해서 복잡다단한 현실 세계의 문제를 해결하는 방법에 대해서도 알게 됐다. 이제, 여러분의 지식을 행동으로 옮길 차례다!

찾아보기

에이콘출판의 기틀을 마련하신 故 정완재 선생님 (1935-2004)

스위프트 데이터 구조와 알고리즘

프로그래밍의 튼튼한 기초

발 행 | 2017년 6월 29일

지은이 | 에릭 아자르, 마리오 에길루즈 알레빅토
옮긴이 | 동 준 상

펴낸이 | 권 성 준
편집장 | 황 영 주
편 집 | 나 수 지
　　　　이 지 은
디자인 | 박 주 란

에이콘출판주식회사
서울특별시 양천구 국회대로 287 (목동)
전화 02-2653-7600, 팩스 02-2653-0433
www.acornpub.co.kr / editor@acornpub.co.kr

한국어판 ⓒ 에이콘출판주식회사, 2017, Printed in Korea.
ISBN 979-11-6175-017-0
ISBN 978-89-6077-210-6 (세트)
http://www.acornpub.co.kr/book/swift-structure-algorithms

이 도서의 국립중앙도서관 출판시도서목록(CIP)은 서지정보유통지원시스템 홈페이지(http://seoji.nl.go.kr)와
국가자료공동목록시스템(http://www.nl.go.kr/kolisnet)에서 이용하실 수 있습니다.(CIP제어번호: CIP2017014632)

책값은 뒤표지에 있습니다.